디테일 경영의 실행파일
디테일의 힘
2

Title: 細節決定成敗 II
Author: 汪中求
Copyright ⓒ 2007 by 新華出版社
Korean translation copyright ⓒ 2009 by Ollim
Korean language edition is published by arrangement with 新華出版社

이 책의 한국어판 저작권은 新華出版社와의 독점계약으로
올림이 소유합니다.
저작권법에 의하여 한국 내에서 보호를 받는 저작물이므로
무단전재와 복제를 금합니다.

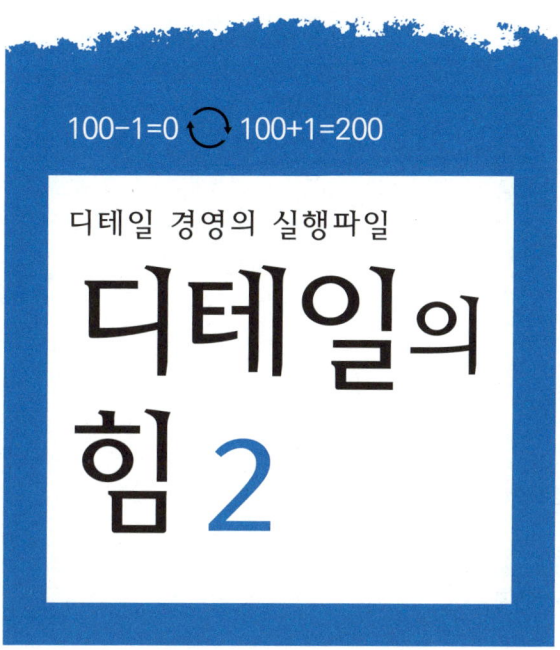

디테일 경영의 실행파일

디테일의 힘 2

왕중추 지음 홍순도 옮김

디테일의 힘 2

초판 1쇄 발행_ 2011년 4월 18일
초판 16쇄 발행_ 2024년 8월 1일

지은이_ 왕중추
옮긴이_ 홍순도
펴낸이_ 이성수
주간_ 김미성
편집_ 황영선, 이경은, 이홍우, 이효주
본문 디자인_ 이세영
마케팅_ 김현관

펴낸곳_ 올림
주소_ 07980 서울시 양천구 목동서로 38, 131-305
등록_ 2000년 3월 30일 제2021-0000372호(구 : 제20-183호)
전화_ 02-720-3131
팩스_ 02-6499-0898
이메일_ pom4u@naver.com
홈페이지_ http://cafe.naver.com/ollimbooks

ISBN 978-89-93027-22-8 03320

※ 이 책은 올림이 저작권자와의 계약에 따라 발행한 것이므로
   본사의 허락 없이는 어떠한 형태나 수단으로도 이 책의 내용을 이용하지 못합니다.
※ 잘못된 책은 구입하신 서점에서 바꿔드립니다.

※ 책값은 뒤표지에 있습니다.

처세는 대범하게
일은 세심하게

서문

디테일은 태도다

"사람이 하고자 마음먹으면 세상에 못할 일이 없다."라는 말이 있다. 자신감을 가지고 세상의 모든 어려움을 대하라는 충고이리라. 그러나 경영에 관한 한 나는 이렇게 말하고 싶다. "세상에 쉬운 일은 없다. 세심하게 일해야 한다."라고 말이다.

세상 사람들은 일을 할 때 대체로 두 종류의 상황에 부딪힌다. 첫 번째는 두려워서 부담을 갖는 것이다. 그래서 하려고 들지 않는다. 다른 하나는 너무 쉽게 보는 것이다. 그래서 신중하게 하려고 하지 않는다. 성공을 갈망하는 사람은 많지만 실제로 성공하는 사람이 적은 것은 바로 이런 사실과 관계가 깊다.

위대한 전략가들도 "밥은 한 입 한 입씩 먹어야 한다."라는 말이 옳다는 사실을 인정한다. 어떤 영웅이라고 해도 궁극적으로 "사람이라는 것은 한없이 작고 가련하다."라는 사실을 인정한다. 사실 어려움과 쉬움은 사물의 양면과 같다. 그래서 노자는 "어려움과 쉬움은 서로 보완하면서 이뤄진다."라고 말했다. 아마도 어려움을 극복하려면 손을 쓰기 쉬울 때 하라는 충고가 아닌가 싶다.

그러나 지금 같은 조급한 시대에 나는 "세상에 쉬운 일은 없다."라는 말을 더욱 강조하고 싶다. 이는 "어렵게 생각하라. 그러면 어려움에 처하지 않게 된다."라는 노자의 가르침과 부합하기도 한다. 하지만 사람들은 대체로 작은 일을 아주 쉽게 본다. 디테일하게 보지 않는다. 이런 탓에 작은 일은 무시하고 신중하게 하려고 하지 않는다. 하더라도 대충대충 한다. 절대로 디테일하게 하거나 철저하게 하지 않는다. 이러면 결과는 분명해진다. 숲은 보되 나무를 보지 못하게 된다. 현상을 보고 본질을 보지 못하게 되기도 한다. 고립된 사물만 보고 내재적인 연관 관계 역시 보지 못한다. 이런 잘못된 생각은 끊임없이 같은 잘못을 되풀이하도록 만든다. 내가 그토록 디테일을 강조하는 이유는 바로 여기에 있다.

　『디테일의 힘』이 출판된 이후 독자들은 나에게 많은 관심과 찬사를 보냈다. 내가 상상했던 것 이상이었다. 마치 진작부터 디테일에 대해 알고 있었던 것처럼 말이다. 하지만 내 생각은 다소 다르다. 나는 디테일의 뒤에는 보다 심오한 의미가 숨겨져 있다고 생각한다. 바로 이런 생각을 바탕으로 나는 디테일에 대해 더욱 깊이 있는 연구를 진행했다. 디테일이란 무엇인지, 디테일이 어떻게 일의 성패를 결정하는지, 어떻게 디테일하게 일을 잘할 수 있는지를 연구했다. 또 이 디테일의 배후에 있는 비밀을 풀어내려고 노력했다. 이 책은 바로 이런 노력의 산물이다.
　나는 디테일에 주목하고 그것을 중요하게 여기는 사람들은 스스로 높이 평가할 자격이 있다고 생각한다. 디테일은 결코 지엽적이거나 말단적인 것이 아니라 일종의 진지한 태도이자 과학정신이기 때문이다. 그렇다. 세심한 주의를 기울이면 우리는 디테일을 볼 수 있고, 디테일의 배후에 있는 사물의 내재적인 연관 관계도 파악할 수 있다. 궁극적으로 디테일하게 일을 잘할 수 있게 된다.

실제 운용 과정에서 디테일하게 하는 것에는 한도가 있다. 그러나 세심한 주의를 기울이는 것에는 한도가 없다. 디테일하게 일을 하는 데에는 표준이 있다. 그러나 이 표준은 함부로 정해지는 것이 아니다. 시장의 수요나 자신의 능력에 따라 결정된다. 따라서 디테일하게 하는 데에는 한계가 있다. 바로 이 때문에 디테일을 전체 경영시스템 속으로 끌어들여 그 한계도 살펴봐야 한다. 그러나 세심한 주의를 기울이는 것은 디테일에만 머무르지 않는다. 그 배후를 보고, 사물 사이의 내재적인 연관 관계도 보아야 한다. 이렇게 하면 사물의 실질과 발전의 기본 규칙을 파악할 수 있다. 그래서 선인들은 "작은 것을 보는 것을 명(明)이라고 한다."라는 기본적인 전제하에서 "명이라는 것은 아직 나타나지 않은 것을 살피는 것이고 무형(無形)을 보는 것이다."라는 생각을 피력했던 것이다.

나는 디테일의 규칙에 따라 일을 디테일하게 잘 처리하려면 아래와 같은 몇 개의 원칙에 주의를 기울여야 한다고 생각한다.

- 시스템으로 보증하기
- 표준을 통한 디테일 추구
- 데이터로 정확성 기하기
- 전문성을 통해 탁월한 실적 올리기
- 지속을 통한 발전 도모

그러나 이 책은 이런 시스템의 형식에 따라 쓰이지 않았다. 그저 내 자신의 실천과 경험에 근거했다. 다시 말하면 실제적인 운용을 강조했다고 해도 좋을 듯하다. "느낌에서 행동이 일어나게 된다. 행동을 통해 깊이 깨닫게 된다. 깊이 깨닫는 것이 쌓이면 주견(主見)이 형성된다. 이 주견을 통해 다시 행동이 있게 된다. 이처럼 계속 굴러가다 보면 이것들이 쌓여 한없는 발전을 하게 된다."라는 사상가 량수밍 선생의 말처럼 말이다. 나는 앞으로도 이 이론의 시스템 운용 부분에 의거해 '디테일 경영' 관련 분야의 책을 계속 독자 여러분에게 소개할 예정이다.

『디테일의 힘』 출간을 시작으로 나는 디테일 경영 구축사업에 적극적으로 매진하는 한편, 이 방면에 대한 강의와 자문을 계속해왔다. '디테일 경영' 시리즈를 계속 출판하기도 했다. 나는 이 일련의 작업을 통해 기업의 경영 수준이 향상되기를 바라 마지않는다. 또 언젠가는 기업의 경영자들로부터 "왕중추, 당신 더 이상 쓸데없는 소리 하지 마시오. 우리의 디테일 경영 수준은 당신이 원하는 것 이상으로 높아졌소."라는 말을 듣기를 희망한다.

왕중추

Contents

- **서문** 디테일은 태도다 ... 6

1장 디테일, 오래된 새 화두

- 오래된 의제, 새로운 열기_디테일은 새로운 발견이 아니다 ... 15
- 낙엽을 보고 가을이 온 것을 안다_디테일의 예측 기능 ... 21
- 쇠못 하나에 제국이 망하다_디테일의 확대 효과 ... 27
- 왜 사람들은 디테일에 열광하는가_디테일이 유행의 물결을 타다 ... 33
- 저자와의 대화 ... 46

2장 왜 디테일하게 못하는가

- 디테일은 '책임'이다 ... 61
- 디테일은 수준의 문제다 ... 65
- 디테일을 무시하는 조급증의 폐해 ... 71
- 디테일은 훈련을 먹고 자란다 ... 81
- 전통문화와 디테일 ... 87
- 저자와의 대화 ... 96

3장 어떻게 디테일에 강해질 것인가

간단한 것이 쉬운 것은 아니다_기업의 디테일 경영 ■ 111
규칙이 모든 것에 앞선다_효과가 검증된 8가지 디테일 관리법 ■ 136
공부하는 전문가가 되어라_중간관리자의 9가지 성과 향상법 ■ 160
꾸준히 실천하여 몸에 배게 하라_디테일한 습관을 만드는 4가지 방법 ■ 176
저자와의 대화 ■ 187

4장 디테일의 디테일을 논하다

전략이 성패를 결정한다? ■ 201
대장부는 사소한 일에 신경 쓰지 않는다? ■ 204
바쁘다고 자랑하지 마라 ■ 213
디테일이 효율을 해친다? ■ 219
디테일이 혁신을 방해한다? ■ 222
저자와의 대화 ■ 227

Contents

5장 국가 경영의 디테일

연구는 디테일하게, 결정은 과학적으로 ■ 237
소외계층을 배려하는 도시 경영의 디테일 ■ 247
기업가를 포용하는 사회 ■ 253
정부 정책이 서민에게 닿으려면 ■ 261
저자와의 대화 ■ 267

■ **부록** 1. 비서에게 주는 20가지 충고 ■ 273
　　　　2. 딸에게 주는 36가지 처세의 디테일 ■ 277
　　　　3. 위기관리의 7가지 핵심 디테일 ■ 282

■ **저자 후기** 디테일의 업그레이드를 꿈꾸며 ■ 292
■ **책을 펴내며** ■ 295

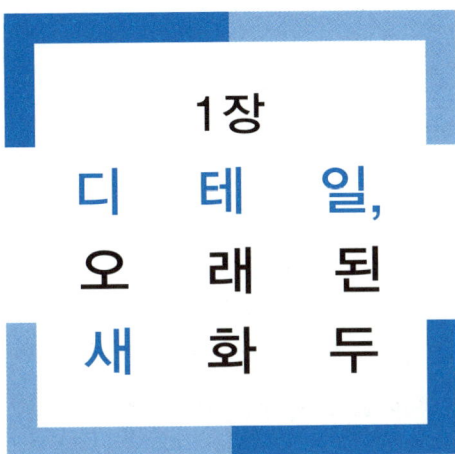

1장
디테일,
오래된
새 화두

작은 일이 큰일을 이루게 하고,
디테일이 완벽함을 가능하게 한다.

1 오래된 의제, 새로운 열기
_디테일은 새로운 발견이 아니다

인류가 디테일의 중요성을 인식한 것은 지금이 처음이 아니다. 아주 오랜 과거부터 이 사실을 알고 있었다. 중국뿐만 아니라 다른 나라들도 다 알고 있었다. 나는 강연할 때마다 이 사실을 강조한다. "디테일은 왕중추가 발명한 것이 아니다. '디테일이 성패를 결정한다.'라는 말은 전혀 새로운 발견이 아니다."라고 말이다.

중국의 유학 경전인 『상서』에도 디테일을 강조하는 말이 나온다. 바로 "조그만 일이라도 신중하지 않으면 결국 큰 덕을 허물게 될 것이다. 아홉 길의 산을 만들면서 한 삼태기의 흙이 모자라 공(功)이 무너진다."라는 대목이다. 디테일을 얼마나 중요하게 생각했는지를 확실하게 보여주는 표현이다.

노자 역시 일찍이 『도덕경』에서 이렇게 말했다.

"어려운 일은 쉬울 때부터 도모해야 한다. 큰일은 작은 것에서부터 해야 한다. 세상의 어려운 일은 반드시 쉬운 일에서부터 만들어지고, 세상의 큰일은 반드시 작은 일에서부터 만들어진다."

노자의 말을 더 들어보자.

"어떤 일이 있기 전에 하라. 어지럽기 전에 다스려라. 한 아름의 거목도 미세한 싹에서 자란 것이다. 9층이나 되는 높은 건물도 한 줌의 흙에서 시작했다."

중국 최초의 통일 왕국을 이룩하는 데 큰 공을 세운 진나라의 승상 이사 역시 『간축객서諫逐客書』에서 "태산은 어떤 흙이라도 받아들여서 그렇게 크게 될 수 있었다. 바다는 어떤 물도 가리지 않아서 그렇게 깊어질 수 있었다. 또 왕은 여러 사람을 물리치지 않았기 때문에 그 덕을 밝힐 수 있었다."라고 강조했다. 디테일에 대한 절절함이 글에 잘 묻어난다.

그러나 안타깝게도 디테일에 대한 중국 선조들의 심오한 인식은 좋은 결실로 연결되지 못했다. 디테일의 중요성에 대한 인식을 더욱 제고시키지도 못했다. 이런 현실은 지금까지 세계에서 손꼽히는 중국 기업이 가뭄에 콩 나듯 적다는 사실이 무엇보다도 잘 웅변해준다. 그나마 규모가 있는 기업들은 서구사회로부터 경영과 관련한 디테일을 배워왔다. 아니, 배웠다기보다는 디테일을 통해 경영을 비롯한 각 방면에서 나타나는, 도저히 좁히기 어려운 서구 선진국과의 격차만을 재삼 확인하고 있다. 오죽했으면 중국 최고의 전자업체인 하이얼의 장루이민 총재조차 "기술상의 작은 차이가 왕왕 민족 자질상의 커다란 차이를 반영할 수 있다."라고 말하기까지 했을까.

그렇다면 디테일이란 무엇인가? 디테일은 대단히 작은 사물과 내용으로서 사물에 내재된 관계와 본질을 반영한다. 세계에 존재하는 모든 사물은 무수한 디테일로 이루어져 있다. 또 각각의 디테일은 객관적인 세계를 반영한다. 따라서 디테일들 간에는 고유한 내재적 관계가 존재하고 있다. 바로 이들 사물 고유의 내재적 관계가 바로 사물 운행의 객관적 법칙이라고 할 수 있다.

나는 디테일의 중요성을 강조해왔다. 궁극적으로는 과학정신과 진지한 태도까지 제창해왔다. 이어 마침내 디테일의 배후에 감춰진 사물 발전의 내재적 관계와 규칙성을 찾아내기에 이르렀다.

과학정신이 없다면 우리가 사물 발전의 본질과 내재적 관계를 인식하기란 불가능하다. 사물 발전과 규칙성에 대한 인식이 결핍돼 있다면 우리가 규칙을 이용해 세계를 변혁함으로써 우리의 목표를 실현한다는 것은 사실상 불가능하다.

과학적 경영이라는 것은 바로 경영 과정 하나하나를 데이터화하고자 노력하는 일이다. 그렇다면 데이터는 어디에서 오는가? 그것은 디테일 하나하나를 중요하게 생각하는 데에서 온다. 작은 일 하나하나를 진지하게 대하는 데에서 찾을 수 있다. 그다음 실제로 고찰하고 데이터를 축적할 때 문제를 해결하는 과학적 방법을 찾아낼 수 있게 된다.

상무부의 발표에 따르면 2004년 현재 중국에는 1600여 개의 장수기업이 있다. 그러나 이 중 300여 기업이 장기적인 적자로 심각한 어려움을 겪고 있다고 한다. 이미 시장에서 도태된 기업들도 적지 않다. 게다가 70%의 장수기업 역시 산소호흡기에 의존한 중환자처럼 근근이 생명을 유지하는 형편이라고 한다. 왜 이런 상황이 됐을까? 우리는 여러 방면에서 원인을 찾아야 한다. 아마도 명맥을 이어가지 못하는 중요한 원인들 중에는 장수기업의 제품들이 규범의 차원에서 수준 차이를 보이기 때문이 아닌가 싶다. 여기에 늘 툭툭 튀어나오는 부정확성도 추가하지 않으면 안 될 것 같다. 너무 경험에 의존하는 탓에 복제가 어려운 사실 역시 감안해야 할 듯하다.

과학을 추구하는 정신에 상응하는 것이 바로 진지한 태도이다. 그런데 진지함이란 무엇인가? 자신이 해야 할 일을 대충대충 하지 말고 엄격하게 할 것을 강조하는 것이다. 마오쩌둥은 세상에서 두렵고도 두려운 것이 진지함이라고 말했다. 진지한 태도가 있어야 어떤 문제든 해결방법을 찾을 수 있는 것이다.

사물이 보편적으로 관계를 가진다는 의미의 차원에서 말한다면 디테일은 어디에나 존재한다. 또 언제나 존재한다. 그러나 디테일 하나하나가 우리한테 의의를 가지는 것은 결코 아니다. 디테일은 어떤 목적을 가진 시스템 안에 있을 때에만 비로소 존재의 가치와 의의를 나타낸다. 디테일은 혜안을 가져야만 발견할 수 있는 것이다. 예컨대 목표가 확대경이라 하더라도 그 확대경의 힘을 빌리지 않으면 마땅히 존재하는 디테일을 쉽게 볼 수 없다는 얘기이다.

나는 어느 다운재킷 제조업체의 사장이 주재하는 회의를 참관한 적이 있다. 먼저 사장이 일장 훈시를 했다. 그는 이어 회의에 참석한 간부들에게 왜 제품을 출하하지 않느냐고 질책했다. 이에 생산부서는 원자재가 제때에 공급되지 않는다는 변명을 했다. 공급부서에서는 자금이 받쳐주지 못해 원자재와 부속 반가공품을 들여오지 못한다는 변명으로 급한 불을 껐다. 재무부서라고 가만히 있을 까닭이 없었다. "우리가 돈을 찍어댈 수도 없다. 게다가 요즘은 수금도 잘 안 된다. 줄 돈이 어디 있느냐?"라며 불만을 터뜨렸다. 영업부서는 한 걸음 더 나아갔다. "물건이 나가지 못하는데 무슨 수로 수금을 하느냐?"라고 펄펄 뛰었다. 나는 그 광경을 보고 사장에게 "간부들한테는 책임이 없다. 결국 당신만 바보가 됐다."라고 말했다. 사실 사장에게는 사고와 조직을 체계화하는 데 문제가 있었다.

이제 모든 기업에 대해 말해볼 필요가 있을 듯하다. 제품의 구성이나 품질, 기술의 수준 또는 기술 표준 및 기술 혁신, 기업 이미지와 브랜드 창출, 광고와 공공관계, 가격정책과 이윤모델, 판로 개척과 마케팅, 고객 관계와 고객 서비스, 공급 네트워크와 물류관리, 자금조달과 자금관리, 회계와 재무, 조직 구성과 직원의 자질, 직원복리와 교육, 환경보호와 안전관리, 의사 결정권자의 안목과 통찰력, 위기관리 등 하나하나가 모두 나무통의 목판 하나하나에 해당된다. 이 가운데 하나라도 문제가 생기면 기업은 지속적인 발전을 할 수 없다. 심지어 망할 수도 있다. 이를테면 디테일은 표현 형식의 요소로서 기업의 전체 시스템을 구성한다. 여기에서 어떤 부분에 문제가 생기면 당연히 시스템 전체에 영향을 주게 될 수밖에 없다.

나는 기업 컨설팅과 경영 고문 일을 주로 하고 있다. 일을 할 때마다 새삼 깨닫는 것이 있다. 나한테 무슨 대단한 능력이 있어 고문을 맡고 있는 것이 아니라는 사실을 말이다. 절묘한 책략이 있는 것은 더더욱 아니다. 나는 그저 시스템이라는 과학적 방법의 힘을 빌려 기업 경영자와 함께 일을 정리할 뿐이다. 나아가 전문지식을 가지고 기업의 작은 실행 계획들을 지도할 뿐이다. 우리 팀은 최근 각자의 자문 경험들을 한데 정리해 『실행을 잘하기 위한 가장 결정적인 요인은 결과를 보는 것이다』라는 책을 썼다. 이 책 역시 독자들의 호응이 굉장히 컸다. 여러 방면의 기업 경영에서 반드시 주목해야 할 디테일을 제시했기 때문이 아닌가 보인다.

서양에서는 "신은 디테일 안에 있다."라는 인식이 사람들로 하여금 모든 일에 있어서 디테일을 중요하게 생각하도록 만들었다. 마찬가지로 디테일을 중요하게 생각하는 경영은 실천 부문에서 디테일에 대한 인식을 한층 더 심화시킨다.

사례를 들어도 좋을 것 같다. 예컨대 휴렛팩커드의 창업자인 데이비드 팩커드는 "작은 일이 큰일을 이룬다. 디테일이 완벽함을 가능하게 한다."라는 말을 입에 달고 살았다. 맥도날드의 창업자인 레이 크록은 "나는 디테일의 중요성을 강조한다. 뛰어난 경영자가 되고 싶다면 반드시 가장 기본이 되는 일 하나하나에 최선을 다해야 한다."라고 강조했다.

전 맥도날드 회장 프레드 터너의 말도 한 번 들어보자.

"우리의 성공이 나타내는 것은 다른 것이 아니다. 우리 경쟁사의 경영진이 일선 직원에 대한 간섭이나 통제를 견지해 나가지 못했기 때문이라는 것을 말해준다. 또 그것은 그들의 디테일에 대한 심층적인 주목이 부족했기 때문이라고 단언해도 좋다."

일본 마쓰시타의 창업자 마쓰시타 고노스케 역시 디테일 신봉자였다. "어떤 디테일도 놓치지 마라."고 강조하면서 "디테일을 무시한다면 그 기업의 발전은 거친 돌더미에 파묻혀 정체되고 말 것이다."라고 덧붙였다.

서구사회에서 '비즈니스의 교황'으로 불리는 브루노 디츠는 아예 디테일에 대해 이렇게 단정적으로 말하기도 했다. "기업가에게 꼭 필요한 것은 명확한 경영 이념과 디테일에 대한 무한한 사랑이다." 독일 프랜차이즈 슈퍼마켓 DM의 회장 괴츠 베르너도 디테일에 주목했다. "심오한 비밀은 언제나 작고 미세한 데 있다." 저명한 건축가인 미스 반 데어 로에는 자신의 성공 비결을 묻는 질문에 "신은 디테일에 있다."라고 답하기도 했다.

이처럼 디테일은 동서고금에서 늘 논의돼온 오래된 화제이다. '디테일이 성패를 결정한다.'라는 말은 옛것을 오늘날 되살린 것에 지나지 않는다.

2 낙엽을 보고 가을이 온 것을 안다
_디테일의 예측 기능

디테일은 사물의 내재적 관계와 본질을 반영하는 존재로서 그 자체적으로도 많은 기능을 가지고 있다. 나는 『디테일의 힘』에서 이미 이런 디테일의 기능에 대해 자세하게 밝힌 바 있다. 이제는 디테일의 예측 기능에 대해 좀 더 자세한 설명이 필요할 듯하다.

우리는 디테일을 통해 미래를 엿볼 수 있다. 이것은 디테일의 정의를 통해서도 알 수 있는 것이기도 하다. "낙엽이 지는 것을 보고 가을이 왔다는 사실을 알 수 있다."라거나 "물 한 방울이 태양빛을 반사할 수 있다."라는 말이 다 이런 기능을 나타낸다.

항일전쟁 시기에 전 세계에 흩어진 화교의 지도자인 천자겅이 화교대표단을 이끌고 중국을 방문한 바 있었다. 이들이 처음 방문한 곳은 국민당이 확고하게 장악하고 있던 이른바 국통구(國統區)였다. 국민당은 이때 한 끼에 800위안 다양(大洋. 항일전쟁 시기와 국공내전 시기 1위안짜리 은화 이름: 옮긴이)이나 하는 성대한 연회를 마련해 이들을 환대했다. 이어 화교 대표단은 공산당 지배 지역인 옌안으로 향했다. 옌안에서 이들을 대접하는 마오쩌둥 측의 방법은 달랐다. 그저 집에서 보통 먹는 간소한 식사를 대접했다. 한쪽은 초호화판이었고 반대로 한쪽은 검소 그 자체의 모습을 보여줬다. 이때 천자경은 국민당을 좋게 봤을까? 그렇지 않았던 것 같다. 그는 "전방은 절박한데 후방은 먹기 바빴다."라고 평가하면서 향후 국민당이 부패와 타락을 면할 수 없을 것이라고 전망했다. 이에 반해 그의 눈에 비친 공산당은 공동의 적에 공동으로 대항했다. 고난 속에서도 항전의 투지를 불태웠다. 그는 공산당의 그런 모습을 두 눈으로 똑똑히 보았다. 급기야 그는 중국의 앞날을 공산당에 맡기기로 결심했다. 이후 결연히 공산당의 편에 섰다. 공산당의 벗이 된 것이다. 훗날 그는 중국 혁명 승리의 증인이 될 수 있었다. 이러니 공산당이 어떻게 일본과 국민당에 승리하지 않을 수 있었겠는가? 큰일을 이루는 것은 이미 정해진 수순이었다.

공산당보다 대략 60~80년 전에 활약한 태평천국의 지도자들은 궁극적으로 실패했다. 그 원인을 꼽으려면 열 손가락도 모자라겠지만, 얼핏 살펴보기만 해도 실패는 필연이었다는 사실을 알 수 있다. 최고 지도자였던 홍수전의 사생활이 무엇보다 그랬다. 그는 휘하에 처첩을 무려 88명이나 두고 있었다. 여기에 그치지 않았다. 첩 아래의 지위에 해당하는 비빈(妃嬪), 여관(女官), 여사(女司) 등은 더 많았다. 2300여 명이나 되는 여성이 홍수전의 궁궐인 천왕부(天王府)를 둘러쌀 정도였다. 하도 그 수가 많아 나중에는 일련번호를 매길 정도였으니 홍수전 자신조차 그들의 이름을 다 기억하지 못한 것은 물론이었다. 양수청(태평천국의 2인자: 옮긴이) 역시 만만치 않았다. 부인만 최소한 60명이었다. 이것도 모자라 얼마 후에는 사방에서 미녀들을 뽑아 들였다. 1856년 위창휘(태평천국의 주요 지도자: 옮긴이)가 그를 살해했을 때 이들도 대부분 횡액을 당했다. 남편을 따라 자진한 처첩이 54명이었다. 이 가운데 상당수는 당시 임신 중이었다. 방탕무도하기가 이 정도였으니 망하지 않으면 오히려 이상한 일이 아니었을까?

청일전쟁이 벌어지기 전이었다. 당시 도쿄 만 방위사령관으로 있던 도고 헤이하치로는 청나라 측의 요청으로 딩위안함을 참관하게 됐다. 청나라의 군함은 톤수나 수량 등 모든 면에서 일본보다 우위에 있었다. 청나라는 세계 제7위의 해군 강국이었고, 북양수사(北洋水師)로 불리던 북양의 해군은 동방의 무적함대라는 영광스러운 별칭까지 얻고 있었다. 반면에 일본 해군의 군사력은 세계 12위였다. 겉으로만 보면 청나라의 승리는 의심의 여지가 없었다. 그러나 바지, 양말 따위를 빨아서 군함의 포탑에 제멋대로 걸쳐놓고 말리는 청나라 수병들의 모습을 본 도고 헤이하치로는 동료에게 이렇게 말했다.

"무기 돌보기를 저렇게 하니 결과는 어렵지 않게 짐작할 수 있어. 저들은 단 한 번의 공격에도 궤멸적인 타격을 받을 거야. 도저히 우리의 공격을 감당하지 못할 거야."

과연 양국의 전쟁은 곧 시작됐고 결과는 도고 헤이하치로의 장담대로 청나라의 참패로 끝났다. 북양수사는 거의 전군이 궤멸당했다. 최신 군함들 역시 모조리 일본군의 전리품이 되고 말았다. 기율도 엉망, 관리도 엉망인 군대가 어떻게 막강한 전투력을 가질 수 있다는 말인가? 기가 막힐 노릇이기는 하나 당시 청나라를 쥐고 흔들었던 서태후의 하루 생활비는 무려 은 4만 냥을 넘었다고 한다! 태후의 1년 생활비를 절약하면 청나라는 당시 세계 7위 규모의 해군 함대를 충분히 유지할 수 있었으나 현실은 그렇게 흘러가지 않았다.

청나라의 계몽사상가였던 위원은 1842년에서 1843년 사이에 임칙서의 부탁을 받고 『해국도지(海國圖志)』라는 책을 완성했다. 그는 여기에 서양 오랑캐의 상황, 특히 전함과 화포 제조 기술, 양병의 방법 등을 상세히 소개한

다음 "오랑캐의 장점을 배워 적을 물리치자."라고 부르짖었다. 그러나 이 책을 볼 수 있는 사람은 한정돼 있었다. 그랬으니 무슨 영향력이라고 할 것도 없었다. 좌종당이 말했다시피 중국인의 예지는 모두 '이론만 감싸고 있는데' 반해 외국의 지혜는 '실리에 기대고 있었던' 것이다. 중국으로서는 이런 서방 세계의 가르침을 받아야 했으나 궁극적으로는 그렇게 하지 못했다. 이 『해국도지』가 일본에 흘러들어가서는 오히려 운명이 뒤바뀌었다. 몇 년도 되지 않아 20여 쇄나 출판됐다. 그야말로 수백만 명이나 되는 독자들이 이 책을 읽었다. 이 책의 운명과 국운의 관계만 보더라도 디테일로 전체를 파악하는 것이 가능하다는 사실을 알 수 있지 않을까!

한낱 작은 일만 봐도 국운을 알 수 있다. 그런데 나머지야 말해 무엇 하겠는가? 내가 정말로 하고 싶은 말은 기업 경영에서 디테일의 예측 능력이다. 기업의 성쇠 역시 작은 일에서 그 단초를 드러낸다. 경영자는 어떤 추세를 간파하기에 충분한 작은 일에 늘 주의를 기울여야 한다. 그리고 이를 계기로 경영시스템 개선에 만전을 기해야 한다. 이 방면에서 이미 많이 알려진 성공 사례가 있다.

잭 웰치는 고위 간부들이 작은 일에 집중하는 것을 일컬어 '깊이 관여하기'라고 불렀다. 또 "비교적 공정하게 말하면 '교란하기'로 부를 수도 있다."라고 약간 시니컬하게 말하기도 했다.

잭 웰치는 CEO로 재직하는 동안 수없이 '깊이 관여하기'를 했다. 이 깊이 관여하기가 매번 성공한 것은 아니었다. 채택되지 못한 아이디어도 많았다. 그러나 그는 그것을 유용한 업무 방식으로 생각했고 풀이 죽지도 않았다. 그는 직원들과 함께 일하고, 함께 생각하고, 함께 흥분하고, 함께 격렬한 논쟁을 벌이는 과정에서 줄곧 신선한 아이디어를 얻었다. 나아가 커다란 만족감과 기쁨을 느꼈다. 실천 과정에서 그의 아이디어가 내팽개 쳐지면 더욱 즐거워했다. 자기 지식을 더 넓혀 더 좋은 방법으로 업무를 완성할 수 있었기 때문이다.

수차례의 깊이 관여하기를 통해 잭 웰치는 수많은 인재들을 알아보고 선발했다. 적절한 기회를 잡아 뽑아내기도 했다. 말하자면 '깊이 관여하기'를 이용해 그는 끊임없이 자신의 리더십을 끌어올리는 동시에 GE의 업적과 경쟁력을 높였던 것이다. 잭 웰치가 GE에 재직한 20여 년 동안 GE의 시장가치는 30여 배나 뛰어올랐다. 디테일에 대한 이해, 디테일에 대한 분석과 장악력이 바로 잭 웰치의 '깊이 관여하기'였다.

이제 중국에서 늘 일어나는 탄광사고를 예로 들어보는 것이 좋을 것 같다. 중국의 탄광은 안전사고를 피하기 힘든 현실이다. 거액의 이윤을 좇으려고 작은 탄광에 사람들이 몰려들고, 많은 지방 관리들이 공공연하게 탄광에 출자해놓고, 권력을 이용해 광부들의 안전은 나 몰라라 하는 위법 탄광들을 지켜주고 있다. 이들 탄광들은 안전관리가 부실한데도 채굴에만 미쳐 생산성을 올려왔다. 관리들은 법을 묻지도 따지지도 않았다. 당의 기본적인 원칙을 따지지 않는 것은 더 말할 필요조차 없었다.

안전 문제만 가지고도 관리들의 부패와 청렴 여부를 바로 알 수 있다. 이것은 보통 중요한 문제가 아니다. 정부의 간부 육성 및 관리와 관련된 문제이기도 하므로 철저히 바로잡아야 한다.

일부 악덕업체들이 농민공(도시로 몰리는 농촌 출신 근로자: 옮긴이)의 임금을 질질 끌면서 지불하지 않는 문제도 심각하다. 중앙정부의 입장에서 보면 이는 긴급한 사안이 아닐 수도 있다. 굳이 총리까지 나서서 관여할 문제가 아닐지 모른다. 그러나 농민공의 비율은 생각보다 훨씬 높다. 이 문제를 해결할 적절한 시기를 놓쳐서는 절대로 안 된다. 이 문제를 해결하지 못하면 사회 혼란이 초래된다. 게다가 농업과 공업, 농촌과 도시의 모순이 격화될 경우 사회 화합 국면은 파괴될 수도 있다. 농민공 임금 체불 문제는 총리 아니라 당의 총서기가 직접 나서야 할 문제가 될 수도 있다.

> 위대한 기업이 지속적으로 성취를 이루어내기 위해서는 얇은 얼음 위를 밟듯 한순간도 쉼 없이 전전긍긍하면서 전진해야 한다.
> ─장루이민, 하이얼그룹 CEO

3 쇠못 하나에 제국이 망하다
_디테일의 확대 효과

서구사회에서 유행하는 민요 중에 '제국이 쇠못에 망하네.' 라는 것이 있다. 그야말로 디테일의 확대 효과를 생생한 이미지로 설명해주는 민요가 아닌가 싶다.

쇠못이 빠지니 말발굽이 갈라지네.
말발굽이 갈라지니 전마(戰馬)가 자빠지네.
전마가 자빠지니 기사가 넘어지네.
기사가 넘어지니 군단이 쓰러지네.
군단이 쓰러지니 전사(戰士)가 무너지네.
전사가 무너지니 제국이 망하네.

말발굽에 박은 못 하나가 빠져 어디론가 사라지는 일은 흔하게 일어난다. 어떻게 보면 정말 사소하고 대수롭지 않은 일이라고 해도 좋다. 그렇기 때문에 누구도 말발굽에 박은 못이 빠져 나라가 망했다고는 생각하지 않는다. 하지만 신경조차 쓰지 않던 사소한 일이 오래되면 곤란해진다. 지속적이 되면 더욱 그렇다. 나아가 잇달아 벌어진다면 문제가 더욱 커진다. 나라의 존망에까지 영향을 미칠 것이라는 사실을 인정할 수밖에 없다.

설 연휴 때 천인커(역사학자: 옮긴이) 선생에 대한 글 한 대목을 인상 깊게 읽은 적이 있다. 다음과 같은 내용이다.

천 선생이 칭화대학에서 교수로 있을 때였다. 이때 이 대학의 책임자 겸 문학원 원사(院士)로 재직하던 펑유란(저명 철학자: 옮긴이)은 늘 공손하게 천 선생의 뒤를 따랐다. 또 천 선생을 모시고 교수 휴게실을 나와서는 교실 뒤쪽 의자에 앉아 얌전하게 천 선생의 강의를 듣곤 했다. 주쯔칭(유명 수필가: 옮긴이)도 틈만 나면 천 선생의 강의를 열심히 들었다. 국학연구원의 우미 교수 역시 비가 오나 눈이 오나 거의 빠짐없이 강의에 출석했다. 천 선생이 중산대학 교수로 있을 때는 이미 두 눈이 실명한 상태였다. 그럼에도 그의 강의를 듣는 교수들이 학생들보다 더 많았다.

우리는 이 글을 읽으면서 확대 효과라는 것을 인정하지 않을 수 없게 된다. 천인커 선생은 '교수들의 교수'이자 '대스승'이었던 것이다. 그는 지금까지도 명불허전의 명성을 인정받고 있다.

이처럼 디테일의 확대 효과는 2가지 방식으로 표현된다. 하나는 각종 요소들이 상호작용을 통해 결합되어 효과가 확대되는 방식이고, 다른 하나는 디테일이 누적됨으로써 효과가 확대되는 방식이라고 할 수 있다

지린성 지린시 중바이백화점의 대화재 사건은 디테일의 상호작용을 통한 확대 효과를 여지 없이 보여주는 사례라고 해도 좋을 것 같다.

2004년 2월 15일 9시경이었다. 지린시 중바이백화점에 입점한 웨이예뎬 치항의 직원 위훙신은 담배꽁초를 무심코 창고 바닥에 버리고 발꿈치로 몇 번 밟았다. 그는 담뱃불이 다 꺼졌다고 생각했다. 그래서 다 확인도 하지 않은 채 창고를 나와 버렸다. 그러나 담배의 불씨는 살아 있었다. 얼마 후 그 불씨가 가연 물질에 닿아 큰 화재가 나고 말았다. 이 화재로 무려 54명이 숨지고 70명이 다쳤다. 직접적인 경제 손실만 400여만 위안(약 6억 800만 원: 옮긴이)이라는 어마어마한 피해를 낳았다.

화재가 났을 때 백화점의 방호과 부과장 천중과 직원 차오밍쥔은 규정을 어기고 근무시간에 무단으로 소방 통제실을 이탈했다. 당연히 신속히 경보를 울리지 못했다. 고객들과 직원들에게 제때에 피하라고 알릴 수가 없었던 것이다. 이로 인해 백화점 고객들, 사우나와 댄스장 안에 있던 사람들은 탈출하지 못하고 목숨을 잃고 말았다.

방호과 직원 리아이민도 직분에 충실하지 못하기는 마찬가지였다. 백화점 내 비상등을 켜는 등의 안전조치를 취하지 않았다.

이후 이 사건과 연루된 직원들은 재판을 받았다. 사고의 원인 제공자인 위훙신은 법에 따라 징역 7년의 형을 받았다. 위훙신은 나중에 기자와의 인터뷰에서 이렇게 말했다.

"화재 위험에 대한 의식이 너무 부족했던 것이 정말 후회스럽습니다. 불씨 하나가 이렇게 큰 참사를 부를 줄은 생각조차 못했습니다."

그렇다. 처음에는 그냥 꺼지지 않은 담배꽁초였을 뿐이다. 당직자 역시 무단으로 자리를 이탈했을 뿐이다. 여기에 비상등이 작동되지 않은 것을 제외하면 큰 문제는 없었다. 이처럼 하나하나는 사소한 요소였다. 그러나 이 요소들이 상호작용을 일으킴으로써 귀중한 인명과 재산을 앗아간 대참사가 발생하고야 말았다. 화재가 나기 전 소방 당국은 중바이백화점의 화재예방

시스템에 대해「시정 명령 기한 개정 통지서」를 전달했다고 한다. 만약 백화점측이 개선 지침을 그대로 실천했거나 당직 직원이 무단으로 자리를 이탈하지 않고 비상경보를 울렸더라면 담배 불씨가 빚어낸 손실은 크게 줄었을 것이다. 아니, 어쩌면 화재가 없었을지도 모른다. 이와 관련해서는 베이징 「징화스바오」의 보도가 시사해주는 바가 크다. 이 신문은 우선 2004년 7월 11일 '54명 사망, 70명 부상이라는 대재난을 초래한 중바이백화점 담뱃불 화재사건 재판'이라는 제목으로 이 사건을 보도했다. 더불어 '안일과 소홀이 첫 번째 담뱃불'이라는 제목으로 해설 기사를 실었다. 해설은 위훙신이 아무렇게나 던지고 발꿈치로 대충 비빈 꽁초가 이런 참극을 빚었다며 그 죄가 진짜 크다고 강조했다. 그러나 이 신문은 대부분의 사람들에게 부족한 안전 의식, 일상에서의 안일함과 소홀함을 지적하는 것도 잊지 않았다. 이런 안일함이 공공의 안전을 위협하는 '첫 번째 담뱃불'이라면서 사회 전체에 강도 높은 경고를 던졌다. 위훙신이 무심코 버린 '두 번째 담뱃불'을 거침없이 퍼지게 만든 것은 다름 아닌 이 첫 번째 담뱃불이었다. 위훙신이 과연 중바이백화점 같은 큰 건물을 폐허로 만들고 54명의 생명을 순식간에 죽일 작정을 과연 했겠는가. 그로서는 정말 상상도 못한 일이었다.

 디테일이 쌓여 일으키는 확대 효과는 기업 경영과 일상에서도 얼마든지 찾아볼 수 있다. 한때 중국국제항공공사는 기항 때마다 최대 125%에 이르는 기내식을 준비했다. 수요에 충분히 대비한다는 취지였으나 실제로 확인해 보니 모든 손님들이 기내식을 먹지는 않는다는 결과가 나왔다. 특히 국내 단거리 운항 때에는 적어도 5%의 승객이 기내식을 먹지 않았다. 회사는 바로 기내식 준비량을 95%로 조정했다. 통계에 따르면 1톤당 1시간 비행에 소모되는 항공유는 0.0372갤런이다. 국제항공공사는 기내식을 줄이면서 연료비까지 대폭 절약할 수 있게 됐다. 이렇게 해서 줄인 식료비와 연료비가 매년 6000~7000만 위안에 이른다고 한다. 달러로 따질 경우 1000만 달러 전후에 이르는 막대한 액수이다.

여름철 에어컨 가동 시간이나 냉방 온도를 규제하기로 한 중국 정부의 조치도 크게 다르지 않다. 가령 1.5리터 분리형 에어컨 1대당 희망 온도를 1도 올릴 경우 하루 10시간 가동을 기준으로 계산하면 0.5도(에너지 단위. Kw/h로 계산할 경우임: 옮긴이)를 절약할 수 있다. 이렇게 추산해보면 1가구당 한 달에 최소 15도를 절약할 수 있다. 중국 전역의 5000만 가구를 기준으로 계산하면 매달 7.5억 도를 절약하는 셈이 된다. 이는 샐러리맨 전체가 넥타이를 매지 않으면 사무실 냉방 온도를 1도 올릴 수 있다는 고이즈미 전 일본 총리의 주장과 비슷한 발상이라고 할 수 있다.

어디 이뿐인가. 보통의 가정에서는 외출할 때 TV는 끄지만 플러그는 빼놓지 않는 경우가 많다. 이때도 전기가 낭비된다. 30와트의 형광등을 줄곧 켜놓았을 때도 전기 낭비는 엄청나다. 중국의 경우 사회 전체적으로 72.7억 도의 전기를 낭비하게 된다. 중국처럼 국토가 광대하고 인구가 많은 나라에서 한 사람 한 사람이 하루에 약 1도의 전기를 절약하는 행동이 1년에 2억 톤의 석탄을 절약하는 것과 맞먹는다고 하면, 당신은 믿겠는가. 그러나 이것은 분명한 사실이다.

당연한 말이지만 기업은 자사 제품과 서비스에 대한 고객의 어떠한 불만도 결코 소홀히 생각해서는 안 된다. 제품과 서비스에 만족한 고객 1명은 6명에게 만족감을 이야기하는 데 비해, 만족하지 못한 고객 1명은 자신의 불만을 12명에게 이야기한다고 한다. 내친김에 더 나아가보자. 기업에서 실시한 고객만족도 조사에서 나타나는 고객 1명의 불만은 실제로는 24명의 고객이 불만을 가지고 있다는 의미이다. 나머지 고객은 입장을 드러내지 않았을 뿐이라는 것이다. 그러므로 기업은 고객만족과 관련된 일은 아무리 사소한 것이라도 간과하지 말아야 한다.

원자바오 총리는 2003년 12월 10일 미국 하버드대학 MBA스쿨 강연에서 이렇게 말한 적이 있다.

"중국은 인구가 13억이나 되기 때문에 아무리 작은 문제라도 여기에 13억을 곱해야 한다. 그러면 대단히 심각한 문제가 된다. 이 점을 중국 지도자는 한순간도 잊어서는 안 된다."

디테일의 확대 효과는 회사 업무와 관련해 대단히 중요한 의미를 지닌다. 특히 결합 성격의 확대 효과는 조직과 시스템 운영에 커다란 영향을 미친다. 처음에는 아주 사소한 잘못이었더라도 이것들이 나중에 각종 요인들과 상호작용하여 엄청난 손실을 초래할 수 있다. 더 나아가서는 전체 시스템을 붕괴시킬 수도 있다. 이런 것을 일컬어 "작은 실수가 커다란 차이를 만들어낸다."라는 말로 표현할 수 있다.

비행기의 터빈 발전기를 발명한 독일인 허버트 윌리엄 하인리히는 산업재해에 관한 법칙인 이른바 '하인리히 법칙'을 제창한 바 있다. 산업재해가 발생하여 중상자가 1명 나오면 그 전에 같은 원인으로 발생한 경상자가 29명, 부상을 당할 뻔한 잠재적 부상자가 300명 있다는 뜻에서 1:29:300법칙이라고도 불리는 이 법칙은, 우리가 디테일의 확대 효과를 심각하게 받아들여야 한다는 사실을 깨닫게 해준다. 이를 생각하면 잘못된 일은 시작 단계에서부터 싹을 잘라내야 한다. 작고 사소한 일도 오래 두어 쌓이면 큰 병이 된다. 다시 강조하지만 "1%의 잘못이 100%의 실패를 초래할 수 있다."라는 사실을 잊어서는 안 된다. '100-1=0'이다.

4 왜 사람들은 디테일에 열광하는가
_디테일이 유행의 물결을 타다

『디테일의 힘』이 출판된 다음 많은 독자들이 편지를 보내주셨다. 나와 교류하고 싶다는 의견을 보낸 독자도 있었고, 강의를 요청하는 독자도 있었다. 더 나아가 디테일에 관한 자신의 생각을 피력하거나 이 책의 일부 관점에 대해 비판을 제기한 독자도 있었다. 이 책에 대한 비판들 가운데 2004년 7월 23일 「신징바오」에 실린 글은 상대적으로 날카로웠다. 그 전문을 아래에 옮긴다.

최근 『디테일의 힘』이라는 책이 대기업이나 중소기업을 막론하고 한결같이 뜨거운 호응을 얻고 있다. 그래서 나도 이 책을 사서 읽어봤다. 기본적으로 저자의 주장에는 아무 문제가 없어 보였다. 아니, 아무 문제가 없는 정도가 아니었다. 그야말로 너무나 정확한 이야기뿐이었다. 그런데 나라는 사람은 너무 정확한 것에 대해 늘 회의하는 버릇이 있다. 그렇게 배워서 그렇다. 나는 너무나 정확한 말을 듣거나 그런 것을 보면 보통 가볍게 넘기지 못한다. 이 책을 읽으면서 아니나 다를까, 이 병이 다시 도졌다.

우선 저자는 모든 것을 디테일의 관점에서 판단한다. 이렇게 하면 세상 모든 일의 성패가 가려진다고 본다. 이게 말이 되는지는 굳이 따지지 않아도 좋다. 그러나 무슨 이야기든 말끝마다 "큰 정책과 전략은 개인의 결정이 필요하지 않다."라고 말하는 것은 조금 부담스럽다. 그렇구나 하고 들으면 정확한 관점 같기는 하다. 그러나 사실은 바로 그래서 정말 의심이 든다. 사실 이 말에는 개인의 창조성과 독립적인 사고능력을 무시해버리라는 암시가 깔려 있다. 그러니까 아무 생각 없이 기계의 부속 노릇을 잘하면 된다는 이야기인 셈이다. 벙어리 노예 노릇을 잘하면 되는 것이다. 조금 더 심하게 말하면 말 잘 듣는 일꾼이 되면 된다. 그래서일까, 기업체의 사장들은 평소에는 쫀쫀한 그들답지 않게 회사 돈으로 책을 트럭으로 실어다 직원들에게 한 권씩 안긴다고 한다.

그다음으로 저자는 이 잠재적인 전제 아래에서 사람들에게 모든 시선을 디테일에 향하게 하라고 줄기차게 외치고 있다. 그 어떤 일도 국면 전체를 볼 필요가 없다는 식이다. 이것은 사물의 근본 전제에 대해 물을 필요가 없다는 말과 하나도 다르지 않다. 저자가 이렇게 주장하는 목적이 책을 많이 팔아 돈을 벌고 싶은 데에 있다면 나도 굳이 쌍지팡이를 들고 나서서 따질 생각은 없다. 그러나 행여 어떤 나쁜 의도가 있어서라고 한다면 이야기는 달라진다. 이 책을 열렬히 신봉하는 독자들을 생각해서라도 저자는 손바닥에 땀이 날 정도로 바짝 긴장해야 될 것 같다.

저자는 이 책에서 미국 자동차가 일본 자동차처럼 정교하고 세밀하지 못하다는 사실을 강조하고 있다. 이로 인해 결국 일본 자동차메이커에 시장을 빼앗겼다고 수차례나 반복한다. 그러나 저자가 알았든 몰랐든 간에 간과한 사실이 있다. 이를테면 이런 것이다. 미국의 제조업은 이윤이 적다. 그에 반해 인건비는 비싸게 먹힌다. 게다가 작업할 때 에너지 소모가 크다. 심할 때는 환경까지 극도로 파괴하는 경우도 있다. 미국은 이런 현실에 직면한 후 주도적으로 제조업에서의 경쟁에서 발을 뺐다. 대신 전략적으로 패러다임을 바꿨다. 기술을 중요시하는 쪽으로 생각을 전환한 것이다. 이렇게 함으로써 미국은 정보기술(IT) 영역에서 세계적인 우위를 차지할 수 있었다. 이것은 무슨 디테일로 승부를 결정내는 문제가 결코 아니다.

저자는 이외에 중국과 외국의 패스트푸드점 사이의 전쟁을 예로 들었다. 중국 패스트푸드점이 외국 패스트푸드점에 진 이유를 주절주절 친절하게도 늘어놓는다. 솔직히 웃기는 이야기라고 생각한다. 저자가 아무렇게나 가져다 붙인 이 사례를 보고 보통 사람 같으면 아마도 놀랐을 것이다. 그러나 나는 다행히도 외국 패스트푸드점에 대해 이틀 동안 연구한 덕택에 진실을 분명히 알게 됐다. 중국의 패스트푸드점이 외국 패스트푸드점을 이기지 못하는 근본적인 원인은 결코 디테일에 있지 않다. 외국의 패스트푸드점들이 강력한 힘을 가진 고차원의 문화 전략을 오래전부터 실시한 것이 승리의 원동력이었다. 이를테면 애당초 승부는 결정돼 있었다는 말이다. 다시 말해 서양 패스트푸드점의 성공은 미국의 문화 전반에 걸쳐서 형성된 강력한 힘이라는 배경이 있었기 때문에 가능했다는 이야기이다.

서양 패스트푸드점은 미국의 경제 전략과 문화 전략 가운데 한낱 한 개의 바둑돌에 불과하다. 국부적인 전쟁터에 지나지 않는다고도 할 수 있다. 강력하고도 총체적인 미국 문화의 전략이 없었다고 생각해보자. 또 할리우드 영화가 전 지구촌에 퍼져 있지 않았다고 생각해보자. 내친김에 디즈니가 알게 모르게 중국 어린이들의 마음을 사로잡지 않았다는 가설도 제기할 수 있다. 마지막으로 도시생활의 이미지와 낭만과 관련하여 미국의 대중문화에 거는 표준 기대치가 없었다는 생각도 해볼 수 있다. 만약 그랬다면 맥도날드와 KFC가 중국의 패스트푸드점에 이길 수 있었을까? 그건 꿈도 꿀 수 없는 일이었을 것이다.

이 책 자체에 대해서 말해보자. 책의 곳곳에서 디테일이 성패를 결정한다고 누누이 강조하고 있다. 그러나 정작 책에는 디테일과 관련한 착오와 누락이 곳곳에 널려 있다. 오자와 구두점 등의 디테일은 말할 것도 없고 인용한 사례들도 견강부회가 적지 않다. 어거지이거나 실수투성이인 것은 더 말할 것도 없다. 누구나 다 아는 고대 그리스의 격언인 "신(神)은 디테일 안에 있다."를 모조리 "악마는 디테일 안에 있다."로 잘못 인용하고 있다. 완전히 다른 개념인 신과 악마를 한 양푼에 넣어 짬뽕을 시켜버리고 말았다. 이러고도 무슨 디테일을 논하는가.

이뿐만이 아니다. 책에서 인용한 각종 사례와 데이터는 하나도 어디에서 인용했다는 식의 출처를 밝히지 않았다. 진위를 가릴 수조차 없게 만들어 놓고 있다. 더욱 기괴하기 이를 데 없는 것은 저자가 디테일이 승부를 결정한다는 증거랍시고 떡하니 갖다 붙인 사례들이 사실은 전혀 디테일하지 않은 것들이라는 점에 있다. 이런 지경인데도 이 책은 진짜 불티나게 팔리고 있다. 이 점이 나를 곤혹스럽게 만든다.

그렇다면 디테일은 중요한가, 중요하지 않은가? 디테일이 중요하다면 이런 엉터리 책이 어떻게 베스트셀러에 오른단 말인가! 디테일이 중요하지 않다면 이 책에서 떠들고 있는 주장은 모두 틀린 것 아닌가! 어쨌든 내가 내린 결론은 이렇다. 근본적으로 디테일이 일의 성패를 결정하는 것이 아니다. 관념이 성패를 결정한다. 달리 말해 사고가 성패를 결정한다는 것이다. 관념과 사고가 잘못됐다면 제아무리 디테일이 완벽하다 한들 무슨 소용이 있겠는가.

모든 일이 디테일로 귀결된다고 치자. 그러면 모든 일이 대변으로 귀결된다는 이야기도 성립하지 말라는 법이 없다. 저자의 논리대로 하면 나도 『대변이 생사를 결정한다』라는 책을 써서 얼마든지 팔아먹을 수 있다. 나머지는 무시하고 오로지 대변만 붙들고 늘어지면 대변이 생사를 결정한다는 결론은 틀림없이 나온다. 우선 변을 보지 못하면 고통스럽다. 이 단정적인 말에 반대할 사람은 아마도 없을 것이다. 또 변을 아무데나 보면 이질이나 콜레라, 간염 등의 균이 전염돼 사람이 죽을 수도 있다. 역시 동의하지 않을 사람이 없을 것이다. 그다음 배변이 불규칙하다는 것은 위장에 문제가 있다는 사실을 뜻한다. 조기에 치료하지 않으면 위암, 직장암 같은 병에 걸리게 된다. 그러면 더 빨리, 더 꼴사납게 죽을 수도 있다. 역시 이 같은 단정적 결론에 반대할 사람은 없을 것이다. 이런 식으로 나는 대변이 생사와 대단히 밀접한 관계를 가진다는 이야기를 수백 가지 끌어댈 수 있다. 이렇게 하면 원하든 원치 않든 믿을 수밖에 없는 사실, 곧 '대변이 생사를 결정한다.' 라는 단정적인 결론을 끌어낼 수 있다.

베스트셀러는 베스트셀러일 뿐이다. 반면 진리는 정말 진리이다. 장사꾼들이 치밀하게 짠 계획을 통해 나온 베스트셀러에서 진리와 뛰어난 견해를 찾아낼 수 있을 것이라고 생각하는 것은 성경의 말씀과 참으로 부합하는 것 같다. "부자가 천당 가는 것은 낙타가 바늘구멍을 지나는 것보다 더 어렵다."라는 바로 그 명언 말이다.

젠제 선생의 글을 읽고 나서 나는 바로 다음 날 답글을 썼다. 전문은 아래와 같다.

올해 1월 나는 『디테일의 힘』이라는 책을 냈다. 나는 이 책의 머리말에서 책을 쓰게 된 까닭을 밝혔다. 내가 과거에 쓴 책 중에는 『세일즈맨의 자기 세일즈』라는 책이 있었다. 이 책의 한 장(章)에서 나는 '작은 일을 세심하게 하라.'라는 제목으로 디테일에 관한 사례들을 모아 놓았다. 그런데 이 책을 읽은 독자들이 여기에서 내가 제기한 몇 가지 관점들을 조금 더 상세하게 설명해달라고 요청해왔다. 그중에서도 비교적 집중적인 관심을 모은 관점이 바로 '작은 일을 세심하게 하라.'였다. 그래서 나는 연구가 부족함을 무릅쓰고 『디테일의 힘』을 쓰게 됐다.

『디테일의 힘』은 전국적으로 열렬한 반응과 광범위한 지지를 불러일으켰다. 많은 독자들이 전화나 편지, 이메일의 방식으로 나와 교류하고 싶어 했다. 또 많은 기업들이 자기네 회사에 와서 디테일한 경영 문제에 관해 강의를 해달라는 요청을 해왔다. 나는 기쁘면서도 한편으로는 걱정도 됐다. 기뻤던 것은 디테일을 중요하게 생각하라는 관점이 폭넓은 지지를 얻었다는 사실 때문이었다. 내가 디테일을 중요하게 생각하라고 주장한 것은 다른 이유가 아니라 이것이 진지한 태도와 과학정신을 강조하는 것과 일맥상통하기 때문이다. 그러한 디테일을 중시하면 개인은 말할 것 없고 조직과 사회 모두에 이득을 가져올 것이었다. 걱정이 됐던 것은 디테일에 관한 나의 이론적 연구가 깊지 못한 점이었다. 『디테일의 힘』은 '디테일이 일의 성패를 결정한다.'라는 이념을 제시한 것에 불과했다. 그러나 책의 파괴력은 대단했다. 책을 읽은 독자들은 진짜 디테일을 중요하게 생각했다. 디테일 속에서 제품과 노동의 질을 부단히 개선해 나갔다. 이로 인해 개인의 소질 역시 개발됐다. 정부에는 국가경쟁력을 높이는 데 주력할 필요가 있다는 자각을 하게도 만들었다. 그럼에도 나는 내가 제창한 이론이 여전히 성숙한 것과는 상당히 거리가 있다고 느꼈다. 독자들을 오도할 수 있다는 점도 우려됐다. 바로 이때 젠제 선생이 앞의 글을 발표했다. 나의 우려가 전혀 근거가 없지 않다는 사실을 다시 일깨워준 것이다.

「신징바오」의 2004년 7월 23일자 C103면에 발표된 젠제 선생의 글은 '디테일 비판'이라는 대주제 아래 "큰 결정과 대책 및 전략은 개인의 결정을 필요로 하지 않는다."라는 명제를 글의 중심으로 삼았다. 그러나 그의 글은 꽃을 꺾어다 나무에 붙이는 스타일의 글이었다. 화를 다른 사람에게 전가하는 묘한 글이기도 했다. 혹시 이런 방식이 젠제 선생의 상투적인 수법은 아닌지 궁금하다. 나는 『디테일의 힘』 어디에서도 그와 같은 말을 쓰지 않았다. 나는 전략에 대해 『디테일의 힘』에서 아래와 같이 언급했다.

'전략은 디테일에서 시작해 디테일에서 완성된다. 따라서 디테일은 전략의 한 과정이라고도 할 수 있다. 과정이기 때문에 어떻게 전략을 세울 것인가 하는 문제에서부터 디테일이 요구된다. 또 어떻게 전략을 실행할 것인가 하는 문제에 있어서도 디테일이 필요하다. 아무튼 모든 방면에서 각각의 디테일이 요구된다. 디테일하지 않은 전략은 헛된 공상이며 디테일하지 않은 실행은 헛된 장담이다. 결과적으로 헛발질에 그칠 수밖에 없다. 내가 보기에 지금 중국에 뛰어난 전략가는 결코 부족하지 않다. 부족한 것은 더 잘하려고 애쓰는 실행가이다. 각종 관리제도 역시 결코 뒤떨어지지 않는다. 부족한 것은 원칙과 규칙에 따르는 한 치의 오차도 없는 실행이다.

젠제 선생은 미국 자동차와 일본 자동차를 비교했다. 그러면서 "미국은 주도적으로 제조업에서의 경쟁에서 발을 뺐다. 대신 전략적으로 패러다임을 바꿨다. 기술을 중요시하는 쪽으로 생각을 전환한 것이다. 이렇게 함으로써 미국은 정보기술 영역에서 세계적인 우위를 차지할 수 있었다."라고 주장했다. 맞는 말이다. 미국은 분명히 수준이 완전히 다른 기술에 눈을 돌렸다. 그러나 그것은 미국 정부의 전략에 따른 것이었다. 반면 자동차산업에 관한 한 미국 자동차회사들이 "주도적으로 경쟁에서 발을 뺐다."라는 말은 듣지 못했다. 미국의 3대 자동차회사는 본토의 자동차시장에서 점유율을 확대하기 위해 지금도 분투하고 있다. 세계 시장에서의 점유율을 확대하려고 노력하는 것은 더 말할 필요도 없다.

중국과 외국 패스트푸드점 사이의 경쟁에 관해서는 "나는 다행히도 외국 패스트푸드점에 대해 이틀 동안 연구했다."며 이런 결론을 내렸다.

"중국의 패스트푸드점이 외국 패스트푸드점을 이기지 못하는 근본적인 원인은 결코 디테일에 있지 않다. 외국의 패스트푸드점들이 강력한 힘을 가진 고차원의 문화 전략을 오래전부터 실시한 것이 승리의 원동력이었다. 이를테면 애당초 승부는 결정돼 있었다는 말이다."

"강력하고도 총체적인 미국 문화의 전략이 없었다고 생각해보자. 또 할리우드의 영화가 전 지구촌에 퍼져 있지 않았다고 생각해보자. 내친김에 디즈니가 알게 모르게 중국 어린이들의 마음을 사로잡지 않았다는 가설도 제기할 수 있다. 마지막으로 도시생활의 이미지와 낭만과 관련하여 미국의 대중문화에 거는 표준 기대치가 없었다는 생각도 해볼 수 있다. 만약 그랬다면 맥도날드와 KFC가 중국의 패스트푸드점에 이길 수 있었을까? 그건 꿈도 꿀 수 없는 일이었을 것이다."

나는 논리학을 배운 적이 없다는 사실을 고백한다. 따라서 젠제 선생이 어떤 논리로 이런 결론을 얻게 됐는지 모른다. 다만 그런 전제들이 있었기에 KFC와 맥도날드의 표준화나 디테일한 경영이 없었다 하더라도 승리는 따 놓은 당상이었다는 논리로 젠제 선생이 이끌어낸 결론은 한마디로 간단하게 표현할 수 있다. "미국은 강대하다. 그러므로 모든 미국인은 강대하다."라는 말로 말이다. 그런데 전제와 배경을 따지자면 중국인은

5000년 동안이나 쌓아온 문화가 있다. 젠제 선생이 열거한 것들과는 비교가 안 될 정도로 풍부하다. 그런데 어째서 중국 패스트푸드점은 외국 패스트푸드점과의 경쟁에서 유리한 위치에 있지 못하는가?

'악마는 디테일 안에 있다'라는 표현을 언급하면서 젠제 선생은 내가 고대 그리스 격언인 '신은 디테일 안에 있다.'라는 말을 모른다고 비판했다. 사실이다. 정말 부끄럽게도 나는 이 격언이 고대 그리스의 것인지 모르고 있었다. "이 명제는 누구나 알아야 한다."라는 젠제 선생의 요구를 나는 만족시켜주지 못했다. 이 점에 관한 한 나는 부끄러움을 감추지 못하겠다. 그러나 이 점만은 분명하다. 신이든 악마든 모두 사람의 마음속에 존재한다는 사실이다.

디테일이 완벽하면 제품과 서비스가 더없이 좋은 결과를 가져올 수 있다. 즉 "디테일 안에는 신이 감춰져 있다."라거나 "신은 디테일 안에 존재한다."라고 말할 수 있다. 그런데 디테일이 부족하면 전체적인 실패를 가져올 수 있다. 다시 말해 "디테일 안에는 악마가 감춰져 있다."라거나 "악마가 디테일 안에 존재한다."라고도 말할 수 있다. 『디테일의 힘』이 "융통성 없이 고지식하다."라고 비판하는 젠제 선생은 어째서 조금도 융통성을 발휘할 줄 모르는가?

"독자들을 생각해서라도 저자는 손바닥에 땀이 날 정도로 바짝 긴장해야 될 것 같다."라고 말한 젠제 선생은 굳이 '대변이 생사를 결정하는' 정도로까지 긴장할 필요는 없을 것 같다. 디테일이 일종의 시스템적인 개념이라는 사실을 이해한다면, 사람들을 긴장하게 하거나 웃지 않을 수 없게 만든다는 것과 같은 결론을 절대로 얻을 수 없다. 내가 디테일에 대해 내린 정의에는 사물에 내재돼 있는 관계와 본질을 반영한 미세한 사정이 함축되어 있다. 부언하건대 디테일은 일종의 시스템적 개념이라고 단언해도 좋다. 다시 말해 디테일은 시스템의 각도에서 봐야만 가치를 드러내는 것이다. 나아가 디테일이 시스템적인 개념이라는 사실을 이해해야 디테일을 통해 시스템 운영의 잘잘못을 알 수 있다. 하나하나의 디테일이 모두 잘 작동돼야 전체 시스템의 원활한 운영이 보증될 수 있다는 말이다.

디테일은 시스템이라는 기본과 분리되면 쓸모없는 '부스러기'일 뿐이다. 젠제 선생이 이 사실을 안다면 다음의 말도 이해할 수 있을 것이다. 아마존에 사는 나비 한 마리의 날갯짓이 2주 후에 미국에 폭풍을 몰고 올 수 있다(이른바 나비 효과). 그러나 젠제 선생의 『대변이 생사를 결정한다』라는 책은 미국 대통령 선거에 아무런 영향을 주지 못한다. 달이 지구를 도는 데에도 아무 영향을 미치지 못한다. 왜냐하면 그것들은 하나의 시스템 안에 있지 않기 때문이다.

나는 세계의 모든 사물은 서로 관계가 있다고 믿는다. 우리의 현재 수준은 모든 사물이 관련된 정도를 파악하는 데까지 이르지 못하고 있을 뿐이다. 통제 가능한 시스템 안에서 목표를 실현하고 문제를 해결하는 데 우리가 가진 힘을 쓸 수 있을 뿐이다. 젠제 선생이 그 이틀을 『디테일의 힘』을 자세히 읽는 데 썼다면 아마도 그런 결론을 얻지 않았을 것이다.

내가 디테일을 중요시하라고 주장하는 것은 진지한 태도와 과학적인 사고를 제창하기 위해서라고 해도 좋다. 디테일에 대해 엄숙하고 진지하게 대응하라는 말이 되겠다. 디테일은 진지한 태도에서 더 나아가 전문성까지 요구되는 일이다. 사과가 땅에 떨어질 것이라는 사실은 누구나 안다. 직접 눈으로 확인할 수도 있다. 그러나 모든 사람이 만유인력의 법칙을 연구할 수 있는 것은 아니다. 바로 그런 것과 마찬가지다. 나는 어떤 사물이라도 하나의 과정으로 보기를 희망한다. 모든 사물은 과정 속에서 부단히 발전해 나간다. 『디테일의 힘』도 크게 다르지 않다. 책에 숱한 착오가 있었다. 독자들에게 불편을 끼쳤다. 이 점에 대해서는 충심으로 사과를 드린다. 더불어 독자들의 계속적인 비판과 질정을 기다린다. 디테일 이론은 진일보한 연구를 기다리는 과정에 있다. 심층적인 연구와 토론이 계속된다면 더욱 성숙해지리라고 본다. 광범한 독자 여러분들, 나아가 각계 식자들과의 토론과 대화를 환영한다.

'디테일이 성패를 결정한다.'라는 나의 주장에 의문을 던지는 사람도 없지 않았다. 그러나 『디테일의 힘』은 여전히 세간의 폭넓은 관심과 주목을 끌고 있다. 사회 각계로부터 열렬한 반응을 얻고 있다. 언론들도 앞을 다퉈 서평을 내놓고 있다. 책과 관련한 다양한 보도들이 지금도 쏟아지고 있다.

중국올림픽조직위원회에서도 전화를 걸어온 적이 있다. 이 책이 조직위가 구축 중인 대규모 시스템과 관련한 지침서 역할을 할 것이라는 것이 그들의 생각이었다.

참고로 『디테일의 힘』은 「런민르바오」를 비롯해 「광밍르바오」, 「징지르바오」, 「징지찬카오바오」, 「중궈칭녠바오」, 「베이징완바오」 등의 신문과 잡지, 포털사이트 등 무려 200여 매체가 적극적으로 소개했으며, CCTV 등 70여 개 매체와 인터뷰를 했다.

내 책을 구입해 학습과 연수 자료로 활용한 기업들의 이름도 거론하고 싶다. 어얼둬쓰그룹, 중궈화궁그룹, 다칭스유 등의 대기업이 대표적이다. 심지어 중궈스유의 장제민 총재는 이 책을 추천도서로 선정해 직접 간부 직원들을 대상으로 교육을 진행하기까지 했다. 인민해방군도 이 책의 독자였다. 예컨대 난징(南京)군구는 간부들에게 이 책을 읽고 독후감을 쓰도록 했다.

이 책은 독자들로부터도 호평을 받았다. '2004년에 가장 인연이 많은 책'이라는 평을 들은 사실만 봐도 잘 알 수 있다. 또 중국출판업협회에 의해

'2004년도 전국 우수 베스트셀러'로 선정되기도 했다.

이후 나는 정신없이 바빠졌다. 저명한 기업과 정부기관, 학교 등에서 강연을 요청해온 것이다. 대략 300여 곳이 넘었다. 대충 꼽아만 봐도 중궈이둥, 중궈롄퉁, 중궈거저우바그룹, 중국식량비축관리총공사, 타이강그룹, 신화롄그룹, 다훙잉그룹, 훙더우그룹, 서우창터우쯔, 쑤닝전기, 중궈궁상은행, 중궈은행, 국무원기관사무관리국(국무원 산하 각급 기관의 업무를 관리하는 곳: 옮긴이), 선양 시정부, 쓰촨성 청두시위원회, 베이징 세관, 베이징 철로국, 베이징대학, 칭화대학, 저장대학, 우한대학, 궈팡대학, 난창육군학원 등의 이름이 우선 떠오른다. 이 책이 베스트셀러가 되고 강연이 진행되면서 디테일을 중요하게 생각하자는 관념은 그야말로 전국적으로 광범위하게 전파됐다. 동시에 나 역시 '2004년도 중국 10대 우수 경영 및 트레이닝 강사'로 선정됐다.

나는 전국 각지를 돌면서 강의와 교육을 하는 과정에서 늘 배우는 입장이라는 사실을 잊지 않았다. 독자들로부터 감동을 받은 적도 적지 않았다. 2004년 여름 선전에서 대규모 강연회가 열렸을 때였다. 한 젊은 여성 기업인이 강연회 내내 들락날락했다. 강연회가 끝나고 알아보니 그럴 만한 이유가 있었다. 젖먹이 아기에게 젖을 물리기 위해서였던 것이다. 당시 그녀의 보모가 회의실 밖에서 아기를 데리고 기다리고 있었다. 그래서 이 여성은 강의를 듣는 틈틈이 강연장을 빠져나가 아기에게 젖을 먹일 수 있었다.

2005년 여름에는 윈난의 쿤밍에서 평생 잊지 못할 일을 경험했다. 강의는 오후 3시에 끝났는데, 20여 명 되는 수강생들에 둘러싸인 채 질문과 답을 주고받았다. 문제는 저녁 7시가 되도록 돌아가려는 사람이 아무도 없었다는 사실이었다. 심지어 두 여성 기업인은 자신들이 경영하는 기업의 온갖 어려움을 이야기하다 그만 울음을 터뜨리고 말았다.

한번은 선양에서 열린 한 포럼에서 자신의 나이가 65세라고 밝힌 여성을 만난 적이 있었다. 당시 그녀는 "왕 선생님이 10년만 더 빨리 이 책을 냈더라면 내 인생도 바뀌었을 거예요."라고 말해 나를 놀라게 만들었다.

닝샤회족자치구 인촨에서도 좋은 경험을 했다. 한 시각장애인이 아내의 도움을 받아 강의를 듣는 모습을 목도한 것이다. 그는 닝샤회족자치구 최초의 시각장애인 대학생인 왕제 선생이었다. 이후 우리는 지금까지 좋은 친구로 지내오고 있다. 그는 지금 중·노년 보건 전문가로 일하고 있다.

나는 정말 '디테일'로 인해 이른바 세상의 유명인사가 됐다. 그러다 보니 사람들도 디테일을 가지고 나에게 다가왔다. 한마디로 우리는 디테일로 서로 격려하고 고무하며 함께 발맞춰 앞으로 나아가기도 했다.

사회 각계에 디테일과 관련된 화제가 끊임없이 늘어나고 있다. '디테일이 성패를 결정한다.'라는 말은 이제 하나의 유행어가 돼버렸다. 이런 유행을 뒤쫓아 디테일이란 말을 제목으로 삼은 책들이 줄줄이 출판됐다. 지금도 출판되고 있다. 우리가 수집한 책만 96종에 이를 정도이다. 아마 훨씬 더 많을 것이다. 그야말로 일순간에 작은 디테일이 대중의 시선을 확 잡아끄는 화두의 중심으로 진입하고 있다.

> 문답록

저자와의 대화

〔질문 1〕 선생님의 경영 이론에서 가장 중요한 포인트는 디테일을 확실하게 장악하라는 말입니다. 도대체 디테일이라는 것은 무엇입니까?

〔답〕 경영자라면 누구든 자신의 조직에서 보통 사람들이 발견하지 못하는 문제를 최대한 분명히, 철저하게 잡아내야 합니다. 이것이 바로 내가 말하는 디테일입니다.

내가 쓴 『세일즈맨의 자기 세일즈』에 '작은 일을 디테일하게 하라'는 제목의 장이 있습니다. 이것은 아무리 대단한 프로젝트를 맡아 하든 마찬가지입니다. 어떤 일이든 최종적으로는 몇 가지 구체적인 항목들로 분해됩니다. 항목 하나하나는 다시 몇 가지 지표들로 분해되고, 또 지표 하나하나는 작은 지표들로 분해됩니다. 이렇듯 작은 지표들의 총체는 무수히 작은 일들의 조합인 것입니다. 대다수의 사람이 가장 기본적이고 작은 단위의 일조차 제대로 하지 않아서 결과적으로 전체의 효율이나 능률을 떨어뜨립니다. 매사는 몇 가지 줄기들로 이루어지고 줄기 하나하나는 수많은 점들로 이루어집니다. 그런데 어떤 하나의 점 또는 몇 개의 점들이 없으면 줄기가 되지 않습니다. 줄기가 끊기면 그 줄기의 일은 실패하고 마는 거지요.

〔질문 2〕 디테일의 진정한 핵심은 무엇입니까?

〔답〕 2가지로 말할 수 있겠네요. 첫째, 디테일은 과학정신이라는 겁니다. 다음으로 디테일은 진지한 태도라는 겁니다. 이것이 디테일의 핵심입니다.

〔질문 3〕 디테일은 어디에나 있다고 하셨습니다. 현대 기업 경영에 경쟁 체제가 도입되면서 경영 관념에도 근본적인 변혁이 일어났습니다. 이러한 변혁은 디테일에서 시작됐다고 할 수 있습니다. 그렇다면 디테일의 실질은 무엇입니까?

〔답〕 디테일의 실질은 2가지 방면에서 봐야 합니다. 첫째는 태도입니다. 같은 일도 다른 사람이 하면 그 결과가 다릅니다. 이 차이는 일을 하는 자세에서 나옵니다. 상하이 자오퉁대학 안타이관리학원의 학장인 왕팡화 교수는 일찍이 이런 말을 했습니다. "중국인은 일을 하면 항상 '끝냈는가?'라고만 묻지 '잘했는가?'라고 묻지 않습니다."라고 말입니다. 아무리 작은 일이라도 진지한 태도로 해야만 잘할 수 있습니다.

둘째는 과학입니다. 어떤 부서, 어떤 프로그램이든 과학적 표준이 있어야 합니다. 더불어 과학적인 훈련이 필요합니다. 디테일을 추구한다는 것은 측정할 수 있어야 한다는 의미입니다. 측정의 척도는 바로 그에 상응하는 표준과 규범입니다. ISO 인증을 받으려면 표준에 부합해야 합니다. 심사위원이 계약서에서 고객의 서명을 확인했더라도 본사 영업 책임자의 서명이 없는 것을 발견했다면 계약 절차에 의거해 불합격 요인에 포함시켜야 합니다. 중국투자회사 같으면 사정 담당자가 문제를 발견하면 '시정조치란'에 '서명이 없는 곳 보완'이라고 써넣을 것입니다.

그러나 독일 기업의 처리방식은 완전히 다릅니다. 서명이 없는 것을 발견하면 바로 보완하고 넘어가는 것이 아니라 그 원인이 무엇인지 조사하고 분석합니다. 이어 영업 책임자의 출장이 잦은 탓에 필요한 시점에 계약서 서명을 하지 못했다는 사실을 발견합니다. 이것은 의도적인 조작 의사가 없는 경우이므로 "영업 책임자는 부재 시에 대리인에게 권한을 위임해야 한다."라고 문서를 수정하는 일로 이어집니다. 그런 다음 '시정조치란'에 'XXX호

문서를 변경함'이라고 써넣습니다. 독일 기업은 이렇듯 엄격하고 신중합니다. 어느 하나도 놓치지 않는 업무 태도를 지니고 있습니다. 그래서 다임러, 지멘스, 폭스바겐 같은 세계 일류의 기업들이 나올 수 있었습니다. '독일제' 하면 품질 보증의 대명사로 인정받고 있습니다. 이로 인해 독일은 국가 브랜드를 만들어낼 수 있었던 것입니다.

〔질문 4〕 '부스러기'와 '디테일'은 어떻게 구분됩니까?

〔답〕 디테일이란 일종의 시스템적인 개념입니다. 디테일은 시스템의 각도에서 봐야만 가치를 가진다는 말입니다. 디테일을 일종의 시스템적 개념으로 간주할 때에만 우리는 디테일을 통해 시스템 운영의 잘잘못을 발견할 수 있습니다. 디테일 하나하나가 잘 완성돼야 시스템 전체가 훌륭하게 운영될 수 있다는 겁니다. 시스템이 없다면 디테일은 무가치합니다. 이런 디테일을 나는 '부스러기'라고 부릅니다.

〔질문 5〕 "아무것도 하지 않으면서 다스린다."는 의미를 가진 무위이치(無爲而治)와 "큰일을 하는 사람은 작은 일에 연연하지 않는다."는 말에 대해서는 어떻게 생각하십니까?

〔답〕 나는 많은 사람들이 '무위이치'라는 말에 대해 잘못 이해하고 있다고 생각합니다. 이 말은 철학적 명제입니다. 그러나 경영이라는 의미에서 이해하자면 나는 반드시 '다스림'이 우선돼야 한다고 생각합니다. 무위이치는 무정부주의가 아닙니다. 반대입니다. '다스림'은 필연적인 것입니다. 무위이치 역시 강조하는 것은 일종의 경계입니다. 인간의 심층적인 사상을 이해하고 이를 잘 조정한 상황에서 사람들이 수많은 규칙을 자각하고 지킬 때 비로소 '무위이치'가 되는 것입니다.

"큰일을 하는 사람은 작은 일에 연연하지 않는다."는 말에 대해 이야기해 보도록 하겠습니다. 큰일이라는 것은 작은 일들이 마디마디 이어져 이루어지는 것입니다. 어느 문호의 방대한 대작도 분명 어휘 하나하나로 이루어져 완성된 것입니다. 그렇기 때문에 큰일을 계획할 때 이것을 집행할 '작은 마디의 일' 들을 고려하지 않는 것은 비현실적입니다. "큰일을 하는 사람은 작은 일에 연연하지 않는다."고 할 때 여기에서 가리키는 '작은 일' 이라는 것은 곁가지 또는 하찮고 쓸모없는 일입니다. 이 말을 처세술로 바꾸면 저는 이렇게 말하겠습니다. "일하는 사람은 자세를 낮추고 처세의 수준을 높게 가져라. 일하는 사람은 큰 것을 욕심내지 말아야 한다. 또 처신에서는 작은 이익에 현혹되지 않아야 한다."

〔질문 6〕 중국의 옛말에 "대장부는 작은 일에 연연하지 않는다."는 말이 있습니다. 그러나 많은 사람들, 특히 적지 않은 '대장부'들이 이 말을 일할 때의 길잡이로 생각하고 있습니다. '디테일이 성패를 결정한다.' 는 말과는 모순이 되는데, 이 말을 어떻게 이해해야 할까요?

〔답〕 나는 그것이 인격에 대한 말이라고 이해합니다. 그러니까 작은 데 연연하지 않는다는 말은 처세에서 대범하다는 사실을 의미합니다. 또 음흉한 마음을 품지 않고 쩨쩨하게 따지지 않는다는 뜻을 가지고 있습니다. 이런 관점에서 보면 대장부는 작은 일에 연연하지 않아야 하는 것이 맞습니다. 현대사회의 대장부라도 마찬가지입니다. 그러나 큰일과 내재적으로 관련이 있고 실질적으로 큰일을 실현하게 해주는 작은 일들과 줄거리에 연연하지 않으면 결코 안 됩니다. 중국 고전에 "한 집안의 분란을 다스리지 않고서 어찌 천하를 다스릴 수 있는가."라는 말도 있지 않습니까? 과거 중국은 농업사회였습니다. "닭과 개 짖는 소리가 들리는 이웃이어도 죽을 때까지 오고가

지 않는다."는 말이 있었습니다. 그만큼 대인관계가 넓지 않았습니다. 그러나 현대사회는 업무가 갈수록 세분화되고 있습니다. 협력이 점점 긴밀해지고 있습니다. 한 개인이 조직 안에서 자기가 맡은 작은 일을 잘 해내지 못하면 업무 흐름과 조직에 끼치는 손해가 엄청나게 커질 수 있습니다. 그런 이유로 산업화된 사회에서는 어떤 대장부라도 작은 일에 연연하지 않으면 안 됩니다.

〔질문 7〕 100-1=99입니다. 그런데 『디테일의 힘』에서는 100-1=0이라고 했습니다. 정말 인상이 깊었습니다. 이렇게 말씀하신 이유는 무엇인가요? 그런 사례를 말씀해주실 수 있습니까?

〔답〕 디테일은 그 하나하나가 어떤 상황에서도 치명적 결과를 가져올 수 있다는 뜻입니다. 또 핵심이 되는 고리에 잘못이 있다면 사업 전체에 문제가 생기고 자칫하면 실패로 끝나기도 합니다. 사람이 어떻게 죽습니까? 모든 신체부위가 병이 나서 죽는 것이 아닙니다. 오장육부가 모조리 손상돼서도 아닙니다. 대부분 혈관 하나가 막혀 피가 돌지 않기 때문에 숨이 끊어집니다. 1킬로미터 길이의 전기선이 있습니다. 그런데 어떤 한 군데에 충격이 가해지면 전체에 전기가 끊어집니다. 현재 중국 공무원의 이미지 문제도 이와 마찬가지입니다. 어쩌다 일개 공무원의 부패가 알려지면 국민들 눈에는 대부분의 정부기관이 부패한 것처럼 보일 수 있습니다.

이야기 하나 하겠습니다. 장지동(청나라 말기의 정치가: 옮긴이)이 양호(지금의 후베이성과 후난성을 일컬음: 옮긴이) 총독으로 있을 때입니다. 이름깨나 떨치는 인사들 태반이 그 문하로 모여들었습니다. 물론 당시 관청에도 인재들은 수두룩했습니다. 장지동은 특별히 마음이 동하는 날에는 휘하의 명사들을 불러다 연회를 열었습니다. 관청의 막료들도 당연히 모두 참석해 정중하게 모셔졌습니다. 그런데 장지동은 고령이었습니다. 그래서 종종 연회 중에 자기도 모르게 테이블에 기대 잠이 들어버리곤 했습니다. 그러면 막료들은 감히 자리를 뜨지 못하고 그가 깰 때까지 고통스럽게 앉아 기다렸다가 다시 식사를 했다고 합니다. 이런 작은 일화만 봐도 과거 관료들이 얼마나 노쇠했는지를 알 수 있습니다. 한 시절을 호령했던 장지동을 봐도 그러니 그 나머지 사람들까지 좋은 눈으로 볼 수가 없는 겁니다.

〔질문 8〕 우리의 경험이나 사고방식으로 보면 디테일은 지극히 개인화된 개념으로 보이는데, 선생님 이론의 틀 안에서는 디테일이 기업의 생존, 사회적인 상호작용 또는 국가의 이익 같은 중대한 일들과 밀접하게 관련된 '큰 문제'가 되고 있습니다. 그 까닭은 무엇입니까? 디테일이 정말로 그렇게 중요합니까?

〔답〕 디테일은 누가 뭐래도 '큰 문제'입니다. 현재 디테일은 개인화된 개념에서 대단히 폭넓은 사회적 개념이 됐습니다. 이것은 우리를 둘러싼 사회가 구조적으로 점점 세분화되고 있는 상황이 가장 결정적인 이유라고 할 수 있습니다. 전문화가 진행될수록 개인의 업무는 명확해집니다. 역할 역시 분명해집니다. 그러면 필연적으로 개인과 개인 사이, 부문과 부문 사이, 나아가 그룹과 그룹 사이의 협력이 더욱 강력하게 요구됩니다. 이것이 그 이유입니다. 어떤 업체에서 디테일이 완전하게 구축되지 못했을 때, 다른 업체에도 톱니가 맞지 않는 유사한 문제가 출현합니다. 그래서 시스템 전체가 기능을 상실하게 됩니다. 디테일의 문제는 작게는 개인과 개인 사이에 모순을 낳고 크게는 기업 경영의 위기를 부를 수도 있습니다. 심지어는 국가와 국가 사이의 충돌을 부를 수도 있습니다.

한번은 내가 강의를 하다가 왼손에는 종이컵, 오른손에는 생수병을 들고 이렇게 물었습니다. "여러분, 내가 왼손을 오른쪽으로 가져갈까요, 아니면 오른손을 왼쪽으로 가져갈까요? 그도 아니면 양손을 가운데로 모을까요? 어느 쪽이 물을 따르는 데 더 좋은 방법일까요?"라고 말입니다. 그러자 어떤 사람이 뭐라고 쑥덕거렸습니다. 아마 내 질문이 너무 유치하게 들렸나 봅니다. 내가 다시 물었습니다. "만일 내가 이 동작을 하루에 1만 번을 해야 한다면, 한 조직의 1000명 모두가 이 일을 해야 한다면 어떻게 물을 따르는 게 좋을지를 생각해야 합니까, 말아야 합니까?"

이어서 큰 소리로 이렇게 말했습니다.

"이것이 바로 산업시대 과학적 경영의 사유방식입니다."

〔질문 9〕 흔히 "물이 너무 맑으면 고기가 살지 않는다. 사람이 너무 꼬치꼬치 따지면 따르는 사람이 없다."라고 말합니다. 이론만 보면 디테일은 우리의 생활이나 일 등 모든 방면에서 중요한 것이 맞습니다. 그러나 디테일을 지나치게 따지게 되면 업무 효율과 의욕, 근무 태도, 나아가 업무 성과에까지 부정적인 영향을 주지 않을까요?

〔답〕 디테일을 중요하게 생각하는 이유는 다음의 몇 가지 차원에서 보면 이해할 수 있습니다.

우선, 디테일은 규칙을 통해 실천되는 것이지 개인의 의지를 실현하는 것은 결코 아닙니다. 기업의 관리자라면 마땅히 개인과 조직의 충돌을 최소화하는 데 진력해야 합니다.

둘째, 하나의 규칙이 생겼을 때 관리자는 규칙의 첫 번째 창도자가 돼서는 안 됩니다. 첫 번째로 규칙을 따르는 사람이 돼야 합니다. 이것은 일종의 경영 기법입니다.

셋째, 일하는 사람은 큰 것을 욕심내지 않아야 합니다. 처신을 할 때에도 작은 이익에 연연하지 말아야 합니다.

　마지막으로, 디테일 관리에서 가장 먼저 해결해야 할 일은 직원들의 습관 문제라는 사실을 알아야 합니다. 그러고 보니 어떤 언론매체의 성공사례가 생각납니다. 몇 년 전 네이멍구의 「베이팡신바오」에서 '3밀리미터 규칙'이라는 것을 제안한 적이 있습니다. 지면에 배치된 기사들 사이의 간격을 정확히 '3밀리미터'로 하자는 내용이었습니다. 그 신문사는 이 규칙이 잘 지켜질 때까지 편집국장이 매일같이 직접 감독을 했다고 합니다. 시간이 당연히 오래 걸렸죠. 이런 간단한 규칙의 훈련을 통해 신문사 직원들은 치밀한 업무 습관과 완벽을 추구하는 태도를 기르게 됐습니다. 습관이 길러지니 누구나 스스로 여러 규칙을 지키게 됐습니다. 업무 효율 역시 자연스럽게 높아지게 됐다고 합니다.

　〔질문 10〕 톰 피터스가 이런 말을 했습니다. "성공한 기업과 개인을 보면 가슴 벅찬 성공의 순간은 대개 한순간이다. 그러나 이들이 묵묵히 디테일에 몰두한 시간은 성공에 이르기까지의 모든 과정을 관철하고 있다."라고 말입니다. 과연 성공과 디테일의 관계는 무엇입니까?

　〔답〕 나는 2가지 관점을 강조하고 싶습니다. 하나는 과거 성공과 큰 명예, 큰 성취를 동등하게 다루는 맹점이 있었다는 사실입니다.

　다른 하나는 요즈음 많은 사람들이 이른바 '성공학'을 공부하고 있다는 사실입니다. 솔직히 말해 어떤 개인이 성공하는 데 다른 이의 성공을 나침반 삼아 배울 필요는 없습니다. 사회가 인정한 높은 수준의 성취를 이루어낸 성공이라 해도 그것이 다른 사람에게 똑같이 복제되는 것은 아닙니다. 기업의 성공은 말할 필요도 없겠죠. 예를 들어 하이얼그룹이 성공했다 하면 다른 기업은 하이얼의 일부 경영 노하우를 참고할 수 있을 뿐입니다. 가져다 베낀다고 해서 똑같은 하이얼을 하나 더 복제할 수 있는 것은 아니라는 말입니다.

성공과 디테일의 관계는 불가분이라고 해야 합니다. 모든 성공은 디테일 분해의 과정입니다. 그래서 디테일의 성공이라 할 수 있습니다. 물이 흐르는 곳에 도랑이 생기듯 모든 일의 완성은 디테일이 누적된 과정입니다.

산업화사회에서 분업이 세밀해지고 업무가 전문화됐습니다. 개인의 업무에도 세밀한 변화가 생겼습니다. 디테일을 잘 완성하는 것, 이것이 바로 성공입니다.

〔질문 11〕 선생님은 『디테일의 힘』이 출간된 후 전국의 독자들로부터 뜨거운 호응을 얻었습니다. 책은 베스트셀러가 됐습니다. 저자로서 그 인기의 원인이 어디에 있다고 생각하십니까?

〔답〕 한편으로는 정부와 기업, 특히 국유기업들이 당면하고 있는 거대한 압력을 들 수 있습니다. 기업 스스로도 간부와 직원들의 근무 태도가 성실하지 않다고 느끼고 있기 때문이죠. 그래서 상부에서는 '진리를 추구하고 실제에 충실할 것'을 제창하곤 했는데, 이를 뒷받침할 학습자료가 없었습니다. 이런 상황에서 이 책이 참고자료가 됐다고 봅니다.

다른 한편으로는 현재 우리 사회에 허황된 생각, 들뜬 마음, 조급증 같은 심리적 병리 현상이 폭넓게 퍼져 있다고 느끼는, 많은 사람들의 생각과 관련이 있습니다. 한마디로 많은 독자들이 이런 바람직하지 못한 현실을 자정하는 데 이 책이 일정한 역할을 할 것이라고 공감하지 않았나 생각됩니다. 예컨대 거저우바그룹의 양지쉐 사장이 대표적인 인물이라고 할 수 있습니다. 그는 2004년 3월 베이징에서 열린 전인대(전국인민대표대회. 우리의 국회에 해당: 옮긴이) 회기 당시 이 책을 보고는 "꼭 거저우바그룹을 위해 쓴 책 같다."라면서 바로 사무실로 전화를 걸어 100권을 사라는 지시를 내렸습니다. 이어 이 책을 중간간부들에게 나눠줬다고 합니다. 그는 또 자기네 회사 간부들 대상으로 강연을 해달라는 부탁을 해왔습니다. 나는 꼭 필요한 시기에 꼭 필요한 관점을 내놓았을 뿐이죠.

〔질문 12〕 오랫동안 우리의 인문학적인 환경에서는 '큰 지혜'가 모자란 적이 없었습니다. 이로 인해 일상적인 대화 속에서 당연하다는 듯 '대충대충'식의 이론과 개념이 장악하게 됐습니다. 자연스럽게 사람들 역시 그런 '큰 지혜'를 가진 듯한 화신(化身)들에게 습관적으로 성애의 눈초리를 보냈습니다. 그런데 선생님은 느닷없이 관점이 분명하고 어떻게 보면 비주류의 삐딱한 책인 『디테일의 힘』을 내놓았고 센세이션을 일으켰습니다. 패러다임의 변화에 입각한 사고와 기획, 창의력, 전격적인 책 출판 등의 인위적인 요인 외에 그 어떤 것이 선생님의 성공을 가져왔다고 생각하십니까?

〔답〕 나는 내 책이 팔리고 내 말에 청중들이 귀를 기울이는 가장 중요한 이유가 중국인의 가장 아픈 곳을 찔렀기 때문이라고 생각합니다. 그러면 가장 아픈 곳이 어디일까요? 그것은 다른 게 아닙니다. 디테일을 소홀히 하면서 끊임없이 돈을 내고 무언가를 배우려 했다는 사실입니다. 나는 이전의 연구와 최근 진행한 일련의 강연을 통해 끊임없이 일단의 사실들을 발견하곤 합니다. 외견상으로는 실력이 있고 막강한 것처럼 보이는 대기업들도 속을 들여다보면 실상은 그렇지 않다는 사실입니다. 내부적으로는 경영에서의 디테일 부족으로 곳곳에 구멍이 생기는 것이 현실입니다. 위기 역시 곳곳에 도사리고 있습니다. 나는 바로 이걸 느낀 겁니다.

그나마 다행스러운 것은 중국 정부와 기업의 경영자들이 이미 디테일의 중요성을 알고 있다는 사실입니다. 또 과거 디테일의 부족으로 인해 알게 된 교훈을 의식적으로 종합해 매뉴얼로 삼기 시작했다는 사실 역시 의미가 있습니다. 나는 바로 경영자들이 하고 싶으나 하지 못하는 이런 말을 해주고 있습니다. 나아가 이런 감성적인 사고와 부스러기 유형의 의식을 정리해 마지막에 하나의 시스템으로 확립했습니다. 한마디로 그들의 의식을 실천할 수 있도록 지도하는 이론을 확립했다고 할 수 있습니다. 이게 바로 많은 사람들의 호응을 이끌어냈습니다. 이게 『디테일의 힘』이 대유행을 하게 된 이유라고 하겠습니다.

〔질문 13〕『디테일의 힘』이 출간된 후 "~가 성패를 결정한다."라는 제목의 책이 출판시장에 열풍을 일으켰습니다. 어떤 책은 표지와 제목까지 너무 흡사해 착각을 일으킬 정도였는데, 이런 저작권 침해 행위에 대해 고소를 할 계획이 있습니까?

〔답〕일종의 '따라 하기' 현상이라고 할 수 있습니다. 이것은 분명히 우리 사회의 고질병 중 하나입니다. 이 현상의 배후에는 창의력 결핍이라는 문제가 도사리고 있습니다. 창조에는 많은 투자가 따릅니다. 자금, 시간, 기회 등등 말입니다. 다른 사람의 성공을 이런 식으로 빠르게, 손쉽게 복제해서 폭리를 취할 수 있다면 누가 마다하겠습니까?

남을 베끼는 사람들의 행위에 대해 나는 고소할 생각은 없습니다. 시간과 정력만 낭비할 뿐, 얻는 것보다 잃는 게 더 많으니까요. 게다가 누군가가 흉내를 낸다는 것은 내 책의 성공을 증명하는 셈이 되기도 하니까요. 치궁(啓功. 만주족 출신의 대서예가: 옮긴이) 선생은 자신의 서법을 모방한 다른 사람의 작품이 시장에서 고가에 팔려나갔으나 동정과 관용의 태도를 보여주셨습니다. 저도 그럴 겁니다.

〔질문 14〕『디테일의 힘』이 날개 돋친 듯 팔리고 있을 때 이 책의 논조와

상반되는 의견들도 들려왔습니다. 가령 "중국 기업이 범하는 가장 크고 흔한 착오는 바로 전략의 착오이다. 그러나 이보다 더 심한 착오는 중국 기업가들이 자기들의 착오가 어디에 있는지 조금도 모르면서 오로지 디테일에서만 원인을 찾고 있다는 사실이다."라는 말입니다. 선생님은 이에 대해 어떻게 생각하십니까?

〔답〕 내가 심각하게 우려하고 있는 점이 그것이라고 할 수 있겠습니다. 많은 사람들이 '디테일'을 잘못 읽고 있어요. 내가 '디테일'을 그토록 강조하는 이유는 다른 데 있지 않습니다. 우선, 전략은 모든 사람이 토론해야 하는 문제가 아니라 소수 결정권자들의 몫이기 때문입니다. 둘째, 어떤 전략이든 반드시 '디테일'이 완성된 다음 그 바탕 위에서 치밀한 분석을 거쳐야만 성공할 수 있기 때문입니다. 셋째, 아무리 굉장한 전략이라 해도 반드시 '디테일'이 완벽하게 이루어져야만 전략다운 역할을 할 수 있기 때문입니다.

대다수 사람들의 업무는 디테일 위에서 이루어집니다. 기업의 직원들 각자가 전략에 대해서 함부로 왈가왈부한다면 일은 누가 합니까? 업무는 누가 진행합니까?

아무리 많은 사람이 있어도 큰일을 할 수 있는 사람은 실제로는 대단히 적습니다. 반면 대다수의 사람은 몇 가지 구체적이고 지엽적이면서도 단조로운 일을 할 뿐입니다. 지극히 평범하고 하찮은 일들일 수 있으나 사실은 그런 일들이 큰일을 이루는 데 필수불가결한 기초가 됩니다. 중국은 웅대한 병법과 모략에 능한 전략가도 필요합니다. 그러나 끝까지 완벽을 추구하는 실행가도 필요합니다. 여러 방면의 관리제도를 제정해야 하지만, 이보다 더 중요한 것은 규정과 제도를 꿋꿋하게 실행하는 일입니다. 중국인은 근면하고 지혜롭지만 매사를 성실하게 해내는 완벽을 추구하는 정신은 조금 부족합니다. 이것이 필요합니다.

"속으로는 남쪽으로 가려 하면서 수레는 북쪽으로 몬다."라는 말이 있습니다. 전략은 당연히 중요합니다. 그러나 나는 『디테일의 힘』에서 이렇게 쓰지는 못했습니다. "전략이 잘못되지 않은 상황에서는 디테일이 성패를 결정한다."라고 말입니다. 나는 그저 현재 중국의 '조급증'을 고치는 데 디테일이 지극히 중요하다는 사실을 강조하고 싶었습니다.

> 계량화된 데이터는 문제를 제기하는 근거이며, 판단을 분석하는 기초이자 평가를 고찰하는 척도이다.

2장
왜디테일하게
못 하 는 가

"진지함은 일을 올바로 돌아가게 하고, 집중은 일을 완성하도록 만든다."
책임의식이 없다면 디테일을 무시하게 되고 디테일을 보지 못한다.
디테일의 완성은 더더욱 불가능해진다.

1 디테일은 '책임'이다

러시아의 10월 혁명이 성공한 지 얼마 되지 않은 때였다. 당시 모스크바는 식량이 대단히 부족했다. 때문에 공산당 간부들까지 대거 외부로 보내 식량을 수소문해 구매하도록 지시해야 했다. 그중 한 간부가 레닌에게 깊은 인상을 남겼다. 그 얼마 전 레닌은 이 간부의 옷에 단추 하나가 떨어진 것을 우연히 보게 되었다. 그럼에도 이 간부는 내리 사흘이나 새 단추를 달지 않고 있었다. 레닌은 왠지 다른 사람을 보내고 싶었다. 그러나 그러기에는 이유가 너무 옹색했다. 그 뒤 이 간부는 식량을 사들였다. 하지만 운반 도중 마적들에게 깨끗이 털려 빈 차로 돌아왔다. 얼마 후 결산회의가 열렸다. 레닌은 그 간부를 질책할 만함에도 불구하고 일언반구 이야기를 하지 않았다. 그저 종이에 무언가를 그릴 뿐이었다. 나중에 보니 그가 종이에 그린 것은 다름 아닌 단추 한 개였다.

이 이야기는 우리에게 몇 가지 점을 시사해준다. 하지만 다음 사례는 단순히 그저 시사만 하는 데 그치지 않는다. 경찰이 마약에 중독된 여성을 구금

할 때 관련 담당자에게 홀로 집에 갇혀 있는 세 살배기 딸을 돌볼 것을 통지하지 않아 그 어린아이가 그만 굶어 죽고 만 사건이었다.

2003년 6월 4일 오후, 쓰촨성 청두의 칭바이장구에 사는 리구이팡이라는 여성은 세 살배기 딸 리쓰이를 집안에 가둬놓은 채 진탕현 훙치백화점으로 향했다. 그녀는 현장에서 절도범으로 붙잡혀 기소되었다.
경찰은 조사 과정에서 그녀가 마약중독자라는 사실을 알게 되었다. 바로 후속조치가 내려졌다. 마약중독자 재활원에 강제 입원시킨 것이다.
그날 밤 10시경 진탕현의 청자오 파출소는 리구이팡을 경찰차에 태워 재활원으로 압송했다. 도중에 그녀는 언니에게 전화를 걸어 딸을 돌봐달라고 부탁하려고 했다. 하지만 언니는 전화를 받지 않았다. 경찰은 그녀의 호적지인 칭바이장의 투안제춘 파출소로 전화를 걸었다. 요지는 간단했다. 리쓰이를 데려가라고 그녀의 언니에게 연락하든지, 파출소에서 직접 아이를 그녀의 언니에게 데려다주라고 부탁한 것이다.
6월 5일 오전 청자오 파출소는 다시 투안제춘 파출소에 전화를 걸어 담당자에게 빨리 처리하라고 촉구했다. 그러나 청자오 파출소 담당자는 '알았다'는 대답을 듣기만 하고 다시 확인을 하지 않았다. 법규에 따라 리구이팡의 가족, 직장과 호적지 파출소에 '마약중독자 재활원 강제 입원 통지서'를 발송하지도 않았다. 누구도 돌봐주는 이 없이 집에 갇혀 있던 리구이팡의 어린 딸 리쓰이는 결국 굶어 죽고 말았다.

디테일을 중시하라는 우리의 주장에서 우선적으로 강조해야 하는 것은 결과에 대해 가져야 할 책임의식이다. 다칭 유전에는 다른 기업들과 마찬가지로 사훈이 있다. 이 가운데 '부서 책임제의 핵심은 바로 부서 책임의식이다.'라는 말이 있다. 책임의식을 강조하는 말이다. 실제로 이런 의식이 없다면 디테일을 무시하게 되고 디테일을 보지 못한다. 디테일의 완성은 더더욱 불가능해진다.

실제로 일하는 현장을 보면 책임의식의 부재는 대부분 사람들의 병폐라고 해도 과언이 아니다. 사실 그럴 수밖에 없다. 주의하지 않는 디테일이 우리가 주의하는 디테일보다 많을 수밖에 없기 때문이다.

지금까지 줄기차게 말하고 있지만, 진지함은 다른 것이 아니다. 진지함은 일을 올바로 돌아가게 하고, 집중은 일을 완성하도록 만든다. 집중이라는 것은 무엇인가. 바로 진지하고도 진지함을 말한다. 다시 말해 시종여일한 진지함을 의미한다. 언젠가 나는 어느 작은 도시의 도로보수 팀의 사무실 문에 써 붙인 대련을 본 적이 있다. 자신의 업무에 대한 책임의식이라는 각도에서 볼 때 이보다 더 좋은 대련이 있을까 싶을 정도의 감동을 주는 글이었다. "마음은 길 위에 두고, 길은 마음에 둔다." 진짜 그럴 수 있다면 도로보수가 안 되는 길이 있을 수 있을까? 이런 마음가짐이라면 어떤 일도 잘될 수밖에 없지 않겠는가!

책임감이 없는 사람은 우리가 마땅히 눈여겨봐야 할 디테일을 보지 못한다. 설사 봤다 하더라도 진지하게 대하지 않는다. 그러나 숭고한 책임의식을 가지고 정신을 집중해 일하는 사람은 다르다. 늘 비즈니스 기회를 가져다줄 디테일을 발견하곤 한다. 사례를 들어보자.

어느 날 헨리 포드가 한 의사에게 자동차 한 대를 팔았다. 그 광경을 본 한 노동자가 동료와 농담을 주고받았다.
"우리는 어느 세월에 자동차를 사보겠나."
그러자 동료가 대답했다.

"간단해. 지금부터 밥도 먹지 않고 잠도 자지 않은 채 하루 24시간 일만 하는 거야. 5년이면 차 한 대는 거뜬하게 살 수 있을걸."

이 말에 주위에 있던 사람들이 한바탕 웃음을 터뜨렸다. 그러나 포드는 웃지 않았다. 대신 그는 '구두닦이도 살 수 있는 자동차'를 만들어내겠다고 결심했다. 4년 후 포드의 T형 자동차가 출시되었다. 가격은 다른 회사 제품보다 무려 80%나 쌌다. 누구나 575달러만 내면 자동차를 가질 수 있게 된 것이다. 차는 시장에 나오자마자 바로 매진되었다.

포드는 훗날 감개 어린 표정으로 이렇게 말했다.

"한낱 농담일지라도 마음에 새겨 생각한다면 비즈니스의 영감을 일깨우는 소재가 될 수 있다."

마음에 새겨 생각하고 진지하게 대처하는 것은 말이 쉽지, 그렇게 간단한 일이 아니다. 그러나 포드는 그렇게 했다. 그 결과 자동차는 많은 사람들이 소유할 수 있는 교통수단이 되었다. 강렬한 사회적 책임의식을 지닌 기업가가 한낱 농담에서 중대한 비즈니스 기회를 발견, 실행에 옮긴 대표적 사례라고 할 수 있다.

> 디테일에 성의를 다하지 않는 모습은 대체로 그 사람의 마음에 흐르는 수양의 수준을 반영한다.

2 디테일은 수준의 문제다

"세밀함 가운데에서 정교함을 본다."라는 말이 있다. 이처럼 디테일은 생활 측면에서도 높은 수준을 대표한다. 기본적으로 디테일이 없다면 높은 수준도 기대할 수 없다. 물론 우리가 디테일을 중요시하는 정도가 생활 수준의 높낮이와 완전하게 정비례한다고 단언할 수는 없다. 그러나 디테일에 대해 주목한다는 것은 어느 정도의 경제 수준을 반영한다. 생각해보라. 생존의 가장 기본적인 조건을 만족시킬 수준도 못 되는데 어떻게 "밥은 잘 찧은 것을 좋아하고, 회는 잘게 썬 것을 좋아한다."(『논어』) 하는 생활의 즐거움을 바랄 수 있겠는가!

미국의 심리학자인 에이브러햄 매슬로는 이렇게 주장했다.

"밥이 없을 때 인류는 분명히 밥만 있으면 살아갈 수 있었다. 그러나 만약 충분한 밥이 있고 배를 곯는 일이 없게 된다면 인류의 욕구는 어떻게 변할까? 곧바로 다른 (고단계의) 욕구를 갖는다.…… 이처럼 하나의 욕구가 채워지면 새로운 (더 고단계의) 욕구가 생기리라고 유추할 수 있다."

미국의 심리학자 제임스 엔젤은 더욱 심각하게 강조한 바 있다.

"교육의 가장 중요한 목적은 밥을 벌어먹게 하는 데 있는 것이 아니다. 항상 맛있는 밥을 먹게 하는 데 있다."

틀린 말은 아닌 것 같다. 끼니조차 잇기 힘들다면 맛이 있고 없고를 따지지 못할 것은 당연한 일이 아닌가.

어떤 욕구가 일단 채워지면 그것은 더 이상 인류의 행위를 유발하는 중요한 원동력이 되지 못한다. 이타주의가 존재할 수 있는 이유는 그 사람의 기본 욕구가 이미 일정 정도 충족돼 그로 인해 건전한 인격을 발전시킬 수 있었기 때문이다. 다시 말해 자신이 인생의 행복을 누리기 때문에 나아가 타인도 인생을 누리도록 돕는 것이라는 이야기이다. 사례를 들어야 이해가 쉬울 것 같다. 유명한 경제학자 마오위스가 주인공이다. 그는 80세가 되어서야 인생에 대해 이런 결론을 내릴 수 있었다고 한다.

"인생을 즐긴다는 것은 일생 동안 누리는 쾌락의 총량을 극대화한다는 것이다. 다른 사람을 돕는 즐거움을 안다면 우리는 쾌락을 창조하는 환경을 가지게 되는 것이다. 이 경우 누구나 쾌락의 총량을 극대화하려는 목표를 비교적 쉽게 이룰 수 있다. 결단을 내리기 어려운 상황에 맞닥뜨렸을 때 어떻게 하면 자기가 즐거울 수 있는지 생각하고, 어떻게 하면 다른 사람을 즐겁게 해줄 수 있는지를 생각해보라. 그러면 답을 얻을 수 있다."

정말 좋은 말이다. 그러나 여전히 내 배가 고픈 상황에서는 생존 자체가 첫 번째 욕구일 수밖에 없다. 첫 번째 즐거움이라는 것은 더 말할 필요조차 없다. 이 때문에 매슬로의 '인간 욕구 단계설'에서 우리는 디테일이 우리 생활에서 중요하게 인식되지 못하는 이유의 물질적 원인을 찾을 수 있다. 생활수준이 생존 자체에 급급하던 시절 인간은 가진 것에만 만족했다. 고급스러움을 필요로 할 여력이 없었다. 아주 오래도록 인류의 생활수준은 비교적 낮았다. 이런 이유로 인해 많은 사물에 대한 요구 기준 역시 비교적 낮았다. 내친김에 내 이야기를 한번 해 보자.

가난은 내가 다녔던 첫 번째 대학이었다. 우리 고향은 포양호(장시성에 소재하는 중국 최대의 담수호: 옮긴이) 가에 자리 잡고 있었다. 그래서 후커우(湖口)로 불렸다. 그러나 나는 속으로 내 고향을 '후커우(糊口. 입에 풀칠한다는 뜻: 옮긴이)'라고 불렀다. 16살이 될 때까지 진짜 나는 한 번도 배불리 먹어본 적이 없었다. 그래서 1979년 고등학교를 졸업하고 고향으로 돌아와 농사를 지었는지도 모르겠다. 당시 나는 매일 아침 4킬로미터 떨어진 향 정부까지 두 번씩 오가면서 화학비료를 지고 날랐다. 화학비료 160킬로그램을 옮기고 받은 돈은 정말 기가 막혔다. 6푼 4전이었다. 이 돈 가지고는 동과(冬瓜. 무 비슷한 채소: 옮긴이)를 2근 조금 넘게 사는 게 고작이었다. 이런 지독한 가난 속에서 나는 빵(정확하게 말하면 밥)과 관련해 잊지 못할 경험을 했다.

나는 소년 시절 오늘은 무얼 먹을까를 생각해본 날이 단 하루도 없었다. 그저 배부르게 먹는 것이 가장 큰 소망이었다. 당시 우리 집은 여느 집이나 다름없이 하루 세 끼 멀건 죽을 먹을 때가 많았다. 말이 죽이지 청경채, 고구마, 호박, 무 따위를 끓인 것이 대부분이었다. 그래도 고등학교를 졸업하고 고향에 돌아와 농사를 지을 때에는 경운기로 논을 가는 법, 디젤 엔진으로 물을 퍼 올리는 법도 배웠다(일종의 기능공인 셈이었다). 당시 우리가 소속돼 있던 슝디(兄弟) 생산대에서는 나 같은 사람들을 농촌에 임시로 파견해 현지 농가에 배정시키곤 했다. 그러면 우리는 그 농가에서 밥을 먹고 규정에 따라 식비를 지급받았다. 농가 주인은 청경채에 기름 몇 방울이라도 더 쳐서 줬고 계란찜을 주기도 했다. 정말이지 황제의 수라상이 부럽지 않은 나날이었다.

밤새도록 밀을 탈곡하고 난 어느 날이었다. 나는 피곤에 겨워 잠에 곯아 떨어졌다. 그사이 온 동네 동료들은 밤을 새워 일을 끝내고 기름기가 잘 잘 흐르는 국수를 배터지게 먹었다. 나는 나중에야 그 사실을 알고 얼마나 속이 상하는지 한바탕 울고불고 하는 추태를 부렸다.

그런데 이게 웬일인가. 이튿날 생산대의 동료들이 설사를 해대고 난리를 치기 시작했다. 알고 보니 국수를 끓인 노인이 유동나무씨 기름을 식용유로 착각해 국수에 넣었던 것이다. 열여섯살 나이에 남의 불행이 나의 기쁨이 된 소동을 한바탕 겪은 것이다.

끼니 문제도 해결하지 못하는 상태에서 디테일을 논하는 것을 뭐라고 해야 할까. 게다가 정교함까지 논한다면? 답은 바로 나온다. 그것은 일종의 사치라고 해야 한다. 사람들은 흔히 허기는 거식증 치료의 명약이라고들 말한다. 나는 지금까지 식탁에 오른 음식 가운데 내가 안 먹는 음식을 본 적이 없다. 지독히 가난한 시절을 보냈던 사람들은 거식증이니 뭐니 하는 현대병을 전혀 이해하지 못한다. 이런 까닭에 딸이 나에게 "부녀지간에 소비에 대한 관념이 어쩌면 그렇게 차이가 심하죠?"라고 물었을 때 나는 즉각 이렇게 대답했다.

"네 아버지는 할아버지보다는 대단히 뛰어난 사람이야. 할아버지는 나에게 배가 부른 어린 시절을 보내게 해주지 못했어. 그러나 네 아버지는 달라. 너에게 입고 먹는 걱정을 할 필요 없는 어린 시절을 보내게 해줬으니까."

중국은 개혁개방 이래 30여 년 동안 줄곧 발전의 길을 걸어왔다. 이 기간 단 한 번도 경기 침체를 겪지 않았다. 경제에는 당연히 천지개벽에 버금가는 변화가 일어났다. 상품시장은 이미 공급이 수요에 못 미치던 상황에서 수요보다 공급이 넘치는 구조로 바뀌었다. 생활용품에 대한 욕구는 사람들이 더 이상 '가지는' 것에만 만족하지 못하고 더 화려하고 정교한 것을 추구하게 만들었다. 또 디테일에 대해 더 주목하고 더 높은 단계에 대한 욕구를 갖게 되었다.

예를 들어 보자. 상대적인 빈곤에 빠진 일부 지역에서는 아직도 많은 사람들이 식사를 하기 전에 손을 씻지 않는다. 자기 전에 샤워를 하지 않는 경우 역시 비일비재하다.

한 잡지에서 이런 글을 읽은 적이 있다.

"천징룬(陳景潤. 수학자: 옮긴이)은 일상생활을 간소화하고, 불필요한 소비라고 생각되는 것은 모두 피했다. 이도 닦지 않았다. 목욕과 이발을 하는 일도 드물었다."

이른바 바링허우(80後. 1980년 이후 출생자를 의미함: 옮긴이) 세대에 속하는 사람들은 이런 글을 보면 틀림없이 고개를 갸웃거릴 것이다. 그토록 유명한 대수학자가 어떻게 이처럼 개판으로 생활했는지 이해하지 못할 것이기 때문이다. 그러나 나는 이해한다. 천징룬처럼 살고 있지는 않지만 말이다.

디테일을 중요하게 생각하지 않으면 생활의 효율은 떨어진다. 생활수준의 제고에 브레이크가 걸릴 것이라는 사실은 더 말할 나위도 없다. 중국 소비자는 기본적으로 싼 제품을 찾는다. 그래서 구입한 제품에 문제가 생겨도 그저 한숨이나 한 번 쉬고 만다. 예를 들어 포장마차에서 밥을 먹는데 국에 모기가 빠져 있거나 나물에 머리카락이 묻어 있어도 그냥 자기가 건져내고 한 마디도 따지지 않는 사람들이 의외로 적지 않다.

나는 언젠가 간쑤성 톈수이라는 곳에 있는 한 호텔에 묵은 적이 있다. 호텔 매니저가 어떻게 하면 고객만족도를 높일 수 있는지 묻기에 이렇게 말해줬다.

"이곳이 5성급 호텔이라고 절대로 광고하지 마세요. 그러면 고객의 기대치가 높아지니까요. 솔직히 이 호텔의 하드웨어는 5성급에 가깝습니다. 설비는 거의 4성급 정도로 보이네요. 반면 직원들의 서비스 수준은 3성급도 채 안 됩니다. 하지만 3성급 호텔이라고 하면 고객도 심리적으로 적응하기가 쉬워집니다. 따라서 만족도가 금세 높아질 겁니다."

소비자의 수준이 낮으면 기준과 요구도 자연스레 낮아진다. 사회의 발전을 바란다면 사실 이것은 좋은 현상이 아니다. 본래 기업은 소비자의 불평과 불만 속에서 성장하는 법이다. 시장의 높은 기준, 엄격한 요구 속에서 발전하는 것이다.

> 사람이 뭔가 일을 할 때 거의 이루어질 때쯤 잘못되는 경우가 종종 있다. 마지막을 처음과 같이 한다면 실패하는 일은 없다.
> —『도덕경』

3 디테일을 무시하는 조급증의 폐해

나의 책으로 인해 적지 않은 사람들이 디테일에 주목하게 되었다. 그러나 지금도 디테일에 신경 쓰지 않는 사람들이 많다. 아마도 사회에 만연한 조급증 때문일 것이다.

성취에 급급한 모습은 3가지 형태로 구분될 수 있다. 하나는 하루아침에 대박을 터뜨려 졸부가 되고 이름을 떨치려는 행태라고 할 수 있다. 다른 하나는 걸핏하면 거시적 전략 운운하면서 대규모로 일을 벌이고 외국 설비와 기술을 들여오려는 부류이다. 나머지 하나는 눈앞의 이익만 보고 미래를 보려 하지 않는 태도라고 할 수 있다.

한번은 반 농담 삼아 한 기자 친구에게 언론도 사회의 조급증에 어느 정도 책임이 있다고 말한 적이 있다. 예를 들어봐야 이해가 쉬울 듯하다. 리위춘(李宇春. 후난TV에서 방송하는 스타 가수 선발 프로그램인 「차오지뉘성(超級女聲)」의 우승자: 옮긴이)은 불과 몇 년 전만 해도 아무도 모르는 처녀에 불과했다. 그러나 그는 「차오지뉘성」의 우승으로 졸지에 대박을 터뜨렸다. 중국 언론은 갑자기 명성을 얻는 이런 현상에 지나치게 주목하고 있다.

리자청과 같은 갑부 화교를 소개하는 보도 행태 역시 비슷하다. 그가 어떤 고통과 굴곡을 극복하고 성장했는지는 제쳐둔 채 벼락부자에 대한 환상만을 퍼뜨리는 게 지금 언론의 행태인 것이다. 특히 염려스러운 것은 이른바 기술, 비결, 묘수 따위를 대대적으로 보도한다는 사실이 아닌가 싶다. 반면에, 착실하게 작은 일 하나도 정성을 다하는 정신과 사상을 보도하는 데는 무척이나 인색하다. 사실 중국인의 선조들은 "빠르게 이루려고 하면 성공하지 못한다(欲速則不達)."라는 불후의 진리를 고대로부터 강조해 왔다. 그러나 지금의 중국인은 언론이 그러는 것처럼 이 진리를 외면한다. 그저 성급하게 밀어붙이다 오히려 일을 그르치는 잘못을 반복하곤 한다.

독자들 가운데 다음과 같은 현상에 주목하는 사람도 있을지 모르겠다. 현재 중국은 휴가기간이 점점 길어지는 추세에 있다. 그러나 대다수 사람들은 자동차 여행을 무척 꺼린다. 고속도로 통행료가 너무 비싼 탓이다. 그렇다면 길을 지나고 다리를 건너는 비용은 왜 그렇게 비싼가? 서구 국가들의 경우 공공도로와 교량의 투자금 회수 기한은 30~50년이다. 이에 비해 중국은 도로와 교량 등 기반시설에 투자한 사람들의 대부분이 10년 안에 투자비용을 회수하기를 바라는 경향이 농후하다. 심지어 7, 8년 내에 회수하려고 드는 사람도 있다. 공익적 성격의 투자라는 사실을 조금도 고려하지 않은, 중국의 경제발전 수준에 걸맞지 않는 행태이다.

한번은 친구의 차를 타고 베이징에서 정저우까지 간 적이 있었다. 이때 오고가며 지불한 통행료만 600위안(10만2000원)이 넘게 들었다. 기름 값을 제외하고도 왕복 기차비보다 훨씬 많은 금액이었다. 비슷한 사례를 한 번 살펴볼 필요가 있겠다.

2004년 7월 14일 산시성 진중시 중급인민법원은 당시 '대륙 북방의 최대

사건'으로 불린 산시푸전그룹의 사기 사건과 관련한 공개재판을 열었다. 이 초대형 금융 피라미드 사건의 주범은 녜위성이라는 인물이었다. 그는 산시성에 '푸전사업기구'라는 큰 회사를 차린 다음 3년 동안 무려 6억 6000만 위안에 이르는 고객 예탁금을 불법으로 조달했다. 이어 4800여만 위안의 자금을 사기로 모았다. 피해자 수는 1만 명이 넘었다. 조사 결과에 따르면 당시 푸전사업기구가 고객 예탁금을 불법으로 유치하기 위해 약속한 수익률은 무려 최고 175%에 이르렀다. 수익률은 점점 낮아져 75%까지 떨어졌고 이어서 50%, 20%로 계속 하락했다. 그럼에도 불구하고 평균 지불이자는 같은 기간 은행금리의 몇 십 배에 이르렀다. 심지어 수백 배를 넘기도 했다. 1993년 전국을 떠들썩하게 만든 선타이푸 창청 금융 피라미드 사건과 비교해도 입이 벌어지지 않을 지경이었다. 계속 하락한 연이율이 선타이푸보다 7배 이상이나 높았던 것이다.

부에 대한 갈망은 인지상정이다. 그러나 손쉽게 폭리를 기대하는 것은 바보나 하는 짓이다. 『세일즈맨의 자기 세일즈』에서 내가 말했듯 "하늘은 떡은 어쩌다 떨어뜨리나 함정은 우수수 떨어뜨린다."라는 말을 기억해야 한다. 사실 세상을 살면서 꼬임에 넘어가지 않기는 상당히 어렵다. 어쩌면 쉽게 이익을 취하려는 마음을 버리는 것이 유일한 방법이 아닐까.

기업을 경영한다 해도 생산에 투자하는 액수가 10억 위안이 넘어가는 규모일 때는 대체로 투자 회수율이 높지 않다. 3% 정도면 괜찮은 편에 속하고, 5%면 거의 기적에 가깝다. 5%보다 더 높다면 마땅히 경계심을 가져야 한다. 과도한 수익률은 오히려 위험하니까 말이다. 실제로 높은 수익률로 인해 대량의 자금이 단기간에 어떤 기업에 몰릴 경우를 상정해볼 수 있다. 이 경우 해당 기업은 비정상적으로 팽창할 수 있다. 단기에 자금이 어떤 업계에 집중적으로 몰릴 경우도 경계해야 한다. 오히려 업계 자체가 붕괴될 가능성이 높다는 사실을 기억하지 않으면 안 된다.

미국에 한 보험 회사가 있었다. 그런데 어느 해에 너무나 세상이 평화로웠다. 사고가 크게 감소한 것이다. 이 덕에 이 회사의 수익률은 75%로 급증했다. 환호작약해도 괜찮을 상황이었다. 그러나 회사는 임원회의에서 이 수치가 예상 수익률을 훨씬 뛰어넘었다는 판단을 내리고 5%를 넘는 부분은 모두 고객에게 돌려주었다.

왜 그랬을까? 돈을 벌고 싶지 않았던 것일까? 결코 아니었다. 그들이 그렇게 한 데에는 다 이유가 있었다. 우선 고객에게 보답하겠다는 의미가 있었다. 더 중요한 것은 다른 투자자들이 달려드는 것을 막을 필요가 있다는 사실이었다. 수익률이 높으면 당연히 자본을 가진 개인이나 집단의 투자가 그 시장에 집중된다. 그러면 결국 손해를 입는 당사자는 그 업계가 될 수밖에 없다. 그러나 수익률이 5% 이하라면 경쟁자들이 감히 그 영역을 넘보지 않게 된다. 이렇게 해야만 자신들의 시장 점유율 역시 유지할 수 있게 된다.

중국의 가전업계는 원래 경쟁이 치열하기로 유명하다. 현재 21인치 컬러 TV의 마진은 1대당 10위안(1700원)이 고작인 것으로 알려져 있다. 전자레인지는 이보다 훨씬 더하다. 거란스 브랜드의 각종 제품들은 심지어 1대당 마진이 1위안(170원)밖에 되지 않는다. 하지만 바로 이 정도로 이윤율이 낮기 때문에 일반 기업이 감히 발을 들여놓지 못한다. 이런 까닭에 중국의 가전업체들은 규모와 디테일한 관리에 의존해 수익을 창출해 나간다.

중국의 자동차산업을 보자. 최근 일본자동차협회는 통산성 및 주요 자동차회사에 중국 자동차산업의 현황과 발전에 관한 비공식 보고서를 작성해

열람하도록 했다. 이 보고서는 단적으로 중국 자동차산업의 전체 수준이 '여전히 취약'하다고 거침없이 지적하고 있다. 보고서의 내용을 한번 살펴 볼 필요가 있을 듯하다. 현재 중국 내 15개 승용차 제조사의 생산을 지탱하는 것은 1540개에 이르는 부품업체라고 할 수 있다. 그러나 자동차회사는 많지만 연간 생산량이 10만 대를 초과하는 곳은 5개 업체에 지나지 않는다. 게다가 이 기업들은 전국 각지에 흩어져 있고 경영도 각자의 방식대로 할 뿐이기 때문에 시너지 효과를 누리지 못하고 있다. 국가 전체로 볼 때 공업 시스템이 여진히 집중되지 못한 형태로 커나가고 있다는 이야기이다. 이 보고서는 결론적으로 외자 기업들의 강력한 공격이 중국의 '민족 자동차산업'의 생존을 심각하게 위협할 것이라고 예상했다. 또 이제부터라도 기술력 향상에 집중하지 않으면 세계 자동차 발전의 흐름에서 뒤처지게 될 것이라고 강조했다.

중국 자동차회사의 대부분은 국산화율이 그다지 높지 않다. 그럼에도 자동차시장은 나날이 커지고 있다. 세계 유명 자동차 제조업체들이 각축을 벌이는 현장으로 부상하고 있다고 해도 과언이 아니다. 바로 이 때문에 일부 자동차회사는 "국내 시장과 외국 기술을 맞바꾸자."라는 구호를 외치면서 앞을 다퉈 외국 기업과 합작을 진행하고 있다. 그러나 CKD(부품을 수출해서 현지에서 조립하여 완제품으로 판매하는 방식) 모델의 등장으로 이 애초의 소망은 산산조각이 날 위험에 처해 있다.

예를 들어봐야 현실을 분명하게 알 수 있다. 독일의 명차인 BMW는 정교하기로 이름이 높다. 지금 이 자동차는 독일에서 차체 일체를 들여온다. 그런 다음 중국에서 4개의 특수 타이어를 장착한다. 바로 출시하면 되는 것이다. 문제는 중국에서 생산됨에도 국산화율이 1%에도 미치지 못한다는 사실에 있다. 이 수치는 중국 측 합자회사가 처음에 공언한 40%의 국산화율과는 거리가 멀어도 너무나 멀다. 이뿐만이 아니다. 최근 2년 사이에 중국의 생산라인을 탄 신차 대부분 역시 CKD와 SKD(일부 부품을 현지에서 조달하는 방식) 방식으로 만들어진 차들이다. 이들 차와 수입차의 차이는 기본적으로 크지 않다. 한마디로 '무늬만' 중국산인 셈이다. 이처럼 무늬만 중국산인 자동차들의 존재는 득보다 실이 더 많다. 중국 자동차산업의 기술과 시장 모두를 잃게 만들 가능성이 높아지고 있는 것이다.

2004년 국가 지적재산권 전략 심포지엄에서 국가지적재산권국의 왕징촨 국장은 이렇게 말한 바 있다.

"중국의 각 업계와 기업의 핵심 기술과 주요 설비들은 기본적으로 외국에 의존하고 있다. 경제구조를 조정하고 산업기술을 끌어올릴 수 있도록 지탱해주는 기술체계가 부족하다. 특히 자주적인 지적재산권의 핵심기술이 대단히 부족하다."

왕 국장의 말은 다른 의미가 아니다. 중국 산업계에 던진 '산업기술 공동화'의 경고에 다름 아니다.

사회 조급증은 중국 사회로 하여금 새로운 조류를 따르는 현상을 부추기기도 했다.

2004년 봄 수입 대두에서 농약 성분이 검출되었다. 그러자 중국 정부는 식품 안전을 위해 브라질산 대두 수입을 금지시켰다. 여기에 관련된 수입업체가 무려 23곳이었다. 그러나 6월 23일 정부는 대두 무역업체 23곳에 대한 수입금지 조치를 해제했다. 이로써 중국과 브라질, 남미의 기타 국가들이 여름에 진입한 이후 대두 무역을 둘러싸고 벌여온 팽팽한 신경전도 잠시나마 느슨해졌다. 그러나 7월에 들어서면서 중국의 식용유 업체들은 심각한 난관에 직면했다. 2003년에 대두 1톤을 착유할 경우

700~800위안의 이윤을 얻는다는 사실이 알려지면서 거액의 이윤을 좇으려는 식용유 업체들이 미친 듯이 사업을 확장한 탓이었다. 그 결과 6000만여 톤의 식용유가 생산되었으나 중국의 실제 소비량은 2500~3000만 톤에 불과했다. 이런 맹목적인 투자의 결과는 뻔했다. 과잉 설비로 인해 업계 전체의 손실과 수입 대두의 판매난이 초래된 것이다.

맹목적인 따라 하기 현상은 비독점 업계 거의 전반에서 일어날 수 있다. 이렇게 된 데에는 다 까닭이 있다. 우선 창의성이 약하다는 사실을 꼽을 수 있다. 창의성을 발휘하도록 할 시스템이 온전하지 못하고, 기초 부문의 실력 축적이 충분하지 못한 것이 주된 이유다. 이 때문에 중국의 시장 경쟁은 줄곧 제품 내적인 측면에 머무르게 될 수밖에 없었다. 예컨대 시장에서 잘 팔리는 신제품이 나왔다 하면 여기저기에서 따라 만드는 것은 거의 기본에 속한다. 모조품을 만드는 것 역시 일도 아니다. 나의 책 『디테일의 힘』이 기록적인 판매량을 보이자 근 100종에 달하는 유사 도서가 시장에 넘쳐난 것도 바로 이런 폐단을 말해주는 대표적인 경우에 속한다.

조급증에 관해서는 중국의 지방정부도 입이 열 개가 있어도 할 말이 없다. 이 사실을 가장 잘 말해주는 현상이 바로 각 지역에 경쟁적으로 펼쳐지는 개발구 건설 붐이 아닌가 싶다.

중국의 일부 지방정부는 현지의 실제 상황은 전혀 고려하지 않고 개발에 몰두하고 있다. 중앙정부에서 생각하는 도시의 전반적인 계획을 위반하기도 한다. 그들의 마음속에는 오로지 '이미지용'이나 '치적용' 프로그램을 대대적으로 벌이려는 계획만 있을 뿐이다. 이 바람에 1996년부터 2003년까지 7년 동안에 중국의 경지 면적은 1억 무(畝. 1무는 200평. 2011년 현재까지는 대략 2억 무 가까이 줄었을 것으로 판단됨: 옮긴이)나 줄어들었다. 전국을 통틀어 6000곳이 넘었던 각종 개발구는 다행히 2004년 정부 방침에 의해 대폭 줄어들었다. 그러나 아직도 많이 남아 있다. 국무원 통계에 따르면 여전히 3000여 곳이 남아 있다는 것이 정설이다. 이중 국가적인 수준의 개발구도 54곳에 이른다.

실제로 중국의 능력으로는 그렇게 많은 '구'를 '개발'할 여력이 없다. 이 때문에 많은 개발구가 '입은 열었으나 말을 하지 못하는' 상태에 있다. 중국 건설부 추바오싱 부국장에 따르면 현재 중국의 전체 개발구가 차지하는 토지는 중국인들이 조상 대대로 닦아온 도시나 농촌의 면적을 모두 합한 것과 맞먹는다. 문제는 이 중 40%가 묵히는 땅이라는 사실에 있다. 과거 나는 닝샤회족자치구 인촨의 한 교외 마을에 간 적이 있었다. 당시 보았던 축구장만 한 광장은 정말 장난이 아니었다. 그곳은 한 개발구의 프로젝트 현장으로, 첫눈에 봐도 완공이 쉽지 않아 보였다.

그러나 해당 개발구는 국무원에서 프로젝트의 변경이나 취소를 강력하게 지시하자 바로 대대적으로 밀을 심는 기지를 발휘했다. 이를테면 중앙정부를 속였다고 할 수 있다. 사실 진지하게 개발구를 건설할 생각이라면 세심한 연구가 우선 돼야 한다. 이어 계획이 입안되고 절차에 들어가야 당연하지 않을까? 그저 땅값이 싸거나 세금을 감면해 준다고 해서 기업과 자본이 들어와 주는 것은 절대 아니다. 인건비가 싸기만 하다고 해서 되는 것도 아니다.

일부 지방정부의 형식주의와 성과주의는 점점 심각해지고 있다. 장쑤성과 후베이성의 각 도시에서 서로 경쟁적으로 카피하려고 해도 그대로 재현하기가 쉽지 않은 동일한 상황에 나 역시 수차례나 직면한 적이 있다는 점만 봐도 증명이 된다. 구체적으로 사례를 들어보자. 장쑤성의 한 고위급 간부가 산하의 한 도시를 방문했다가 지나가는 말로 한마디했다.

"가로수 품종이 영 별로인 것 같군. 어떻게 좀 시원스럽게 할 수 없나?"

시의 책임자는 그 말을 듣자마자 바로 가로수를 모조리 베어버리고 다른 품종의 묘목을 심었다. 그러나 묘목은 그의 기대처럼 쑥쑥 크지 않았다. 시의 주요 도로변 양쪽은 여전히 허전하게 비어 있을 수밖에 없었다. 다급해진 그는 궁여지책으로 인근 산에서 큰 나무를 캐어 옮겨 심었다. 그는 그제야 안심이 되었다. 한 달이면 예전 같은 녹음을 되찾게 되는 것은 일도 아니라고 생각했다. 하지만 옮겨 심은 나무들 대부분은 얼마 후 죽어버렸다.

그렇다면 어째서 이런 조급증이 생기는 것일까.

우선 중국이 사회 구조와 체제의 변화가 동시에 이루어지는 전환기의 한가운데에 서 있다는 사실이 중요하다. 즉 한 방면으로는 공업화, 도시화로 표현되는 현대화가 진행되고 있다. 계획 경제를 중심으로 하는 전체적 사회로부터 시장 경제를 중심으로 하는 다원화 사회로 나아가는, 거대한 변화의 과정에 있는 것이다. 이 과정에서 사회 전체에 불안감과 조급증이 생기는 것은 어쩌면 불가피한 일인지도 모른다.

다른 방면으로는 고속 성장과 더불어 조급증이 발생할 수 있다는 사실을 감안해야 할 것이다. 베이징사범대학 MBA 과정의 리융루이 교수에 따르면 한 국가의 GDP 성장률이 5%에서 10% 사이일 때 조급증은 사회적으로 가장 보편적인 현상이 된다고 한다.

변혁의 시기에는 기회가 대단히 많다. 개혁 초기에는 대담하게 기회를 잡기만 해도 어렵지 않게 성공할 수 있었다. 그러다 보니 뜻하지 않게 감당하기 힘들 정도로 대단한 성공을 거머쥐는 사람이 나오기도 했다. 그래서 자신감을 가지고 힘껏 밀어붙이면 성공할 수 있을 뿐 아니라 잇따른 성공도 가능하다고 믿는 사람들이 많아졌다. 당연히 분위기가 점점 들뜨게 될 수밖에 없었다.

개혁개방 이후 중국은 서구 선진국과의 경제적 격차를 줄이기 위해 노력했다. 또 문화대혁명 때 잃어버린 10년의 시간을 메우기 위해 노력해 왔다. 사실 이런 노력 자체는 일종의 조급한 심리를 반영하는 것이다. 경제 발전만 놓고 봐도 그렇다. 선진국들이 200~300년씩이나 걸려 이루어온 것을 중국은 이십 몇 년 안에 이루려고 했다. 다종다양하고도 복잡다단한 발전 양상이 출현할 수밖에 없었고, 이런 상황이 필연적으로 조급증을 유발하는 요인으로 작용했다.

> 아름드리 큰 나무도 터럭만 한 싹으로부터 생겨난다. 9층 높은 누대도 한줌의 흙을 쌓는 데에서 시작한다. 천 리 길 역시 한 걸음에서부터 출발한다.
>
> —『도덕경』

4 디테일은 훈련을 먹고 자란다

나는 매번 "개개인의 자질 향상은 국민 전체를 놓고 보면 커다란 도약이다."라고 말해왔다. 디테일을 확실하게 장악하려면 착실하게 국민의 소질을 제고시켜야 한다는 사실을 강조하기 위해서다.

20세기 초반 중국의 각 파는 국민의 소질에 대해 서로 다른 시각을 가지고 있었다. 우선 개량파의 경우는 국민의 소질이 높지 않기 때문에 폭력혁명을 일으켜야 한다고 판단했다. 그렇게 해서 청나라 정부를 무너뜨리면 필연코 천하 대란이 일어날 것이라고 봤던 것이다. 반면 쑨원을 필두로 하는 자산계급 혁명파는 썩어빠진 청 정부를 뒤집어엎는 것이 우선이라고 생각했다. 그렇지 않으면 중국의 현대화 일정이 대단히 늦어질 것이라고 우려했다. 더불어 국민의 소질이 높아지기를 기다려 혁명을 일으켜야 한다면 얼마를 기다려야 할지 모른다고 판단했다. 쑨원은 1905년 영국 런던에서 옌푸(嚴復. 청나라 때의 사상가: 옮긴이)와 만났을 때 이런 생각을 토로한 바 있다. "황하의 물이 맑아지기를 기다리면 그때 내 나이가 몇 살이 되겠는가?"라고 말이다.(『좌전(左傳)』에 나오는 표현으로, 실현될 수 없는 일을 바라는 무모함을 비유한

왜 디테일하게 못하는가 81

것이라고 보면 된다.)

다른 분야도 그렇지만 지금 중국 국민의 문화 분야의 소질은 아직 개선이 필요하다. 수준을 몇 단계는 끌어올려야 한다. 이 사실은 『디테일의 힘』에서 이미 누차 주장했던 바이기도 하다. 나는 「디테일을 통해 본 일본」이라는 졸고에서 쓰레기 처리와 인류 문명의 4단계에 대해 언급한 적이 있다.

인류의 문명과 쓰레기 처리는 밀접한 상관관계가 있다고 생각했기 때문이다. 그렇다면 이제 쓰레기 처리에 대해 언급해보는 것도 나쁘지는 않을 듯하다. 쓰레기 처리는 일반적으로 4가지 단계로 나눌 수 있다.

제1단계는 '아무 데나 가래를 뱉는 단계'. 아무 데나 가래를 뱉고 쓰레기를 버린다. 농촌에서는 지금도 이 단계를 완전히 벗어나지 못하고 있다.

제2단계는 '한군데에 쌓아두는 단계'. 중국의 대다수 도시들은 대부분 바로 이 단계에 있다. 아무렇게나 버리지 않고 쓰레기를 모아 버린다.

제3단계는 '분류해서 처리하는 단계'. 일본은 쓰레기를 가연성, 불가연성, 병이나 깡통류 등 세 종류로 나눈다. 개인적으로는 베이징을 포함한 중국의 대다수 도시들이 이 단계에 완전히 진입했다고 보지 않는다.

제4단계는 '디테일한 관리 단계'. 이 단계에서는 그저 단순하게 세 종류로 분류하는 데 그치지 않는다. 구체적으로 예를 들어보자. 콜라를 마시고 나면 보통 병은 쓰레기통에 버린다. 그러나 의식이 있는 사람은 콜라병에 붙은 상표를 떼어내고 가연성 쓰레기끼리 모아 병과 깡통 분리함에 버린다(쓰레기 처리반원이 병과 깡통을 수거해 다시 상표를 일일이 떼어내기 때문에). 마찬가지로 디테일에 뛰어난 사람은 가정에서도 다 쓴 기름병을 깨끗하게 씻어 쓰레기통에 버린다. 이런 병도 수거해 간 뒤에 세척하는 공정을 거치기 때문이다. 또 무스 계통 제품의 빈 병은 쓰레기통에 넣기 전에 병에 구멍을 내 폭발 위험을 제거한 다음에 버린다.

얼마 전 유럽에 갔을 때 들었던 이야기를 해야 할 것 같다. 당시 한 나이든 부인이 실수로 깨트린 거울의 유리를 쓸어 담았다. 이어 이를 봉지에 담아 잘 묶고 그 위에 '주의! 깨진 유리'라고 써 붙여 버렸다고 한다. 이는 말할 것도 없이 칭찬받을 일이다. 쓰레기 처리 방법의 차원을 넘어 타인에 대한 존중과 배려가 담긴 행위라고 볼 수 있기 때문이다.

사실 나는 「디테일을 통해 본 일본」을 인터넷에 올리기 전 잠시 주저했다. 사람들이 글을 보고 왕중추는 중국 사람으로서 자존심도 없느냐고 질타하지 않을까 걱정이 되었기 때문이다. 게다가 벌써 매국노로 확실하게 찍힌 것은 아닐까 하는 생각 역시 없지 않았다. 그러나 중국과 일본은 여러 방면에서 격차가 있는 것이 사실이다. 우리는 어떻게든 선진국을 따라가야 한다. 이런 생각이 들자 나는 과감하게 글을 발표할 수 있었다. 그러나 우려하던 바는 현실이 되었다. 일본 국민의 소질이나 수준이 비교적 높다는 표현 때문에 엄청난 비난을 감수해야 했던 것이다. 모두 사실만을 썼는데도 그랬다. 그야말로 돌멩이가 날아오고 욕설이 난무했다.

일부 네티즌은 '펀칭(憤靑. 민족주의적 성향을 띤 청년세대. 분노한 청년이라는 의미: 옮긴이)'의 과민반응 자체가 소질의 문제라고 비교적 담담하게 지적했다. 한 네티즌은 이런 글을 올렸다.

"이 글을 보고 나서 정말 안타까웠다. 그러나 댓글을 보면서는 서서히 마음이 아파오기 시작했다. 민족의 복수심은 한 국가의 발전 동력이 되기는 한다. 그러나 우리의 적이 우리보다 나은 점이 있다는 이유만으로 우리의 책임을 망각하는 일이 있어서는 안 된다. 또 적이라는 이유만으로 그들의 우수한 점을 무시해서도 안 된다. 우리나라 국민(특히 청년세대)은 때로는 민족의식과 형이상학의 좁은 울타리에 갇힌 나머지 적의 것이면 어느 것이나 무시하고 증오하는 경향이 있다. 의식이 성숙한 사람이라면 상대방의 장단점을 객관적으로 분석해야 한다. 적의 장점을 배워 자신을 발전시킬 수 있어야 한다. 이것이 진보라는 것이다."

그래서 나는 내 블로그에 이렇게 썼다.

"당연히 내가 쓴 글은 심오한 연구의 결과가 아니다. 따라서 내가 일본을 전면적으로 이해하고 있다고 할 수 없다. 투철하다고는 더더욱 말할 수 없다. 나는 일본 전문가도 아니다.

2006년 12월 31일 18시 34분 24초에 나는 '신옌루안(心眼亂)' 이라는 이름의 네티즌으로부터 다음과 같은 답글을 받았다.

"그 글을 쓰고 저자에게 한바탕 욕설이 날아들 것이 뻔하다. 저자 역시 갖가지 비방이 난무할 것이라는 사실도 알고 있었을 것이다. 그러나 국가는 '펀칭' 들만으로 강력해지는 것은 아니다. 100년 전 우리 조상은 적의 장점을 배워 적을 물리칠 줄 알았다. 욕설을 퍼붓는다고 애국심이 증명되는 것은 아니다. 이들보다 더 많은 사람들이 자신에 대해 깊이 사고하면서 자신을 일깨우고 있다."

한 가지 더 이야기를 해보도록 하자. 나는 1945년 중국이 일본의 항복을 받기 위해 쉬융창(徐永昌) 장군을 일본에 파견했을 때의 일을 상기시키고 싶다. 일본은 당시 신분의 고하를 불문하고 전쟁으로 만신창이가 된 국가를 하루라도 빨리 추스르기 위해 총력을 기울이고 있었다. 저마다 분주하게 돌아다니면서 자신이 맡은 일에 열과 성을 다했다. 이런 일본 사람들을 보면서 쉬융창은 감개무량하지 않을 수 없었다. 그는 자신의 이런 감회를 "적의 심장부에서 술을 마시겠다는 꿈은 아예 꿀 수도 없겠군. 패전국이 이런 힘을 보여줄 수 있다면 다시 일어설 날도 멀지 않을 거야."라고 말했다. 여러분들은 어떻게 느꼈는가. 쉬융창이 중국을 사랑하지 않는다고 질책할 수 있을까? 또 일본 군국주의를 증오하지 않는다고 쉽게 단정적으로 판단할 수 있을까?

 일본이 중국을 침략했을 때인 1935년 마오쩌둥은 '염노교·곤륜(念奴嬌·崑崙)'이라는 시를 썼다. 내용을 한번 살펴볼 필요가 있을 듯하다.

> 내가 지금 곤륜산에 올랐으나
> 산이 높고 눈이 쌓인 것은 문제 삼지 않으련다.
> 어떻게 해야 하늘의 보검을 뽑아 너를 세 토막으로 잘라낼까.
> 하나는 유럽의 제국 세력에 보내고 또 하나는 미국에 신물로 주고
> 나머지 하나는 중국에 남겨두고 싶구나.
> 태평성대가 도래할 즈음이면
> 세상사람들 모두 세태의 염량(炎凉)을 깨닫겠지.

 1963년 마오쩌둥은 이 시를 다시 고쳐 썼다. "하나는 중국에 남겨두고 싶어라."라는 구절을 "하나는 아시아에 남겨두고 싶어라."라고 바꾸고 나서 "일본 사람들을 잊은 것은 잘못이기 때문이다."라는 설명을 덧붙이기를 잊지 않았다. 이것이 바로 정치가의 정확한 자세가 아닐까 싶다.

 마오 주석이 이 시 구절을 고친 것은 무산계급 혁명가가 낡은 세계를 무너뜨리고 전 세계 인류를 해방시킨다는 위대한 포부를 잘 드러내고자 했기 때문이었다. 이렇게 함으로써 이 시는 전체적으로 착상이 깊고 원대하다는 평가를 받을 수 있었다. 세계에 평화가 찾아왔을 때 중국과 일본의 우의를 절대로 소홀히 해서는 안 된다는 사상을 드러낼 수 있었다.

 디테일은 어디에든 존재한다. 어디에서든 소질이 드러나게 마련이라는 이야기이다.

 농업사회와 산업사회가 요구하는 개인의 소질은 확실히 다르다. 농촌과

도시가 요구하는 개인의 소질 역시 다르다. 현재 중국의 도시들은 나날이 발전하고 있으나 끊임없이 시로 몰려들고 있는 농촌 출신들은 바로 도시민에게 요구되는 소질을 갖추기가 쉽지 않다. 그래서 중국에서는 아무 데서나 가래를 뱉고 쓰레기를 버리는 등의 비문화적인 행위를 도처에서 보게 되는 것이다.

중국은 시장경제에 비교적 늦게 진입했다. 때문에 기업 경영의 경험도 상대적으로 적을 수밖에 없었다. 실제로 중국 기업의 많은 경영자들은 직원들을 효율적으로 훈련시키는 방법을 잘 알지 못한다. 훈련을 받아본 적이 없는 직원도 있다. 어쨌거나 이런 요인들이 디테일한 일 처리를 어렵게 만든다.

5 전통문화와 디테일

중국인이 디테일을 그다지 중요하게 생각하지 않는 것은 중국의 전통문화와도 어느 정도 관계가 있다.

중국인은 일반적으로 큰 것을 중요하게 생각하고 작은 것을 소홀히 하는데, 이런 심리는 아마도 화하중심론(華夏中心論. 중국은 주변 오랑캐와는 확연하게 구별되는 최고라는 의식: 옮긴이), 넓은 국토, 풍부한 물자 등의 영향을 받았을 것이다. 예컨대 '소인', '속이 좁다', '밴댕이 소갈머리', '하찮은 일', '소소한 일' 등과 같은 단어들이나 말은 '큰일을 해내는', '큰 벼슬을 하는', '큰 공을 세우는', '대업을 일으키는', '대장부' 등의 말과는 완전히 반대되는 인상을 심어줬다. 심지어 조롱거리로 여겨져 왔다. 바로 이 때문에 과학기술은 청나라 때까지도 '사악하고 음험한 기교'에 지나지 않았다. 발명과 창조 역시 '잔재주'이므로 결코 장부가 할 일이 아니었다. 이처럼 작은 일을 기피하니, 작은 일을 디테일하게 하는 것은 기본적으로 불가능했다. 그러나 악마는 디테일 안에 존재한다. 다시 말해 사물의 규칙은 디테일 안에 존재하는 것이다. 작은 일을 하기 싫어하고 작은 일을 디테일하게

왜 디테일하게 못하는가

하지 못하면 문제는 진짜 심각해진다. 사물과 사물 사이의 내재적 관계를 찾아내기 어렵다. 더불어 사물의 내재적 관련과 본질을 인식할 기회를 잃어버린다.

사실 인생에 큰일이라는 것은 없다. 굳이 큰일을 꼽자면 인생에 영향을 미치는 것들이라고 할 수 있다. 이를테면 일, 결혼, 가정 등이 이 범주에 들어갈 수 있다. 그러나 이것도 구체적으로 따지면 그다지 큰일이라고 할 수도 없다. 인생에서 마주치는 모든 일은 낱낱으로 쪼개진, 평범하고 연속적이면서도 서로 연관된 작은 동작들로 이루어지기 때문이다.

개인의 일은 그저 작은 일에 지나지 않는다. 많은 사람이 서로 힘을 합쳐 완성한 일이라야 비로소 큰일이라 할 수 있다. 예를 들면 2008년 대단히 성공적으로 치른 올림픽이라든가 싼샤댐 건설, 중국의 신민주주의 혁명 같은 것이 이 큰일의 범주에 들어가지 않을까.

미국의 아폴로 호가 달에 착륙했을 때였다. 당시 암스트롱은 세기적인 명언을 남겼다.

"내가 지금 내딛는 것은 작은 한 걸음에 불과하다. 그러나 인류 역사로 보면 큰 한 걸음이다."

생각해 보라. 한 사람의 걸음이 커봤자 얼마나 크겠는가? 멀리뛰기 세계 최고 기록 보유자의 기록도 9미터가 채 되지 않는다. 암스트롱이 내디딘 한 걸음은 1미터 안팎에 불과했다. 그러나 인류가 달에 오르는 꿈을 실현한 것은 분명 위대한 진보였다. 그렇다면 이 위대한 진보는 암스트롱 일개인이 창조한 것인가? 결코 아니다! 그의 발걸음 뒤에는 무수한 사람들의 노력이 있었다. 아폴로 호는 수백만 개의 부속품과 무수한 인력이 만들어낸 것이다. 인류 역사의 큰 걸음은 무수한 사람들이 해낸 무수한 디테일이 하나가 된 위대한 행동이었던 것이다. 위대한 일과 위대한 성취라는 것은 모두 하나하나의 작은 일, 하나하나의 디테일이 쌓여 이루어지는 일이다.

중국 전통문화에는 큰 것을 중시하고 작은 것을 경시하는 심리와 상응하는 것이 있다. 바로 사물에 대한 태도이다. 중국인은 대체로 사물의 성질에 대한 측정은 중요시하는 반면에 양에 대한 측정은 경시하는 일면이 있다. 또 개괄을 중시하고 데이터를 경시한다. 이러니 '대개', '거의', '약간', '조금', '무수한' 등과 같은 모호한 어휘의 사용빈도가 높아지는 것이다. 음식에 들어가는 재료를 말하라면 거의가 '소금 약간', '식초 약간', '술 약간' 등등, 뭐 대체로 이런 식이다.

한번은 지방에 강의를 하러 간 적이 있었다. 나는 설마 하는 생각으로 출발 전에 친구에게 그곳 날씨를 물었다. 그러자 친구는 "여기는 요새 굉장히 더워."라고 대답했다. 이렇게 모호하게 말하면 나는 진짜 할 말을 잃는다. 내가 어떤 옷을 입고 가야 할지 알 수가 없기 때문이다. 친구가 최고 기온은 섭씨 24도고, 최저 기온은 섭씨 16도라고 말해줬더라면 나는 양복 없이 가벼운 와이셔츠 차림으로 가도 되겠구나 하고 생각했을 것이다. 그러나 우리는 이렇게 모든 것을 정확하게 수치화해 대화하는 방식에 익숙하지 못하다.

동북 지방에 갔을 때도 비슷한 경험을 한 적이 있었다. 지금도 그렇지만 당시 동북 지방 사람들은 '라오러(老了. 많다는 뜻: 저자)'라는 말을 많이 썼다. 나는 이 말을 정면으로 비판했다. '많다'니? 도대체 얼마만큼 많다는 말인가? 기가 막힐 뿐이었다. 허난성에서도 비슷한 일이 있었다. 나는 정저우 사람들이 흔히 쓰는 '자이쉬바(再說吧. 나중에 이야기하자는 뜻: 옮긴이)'라는 말을 비판했다. 나중에 말하자니, 도대체 언제 말하자는 뜻인가? 베이징 사람들도 문제는 있다. 이 사람들은 언제나 승낙한다는 의미로 가슴을 팍팍 치면서 "문제없어, 내가 책임질게."라고 말한다. 그러나 구체적이지 않은 승낙은 승낙하지 않은 것과 똑같다. 실제로도 그렇다. 옷에서 먼지를 터는 순간

언제 그랬냐는 듯 까맣게 잊어버리는 것이 베이징 사람들이다.

물론 나 역시 비판의 대상이 될 수 있다. 『수이주싼궈(水煮三國. 국내에서는 『유비처럼 경영하고 제갈량처럼 마케팅하라』는 제목으로 출간됨: 옮긴이)의 저자 청쥔이 선생이 나에게는 이런 비판을 해준 고마운 사람으로 꼽힌다. 내가 강의나 대화 때마다 버릇처럼 "대개, 아마, 그렇기는 하나 꼭 그렇지는 않다. 혹은 일리는 있으나 내 생각은 정확히 말하기 어렵다."라고 말한다고 지적해준 것이다. 이 말은 내가 아직 학문이 짧고 자신감을 갖지 못했다는 사실을 분명히 가리켜준다. 정확하게 입장을 표명하지 못하니 진정한 '전문가'로서는 부족한 것이다. 사실 이런 부정확한 대화는 분명 소통에 장애가 된다.

한 병원에서 디테일 관리에 대한 강의를 한 적이 있다. 강의가 끝난 다음 나이 지긋한 의사 한 분이 나를 걱정해주면서 말했다.

"그렇게 오랜 시간 강의를 하면 몸이 상합니다. 말을 많이 하면 기를 상하거든요."

이 말이 빌미가 돼 아래와 같은 대화가 오갔다.

"어떤 기가 상하는데요?"

"종기(宗氣)가 상합니다. 사람한테는 원기(元氣), 종기, 영기(營氣), 위기(衛氣) 등 4가지의 기가 있습니다."

"내가 하루에 6시간 강의를 하면 기가 얼마나 상합니까?"

"구체적으로 얼마라고 말할 수 있는 게 아니에요."

"그러면 선생님이 저한테 종기를 보충해주실 수 있습니까?"

"기라는 것은 타이어에 바람 넣듯 집어넣는 게 아닙니다. 먹어서 보충해야지요."

"그럼 무얼 먹으면 보충이 되나요? 매 끼니 때마다 얼마나 먹어야 잃어버린 종기를 보충할 수 있습니까?"

"좀 말이 되는 소리를 하시구려!"

의사 선생이 기어코 화를 내고 말았다. 좋은 뜻으로 해준 말에 이렇게 정색을 하고 나섰으니, 나도 미안하기는 하다. 그러나 그의 말은 진짜 모호하지 않은가.

이런 모호한 표현은 우리의 행위에도 큰 영향을 미친다. 심지어 전쟁 중에 작전을 수행할 때에도 이런 심각한 일은 발생한다. 청나라 때 전쟁에 나선 고위 장군들의 사례를 보면 잘 알 수 있다. 정확하게 사실을 주장하지는 않은 채 "무수한 적을 죽였다."거나 "적군의 시체가 셀 수 없을 정도였다.", "피가 강물을 이루었다." 하는 모호한 표현으로 조정에 보고하는 일이 흔했던 것이다. 후스 선생은 자신의 작품을 통해 이런 태도를 강력하게 비판했다. 그것이 바로 그의 명성을 드날리게 만든『차부둬 선생전』이라는 산문이다. 이 글에서 그는 사물에 대해 진지하고 철저하지 못한 중국인의 태도를 강하게 질타한 바 있다.

중국인들은 사실 디테일에 대한 인식이 나름대로 투철하기도 했다. "세상의 큰일은 반드시 세밀해야 한다."라거나 "사소한 일에 주의해 큰 덕에 누가 되게 하지 마라.", "참되게 아는 것은 세밀함에 있다."라는 등의 글이 오래전부터 전해내려 왔다는 사실에 비춰보면 잘 알 수 있다. 그런데 도대체 왜 이런 사상이 후세 중국 사회의 발전에는 기여하지 못했을까? 한 번쯤 연구해볼 문제다.

독일인의 치밀함과 일에 임하는 자세를 보여주는 일화를 소개한다.

독일을 방문한 중국인 일행이 한 독일인에게 자기들의 목적지까지 얼마나 걸리느냐고 물었다. 그 독일인은 어디로 가라고 알려준 뒤 곧 바로 입을 다물었다. 중국인들은 독일인이 알려준 방향을 따라 계속 걸어갔다. 잠시 후 길을 일러준 독일인이 뒤쫓아와서는 이들이 가려는 목적지까지 얼마나 시간이 걸린다고 일러주었다. 중국인들은 의아해하면서 어째서 처음부터 말하지 않느냐고 물었다. 그러자 독일인이 이렇게 대답했다.

"목적지까지 얼마나 머냐고 물은 게 아니라 얼마나 시간이 걸리느냐고 물었잖아요. 시간이 얼마나 걸릴지 알려면 당신들이 걷는 속도를 알아야 시간을 계산할 수 있잖습니까? 그래서 당신들이 걷는 속도를 먼저 보고 나서 목적지까지 얼마나 걸리는지 알려준 겁니다."

이런 정확함과 세밀함은 '마다하(馬大哈. 나는 마다하가 덤벙덤벙을 뜻하는 마마후후馬馬虎虎, 대충대충을 의미하는 다다례례大大咧咧, 건성건성 한다는 의미를 가진 시시하하嘻嘻哈哈 등 세 단어의 조합이라고 생각한다: 저자)'에 길들여진 중국인들에게 충격으로 다가올 수밖에 없다. 귀중한 가르침을 주는 것은 더 말할 나위가 없다. 이왕 말이 난 김에 독일인의 세밀함에 대해 한 번 더 알아보기로 하자.

한 독일인 학우가 달걀을 삶았다. 그는 설명서를 읽고 나더니 한 손에 시계를 들고 다른 한 손으로는 물의 온도를 재기 시작했다. 한 중국인 유학생이 말했다.
"그냥 넣고 삶아. 옷 두 벌 빨고 오면 다 삶아져 있을 거야."
그러자 독일인 학생이 물었다.
"물이 끓기 시작해서 몇 분을 더 삶아야 계란의 영양가가 가장 높지?"
중국인 학생은 말문이 막혔다. 물론 자기가 먹을 거라면 몇 분 동안 삶을지를 따지지 않아도 아무 상관이 없다. 심지어 영양을 따지지 않아도 괜찮다. 그러나 요리사가 이 사실을 모른다면 전문가라고 할 수 없다.

[부록]

『차부둬 선생전』_후스

중국에서 알아주는 이가 있다. 당신은 이 사람이 누군지 아는가. 말만 꺼내면 누구나 다 안다고 하는 이 사람은 성이 차(差)에 이름은 부둬(不多)이다. 어느 성 어느 현 어느 마을에 가도 다 있다. 아마 당신도 본 적이 있을 것이다. 다른 사람들 입에서 들어본 적이 있을지도 모른다. 한마디로 차부둬 선생의 이름은 하루도 빠짐없이 사람들 입에 오르내린다. 그 까닭은 그가 전 중국인을 대표하는 사람이기 때문이 아닐까 싶다.

차부둬 선생의 생김새는 우리와 거의 비슷하다. 두 눈이 있으나 그다지 잘 보지 못한다. 두 귀가 있어도 그다지 잘 듣지 못한다. 코와 입이 있기는 하나 냄새와 맛도 잘 구분하지 못한다. 머리통도 작지 않으나 기억력은 별로라고 해야 한다. 생각도 치밀하지 못하다.

그는 늘 "일이라는 것은 다 대충 비슷하면 되지. 너무 잘할 필요가 어디 있나." 하고 말한다.

그가 어렸을 때였다. 엄마가 흑설탕을 사오라고 시켰다. 그러나 그는 백설탕을 사왔다. 엄마가 욕을 하자 그는 고개를 흔들면서 "흑설탕이나 백설탕이나 대충 비슷하잖아요?"라고 말했다.

학교에 다닐 때였다. 선생님이 그에게 "직예성 서쪽에는 무슨 성이 있지?" 하고 물었다. 그는 산시(陝西)성이라고 답했다. 선생님이 "틀렸어. 산시(山西)성이잖아, 산시(陝西)가 아니야."라고 말했다. 이에 차부둬는 "산시나 산시나 그게 그거죠. 대충 비슷하잖아요?"라고 우겼다.

훗날 그는 한 전당포에서 경리로 일했다. 당연히 글도 쓸 줄 알고 셈도 할 줄 알았다. 그러나 늘 정확하지가 않았다. 열 십(十)자를 늘 일천 천(千) 자로 쓴다든지 천자를 십자로 쓰곤 했다. 그는 주인이 화가 나서 자신을 욕할 때마다 살살 웃으면서 "천자가 십자보다 한 획 더 많다뿐이지 대충 비슷하잖아요?"라면서 주인에게 변명을 했다.

하루는 차부둬 선생이 급한 일로 기차를 타고 상하이에 가게 되었다. 그는 느긋하게 기차역까지 걸어갔다. 그런데 2분이 늦어 그만 기차를 놓치고 말았다. 그는 눈을 동그랗게 뜬 채 멀어져 가는 기차에서 내뿜는 연기를 보면서 고개를 가로저었다.

"내일 다시 와야겠군. 오늘 가나 내일 가나 대충 비슷하잖아. 그런데 기차 회사도 너무 고지식하네. 8시 30분에 떠나나 8시 32분에 떠나나 대충 비슷한 거 아냐?"

그는 이렇게 중얼거리면서 천천히 집으로 돌아올 때까지도 왜 기차가 자신이 올 때까지 2분을 기다리지 않았는지 알 수가 없었다.

어느 날 차부둬 선생이 갑작스레 위중한 병에 걸렸다. 그는 하인을 시켜 둥제(東街)의 의사인 왕(汪) 선생을 급히 모셔오도록 했다. 하인은 허겁지겁 의사를 찾아갔다. 불행히도 둥제의 왕 선생은 없었다. 하인은 할 수 없이 시제(西街)의 수의사인 왕(王) 선생을 대신 모셔왔다. 아파 누웠던 차부둬 선생은 의사를 잘못 모셔온 것을 알았으나 우선 병이 위급하고 몸이 아프다는 사실에 생각이 미쳤다. 조바심이 나서 기다릴 수가 없었던 것이다. 그는 속으로 생각했다.

"다행히 왕(王)선생이나 왕(汪)선생은 성도 비슷해. 대충 비슷하니까 잘 봐달라고 해야지."

이렇게 해서 수의사 왕 선생이 소를 치료하는 방법으로 차부둬 선생을 치료해줬다. 차부둬 선생은 한 시간도 못 돼 갑자기 황천길로 가게 되었다.
차부둬 선생은 거의 죽어갈 때에도 숨을 헐떡이면서 떠듬떠듬 말했다.
"살아 있는 사람이나 죽은 사람이나 대…충…비슷…하…지, 뭐. 대…충…비슷…하…면…되는 거지, 뭐. 잘할…필요…어디…있어?"
차부둬 선생은 이 말을 남긴 다음 숨을 거두었다.
그가 죽은 뒤 사람들은 차부둬 선생이 세상만사를 다 꿰뚫고 생각이 트인 사람이라고 칭찬했다. 이어 일생 동안 진지하거나 결판을 내거나 따지지를 않았으니 참으로 덕행이 높은 사람이라면서 그에게 사후의 법명을 지어줬다. 이름하여 '원통(圓通)대사'였다.
그의 명예는 갈수록 널리널리 오래오래 퍼져나갔다. 이리하여 사람들은 모두가 차부둬 선생이 되었고 중국은 게으름뱅이 나라가 되었다.

> 선을 쌓지 않으면 높은 명성을 이룰 수 없다. 악을 쌓지 않으면 몸을 망치지 않을 수 있다. 그럼에도 소인은 작은 선행일지라도 자신에게 이롭지 않으면 행하지 않는다. 또 작은 악행일지라도 자신에게 해를 끼치지 않으면 이를 버리지 않는다. 때문에 악행이 끊임없이 쌓여 일정한 정도에 이르면 덮을 방법이 없게 된다. 결국에는 죄와 악이 극도로 커져 해결할 방법도 없게 된다.
>
> ―『역경』

| 문답록 | 저자와의 대화 |

〔질문 1〕 기업이 디테일에 약한 원인과 그 위험성은 어디에 있을까요?

〔답〕 기업이 디테일에 약한 원인은 굉장히 많습니다. 여기서는 경영 부문에 대해서만 이야기해 보기로 하지요. 직원이 디테일에 약한 원인은 잘하고 싶지 않아서가 아닙니다. 못해서도 아닙니다. 그 원인은 대부분 경영자에게 있습니다. 경영자만이 경영을 망칠 수 있습니다.

경영의 허다한 원칙들이 바로 경영자에 의해서 망가집니다. 이에 대해서는 어떤 사람이 생생하게 표현했습니다. 예컨대 어떤 경영자들은 규칙을 자기가 끌고 다니는 개로 여깁니다. 자기만 빼놓고 아무나 물고 싶은 사람을 물게 합니다. 중국 기업의 경영자는 권력을 자기 손에 쥐고 마음대로 흔듭니다. 이런 사람들은 아주 쉽게 어떤 결정을 바꾸거나 합니다. 규칙을 넘어서거나 질서를 지키지 않기도 합니다. 흐름을 깨뜨리는 것이 다반사입니다. 그러니 경영의 문제는 대개 경영자가 만든다는 이야기지요.

일반 기업에서 집행이 안 되는 현상이 보편적으로 나타나는 원인을 조사해봤더니 다음 10가지로 정리가 되더군요.

1. 업무 표준이 구체적이지 않습니다. 경영의 대상은 사람과 일입니다. 그런데 사람에게는 직위가 있습니다. 일에는 흐름이 있습니다. 직위와 흐름의 표준이 구체적이지 않으면 어떤 일도 잘할 수 없습니다.

2. 심사의 표준이 일치하지 않습니다. 가장 기층에 대한 심사는 엄격하면

서 경영자에 대한 심사는 그렇게 하지 못하고 있습니다. 상사와 직원에 대한 심사 표준이 다르면 직원들에게만 정해진 수준을 요구하면서 본인은 항상 예외로 두게 됩니다.

3. 정례적인 회의가 없다는 것도 중요한 원인입니다. 정례적인 회의가 없으면 기업의 문제가 잘 드러나지 않고, 필요한 시점에 공개되지 못합니다. 결론적으로 적절한 시점에 고칠 수가 없게 됩니다.

4. 제 2의 책임자가 없다는 것 역시 문제입니다. 경영자가 외출하면 당연히 다른 사람이 그가 해야 할 업무를 대신 처리해야 합니다. 경영자가 없더라도 그 역할은 여전히 계속돼야 하니까요.

5. 문서가 지나치게 복잡합니다. 중국에 '소귀에 가야금 연주'라는 말이 있습니다. 아무리 말해도 알아듣지 못하는 것을 비유하는 말입니다. 사실 소는 가야금 소리를 알아듣습니다. 어미 소에게 음악을 들려주면 자극을 받아 더 많은 우유를 짤 수 있다고 하지요. 하지만 제멋대로 음악을 연주하면 소음과 다를 바 없습니다. 소 역시 알아듣지 못합니다.

6. 미뤄서 결론을 내리지 않습니다. 어떤 문서들은 추리와 연역을 거치지 않습니다. 때문에 실제 업무에 들어갔을 때 집행할 도리가 없게 됩니다.

7. 온갖 문서들을 양산하는 것은 더 말할 나위가 없습니다. 문서가 너무 많으면 직원들이 소화할 수가 없습니다. 경영자 본인 역시 늘 이 문서 저 문서 들춰보기에 바쁩니다.

8. 아래로부터 오는 정보를 중요하게 생각하지 않는 것도 곤란합니다. 부하 직원이 건네주는 업무 방안, 보고와 지시 요청을 경영자가 지나치거나 무시하는 태도를 보인다면 부하 직원 역시 그의 지시에 똑같은 태도를 보일 수 있습니다.

9. 직위를 건너 뛰어 지휘하는 것은 바람직한 방법이 아닙니다. 성숙한 기

업들은 기업 고유의 업무 흐름과 질서, 기본적인 방식을 가지고 있습니다. 단계를 건너뛰어 지휘를 하는 것은 경영 규칙을 깨뜨리는 일입니다. 항상 강조합니다만 상부에서는 직위를 건너뛰어 업무상의 조사를 할 수 있습니다. 하지만 지휘해서는 절대로 안 됩니다. 하부에서는 직위를 건너뛰어 제보나 호소는 할 수 있습니다. 그러나 보고를 해서는 절대로 안 됩니다.

10. 결재가 타성이 되어 있다는 것입니다. 경영자의 결재 자체는 문제가 아닙니다. 그러나 모든 일이 반드시 결재를 거치는 방식으로 해결되는 것은 아닙니다. 이것은 경영자의 임의성이나 자아 인식 부족이 빚어낸 관행입니다. 경영자는 업무를 분배하고 감독하는 데 전권을 가진 사람이어야 합니다.

이 10가지가 기업이 디테일에 강하지 못한 원인이자 그로 인해 생기는 좋지 않은 결과들입니다. 기업의 경영자는 뛰어난 관찰을 통해 업무에서 이런 현상이 벌어지지 않도록 노력해야 합니다.

〔질문 2〕 중국에서는 같은 중국인들끼리 일을 합니다. 그런데 중국 기업의 직원들은 안 되고 맥도날드의 직원들은 디테일을 성공적으로 실천해왔습니다. 그 이유가 소질이나 정신의 차이와 관계가 있습니까? 아니면 경영 규칙이 디테일해서인가요?

〔답〕 이 문제는 대단히 중요합니다. 맥도날드에서는 중국인 직원들도 디테일에 강할 수 있습니다. 여기에는 2가지 원인이 있다고 봅니다.

첫째는 맥도날드의 경영 규칙 거의 대부분이 규범화돼 있다는 사실에 있습니다. 맥도날드에는 제품 매뉴얼, 서비스 매뉴얼, 관리 매뉴얼의 3가지 매뉴얼이 있습니다. 모든 경영은 이 표준에 따라 이루어집니다. 예를 들어 봅시다. 직원들이 손을 씻을 때는 반드시 따뜻한 물로 씻어야 합니다. 또 맥도날드에서 제공하는 전용 세정제를 써야 합니다. 손을 씻고 나서는 그대로 말리거나 열풍에 말려야 합니다. 맥도날드에서는 또 직원들 자신이 생각해서 일하지 않습니다. 때문에 훈련만이 문제가 됩니다. 이 훈련은 대단히 강력한 복제 능력이 있습니다. 그러니까 직원들은 그 표준에 따라 자기 행위를 그대로 반복하기만 하면 됩니다.

둘째는 맥도날드는 직원 훈련을 대단히 중요하게 생각한다는 사실입니다. 신입 직원은 보통 4개월 이상 훈련시킵니다. 중국 기업처럼 겨우 1~2개월 훈련을 시켜 바로 현장에 투입하는 일은 절대 없습니다. 훈련 없이 어떻게 가볍게 모든 면에서 합격점인 직원을 만들 수 있겠습니까? 사회가 요구하는 인재와 기업이 요구하는 인재는 다릅니다. 사회에서의 인재가 반드시 기업에서도 인재는 아니라는 말이지요. 기업이 자신의 인재를 원한다면 직원들에게 자신의 기준을 명확하게 가르쳐야 합니다.

어떤 의미에서는 기업은 내부 직원을 포함한 새 직원들을 입사 순간부터 백지 상태라고 생각해야 합니다. 아무 것도 모르는 사람이라고 생각해야 한다는 말이죠. 그리고는 기업의 기준에 맞도록 훈련을 시켜야 합니다. 기능 수준을 높이고 마인드에서도 기업과 발맞추도록 요구해야 합니다. 그러므로 맥도날드의 디테일 문제는 디테일의 훈련 방법뿐만이 아닙니다. 마인드의 문제이기도 합니다. 이 모두는 훈련을 통해 조정될 수 있는 행위입니다.

여러분 가운데에는 아마도 공자를 연구하시는 분들이 많이 계실 것입니다. 그러나 공자의 유가 사상은 원칙들에 의존해서만 퍼진 것이 아닙니다. 공자는 예라는 수단을 가지고 사람들을 가르쳤습니다. 자신이 이상적이라고 생각한 문화를 설계하기 위해 예를 상세하고도 질서정연하게 만들었습니다. 공자는 예를 질서정연하게 만듦으로써 사람들의 사상을 조정했습니다. 그러므로 공자가 당시 이룬 최대 발명은 자신을 넘어서서 주례(周禮)를 되살린 일이라고 할 수 있습니다. 나는 공자가 행위를 통한 설계와 훈련을 확대, 보급함으로써 인간의 사상을 바꾼 것이 학술 방면에서 이룬 하나의 발명이라고 생각합니다.

〔질문 3〕 통계에 따르면 세계 500대 기업의 평균수명은 40~50세에 지나지 않습니다. 미국에서는 매년 50만 개의 기업이 새로 생기고 10년 후에는 그중 4%만이 살아남습니다. 일본의 경우 10년 후 기업 생존율이 18.3%라고 합니다. 중국 기업의 평균수명은 7~8세에 지나지 않습니다. 특히 중소 민영기업의 평균수명은 2.9세입니다. 중국 기업들이 단명하는 이유가 디테일을 경시하는 것과 관계가 있다고 생각하십니까?

〔답〕 기업의 수명이 짧은 원인이 전부 디테일에 강하지 못한 데에 있는 것은 아니지만 디테일과 관련이 있는 것은 사실입니다. 하이얼그룹의 장루이민 총재는 국민의 수준에 대한 이야기를 할 때면 곧잘 이렇게 말합니다.

"일본인 직원에게 탁자를 하루에 여섯 번 닦으라고 하면 이 사람들은 틀림없이 하루 여섯 번 탁자를 닦습니다. 하지만 중국인 직원은 첫날은 여섯 번 닦습니다. 또 둘째 날도 여섯번 닦습니다. 그러나 셋째 날에는 다섯 번 닦고 넷째 날에는 네 번 닦을 것입니다."

이 말이 우리에게 일깨워주는 것은 무엇일까요? 중국인이 만드는 많은 제품들의 품질이 국민 수준에서 결정된다는 말 아니겠습니까? 따라서 장수하고자 하는 기업은 디테일을 경시해서는 절대로 안 됩니다.

〔질문 4〕 디테일한 관리는 시스템이 아니라 수준과 관련이 있다고 말씀하셨습니다. 그런데 옌푸 선생 역시 100여 년 전 중국인의 수준 문제를 거론했습니다. 선생은 많은 예들 들어 중국인의 수준과 서구인의 수준이 커다란 차이가 있다고 설명하셨습니다. 그런데 중국에서 디테일한 관리를 실천하

는 것이 효과가 있다고 생각하십니까?

〔답〕 그렇습니다. 중국의 국민 수준은 사회의 진보와 같은 기준에 완전히 다다르지는 못했습니다. 그러나 국민의 수준이 손쓸 수 없을 만큼 낮다고 생각할 수도 없습니다. 왜냐하면 중국 국민은 누구나 할 것 없이 선진국에 갔을 때 그 나라의 규범이나 규칙에 적응할 수 있는 사람들이기 때문입니다. 중국인도 서구의 다른 국가에 가면 예의를 다 갖춥니다. 아무 데서나 가래를 뱉지도 않습니다. 외출할 때는 잊지 않고 전등을 끕니다. 그러니까 지금 중국인의 수준에서 가장 필요한 것은 각성입니다. 지금은 디테일에 대한 인식을 포함해 기업이 디테일한 경영을 가장 먼저 인식하는 것이 필요한 단계입니다. 이 인식 과정이 바로 진보하는 과정입니다.

기업이 디테일한 경영을 인식하기 시작하는 것 자체가 하나의 진보라고 할 수 있습니다. 디테일한 경영을 하려면 그에 앞서 표준에 대해 토론을 하거나 규칙을 연구하고 질서를 존중해야 하기 때문입니다.

한 언론 매체에 따르면 『디테일의 힘』은 "중국인의 조급증이라는 혈에 은침을 놓은 것과 같다."라고 표현했습니다. 나 역시 이에 동감합니다. 우리가 디테일이라는 관념을 주장하는 것은 하나의 이념, 하나의 사상, 하나의 관점을 통해 중국인의 자의식을 일깨우고 각성하도록 만들기 위함입니다.

그러므로 중국인이 수준에서 차이가 있다는 사실을 인정한다는 것이 수준을 높일 방법이 없다는 말은 아닙니다. 짧은 시간 안에 각성을 통해 중국인의 수준을 대폭 높일 수 있습니다. 이것은 필연입니다. 쑨원이 한 말을 다시 떠올려봅시다. "할 수 없는 것이 아니라 하지 않으려는 것이다."라는 명언 말입니다. 그렇습니다. 못하는 것이 아니라 하고 싶지 않은 것입니다. 그러나 우리가 이 점을 각성한다면 틀림없이 성큼성큼 전진할 수 있습니다.

〔질문 5〕 안녕하십니까? 제가 일하는 여행업계는 가이드와 고객의 관계가 날로 나빠지고 있습니다. 지금은 아주 심각한 지경이 돼버렸습니다. 여행객들의 수준이 점점 떨어져 가는 것 같습니다. 개선할 수 있는 방법이 없을까요?

〔답〕 나는 우선 그 모순의 주체가 여행객이 아니라 가이드라고 생각합니다. 가이드는 늘 여행객의 요구가 지나치다고 합니다. 그러나 그런 자세는 옳지 않습니다. 내가 전에도 말한 적이 있지 않나요? "고객의 건의는 무엇이든 가치가 있습니다. 어떤 잘못도 잘못이 아닙니다."라고 말입니다. 다시 말한다면 고객은 늘 옳습니다. 이 말을 어떻게 이해해야 할까요? 고객의 요구가 옳지 않게 들릴 수도 있습니다. 그렇다면 그것은 가이드가 분명하게 설명하지 않았기 때문입니다. 고객이 지나친 요구를 한다면 고객으로 대우할 이유가 없습니다. 그저 몰상식한 사람, 우리와 상관이 없는 범주에 드는 사람이니까요. 가령 2000위안짜리 여행 코스를 신청했으면서 1000위안이면 되는데 왜 2000위안이냐고 따지는 고객이 있다고 칩시다. 고객이 틀렸다는 생각이 들겠지요. 그러나 나는 고객이 옳다고 생각합니다. 왜냐하면 이후에는 1000위안으로도 완전히 가능하기 때문입니다. 내가 처음 컴퓨터를 샀을 때 1대에 얼마였는지 아십니까? 2만 위안이 넘었습니다. 286컴퓨터였는데도 그랬습니다. 그때 누군가 "뭐가 이렇게 비싸? 2000위안이면 되겠구먼."이라고 말했습니다. 그러니까 우리 직원이 바보 같은 소리 말라고 바로 말하더군요. 그래서 내가 "어떻게 고객을 바보라고 할 수 있습니까? 언젠가는 2000위안에 1대를 살 수 있는 날이 올 텐데 말입니다."라고 질책하면서 직원을 한바탕 혼냈던 적이 있습니다. 지금 컴퓨터가 얼마나 쌉니까. 고객이 제기한 문제들 가운데에는 아주 유치한 요구도 있습니다. 무지에서 나오는 요구도 있습니다. 그러나 우리가 알아야 할 점은 기업은 모두가 고객의 불만

속에서 성장한다는 사실입니다. 고객은 자신이 이해하지 못하는 문제를 제안함으로써 결과적으로 기업의 진보를 촉진하는 사람들입니다.

현재 대단히 우수한 여행 가이드들이 많이 교육을 받고 현장에 투입되고 있습니다. 그러나 가이드의 전문화는 아직 미흡합니다. 예를 들어 봅시다. 요즘 많은 가이드들은 고객들에게 선정적인 상성(相聲. 중국식 만담: 옮긴이) 몇 대목을 단골 레퍼토리처럼 들려주고는 합니다. 나는 이런 유행에 단호하게 반대합니다. 이렇게 하면 언뜻 고객의 관심을 끌고 분위기가 띄워지는 것처럼 보입니다. 하지만 이런 행위가 오히려 자신의 직업 수준을 낮춘다는 사실을 알아야 합니다. 자칫 잘못하면 고객이 가이드를 제멋대로 인식하게 만들 가능성이 높습니다. 정말로 좋은 가이드가 되겠다면 풍부한 지식과 고상한 인격으로 다른 사람들에게 영향을 줄 수 있어야 합니다. 자기의 직업 수준의 높낮이는 고객의 반응에서 드러납니다. 가이드의 직업 수준이 부족하다면 고객도 그 사람을 존중하려고 하지 않을 겁니다. 결국 상호 모순된 관계를 가져올 수밖에 없게 되겠지요.

다음으로 경영의 각도에서 말해보도록 하겠습니다. 가이드의 수준을 높이는 문제는 반드시 매뉴얼을 통해 해결해야 합니다. 매뉴얼에는 무엇이 포함됩니까? 어떻게 말하고 어떻게 걸어가는가 하는 것들이 우선 포함됩니다. 또 어떤 상황에서는 어떻게 처리하는가 하는 문제와 응급 상황에서의 대처 방안 등도 포함됩니다. 이 모두가 리더가 가이드에게 상세하게 지도해야 할 규범들입니다. 매뉴얼의 규정이 상세할수록 가이드들도 더욱 규범화될 것입니다. 규범화가 잘되어 있을수록 고객들 역시 가이드를 보다 더 존중하게 됩니다. 관계가 나빠지는 일도 줄어듭니다. 사실 지금 눈에 보이는 많은 잘못은 가이드들이 본격적인 업무에 들어가기 전에 경영자들이 충분히 없앨 수 있는 문제들입니다.

마지막 이야기를 해봅시다. 나는 젊은이들만 가이드 일을 하는 지금의 풍토를 별로 찬성하지 않습니다. 가이드가 젊고 아름다운 여성이어야 한다는 선입견은 더 말할 나위가 없습니다. 가이드는 어떤 방면의 지식에 관한 깊이와 폭을 요구하는 직업입니다. 요즘 대다수 가이드들은 지식층 여행객이 한 걸음 더 들어가는 질문을 던지면 바로 꿀 먹은 벙어리가 됩니다. 여기에서 그치면 그래도 다행입니다. 알지도 못하면서 시간이 한참 지난 다음 가치가 있거나 말거나 무턱대고 마구 외운 안내 정보만 쏟아내는 것은 정말 문제라고 하지 않을 수 없습니다. 이렇게 되지 않기 위해 중요한 관광지, 특히 국가 차원의 고적에 대해서는 퇴직한 교사들을 동원해 안내하도록 할 수는 없는 걸까요? 이 사람들이라면 중요한 관광지 여행객들의 가이드 임무를 맡을 수 있을 겁니다. 한 예로 내가 태어난 주장(九江)의 루산(廬山)관광지의 백록서원을 들어봅시다. 높은 보수를 보장하고 인문학에 정통한 주장대학 교수들을 초빙해 특별 가이드를 담당하게 해 좋은 평가를 듣고 있습니다. 참고할 만하지 않나요?

〔질문 6〕 선생님은 현재 중국에는 경영의 과학이 존재하지 않는다고 말하고 계십니다. 또 경영 관련 인재가 시급하다고 합니다. 그렇다면 이를 위해 대학에서는 어떤 교육이 이루어져야 합니까? 경영학을 전공하는 학생은 어떤 소질을 갖춰야 합니까?

〔답〕 나는 지금 6개 대학에서 특별초빙교수나 객원교수로 강의하고 있습니다. 엄격하게 말하면 대학의 비정규직 교수인 셈입니다. 2년 계약직이거든요. 그럼에도 불구하고 나는 대학 교육이 이러이러해야 한다는 생각을 분명히 가지고 있습니다. 어쨌거나 나는 이 문제를 제기한 분이 대학의 교수이신지 아닌지는 모르겠습니다. 그러나 만약 대학의 교수이거나 경영자라면

이 문제에 관해 4가지 건의를 하고 싶습니다.

우선 경영학을 공부하는 학생에게는 관련 명사의 뜻을 줄줄 외우게 만들라는 제안을 하고 싶습니다. 이유는 달리 없습니다. 무조건 외우게 해야 합니다. 경영 관련 학문의 관련 명사 뜻 200개를 진짜 외울 수 있다면 대단한 수준이 됩니다. 학생들은 이것들을 외운 다음에는 이 단어가 무슨 뜻인지 천천히 음미하듯 깨달아야 합니다. 이해가 안 되면 교수에게 물어서 천천히 그 의미를 곱씹어 나가야 합니다. 융통성 없는 방법이기는 하나, 나는 이것이 중요하다고 생각합니다.

다음으로 대학 교수는 가급적 시간을 할애해 기업에 들어가 겸직을 하라는 제안을 하고 싶습니다. 물론 겸직 업무는 교수 시간의 3분의 1을 넘지 않아야 할 것입니다. 솔직히 기업에 들어가 조사 한 가지만 달랑 하고 돌아오면 그게 무슨 소용 있습니까. 마케팅 관련 학문의 조사 부분을 전문적으로 연구하는 사람이라면 조사를 하되 한 달에 일주일의 시간을 들이는 것이 괜찮습니다. 그러나 주마간산으로 한 번 휘둘러보기만 해서는 나중의 교육이나 연구에 한 점도 보탬이 되지 않습니다. 그래서 내가 건의하는 가장 좋은 방법은 실제 직무를 맡는 것입니다. 꼭 높은 직위일 필요는 없습니다. 그저 실제적인 업무를 맡을 수 있으면 됩니다. 교수니까 적어도 부사장은 돼야 한다는 생각은 버려야 합니다. 판매부의 한 지역 책임자여도 관계없습니다. 물론 그분들이 실제로 유능한 부사장이 될 수도 있습니다. 하지만 부사장이 되지 않더라도 진지하게 일을 해보면 헛공부가 되지는 않을 것입니다.

셋째로 학생들에게 사회에서의 훈련 시간을 더 많이 줘야 한다고 생각합니다. 지금은 사회 훈련 시간이 대단히 적습니다. 나는 방학을 이용한 일시적인 경험은 아무 효과가 없다고 봅니다. 여러분, 이거 한 가지 생각해봅시다. 중국에서는 의대를 졸업한 학생은 비교적 환영을 받습니다. 왜 그렇습니까? 의대를 졸업하기까지는 보통 5년이 걸립니다. 그중 마지막 1년이나 1년 반은 임상을 합니다. 바로 그 때문에 환영을 받습니다. 그러나 경영학과 학생들은 임상 교육을 받지 않습니다. 졸업 전 20~30일 동안 기업에 가서 대충 시간만 때우는 게 고작입니다. 이게 무슨 소용 있습니까? 경영학 전공 학생들도 기업에 가려면 최소 1년 정도는 시간을 들여야 합니다. 물론 몇 단계로 나누어 실제적으로 아주 구체적인 일을 해보는 방안도 가능하겠지요. 가령 1학년 2학기에 종업원 생활을 하고 학교로 돌아와 마케팅을 공부한다면 어떻게 될까요? 이 시기에 초보적이나마 경험을 하고 여기에 공부를 더하면 더 빨리 이해하게 될 것입니다. 이런 까닭에 학생들이 사회에서 훈련받을 기회와 시간을 더 늘려야 한다고 보는 것입니다.

마지막으로 대학의 커리큘럼을 하루빨리 바꿔야 한다고 생각합니다. 현재 많은 대학의 커리큘럼은 아주 실용적이지 못합니다. 말하자면 교육 시스템이 부족합니다. 예컨대 어떤 대학은 커리큘럼을 필수과목, 선택과목, 공동과목으로 나눠 놓았더군요. 예를 들어보지요. 우리 팀은 이에 대해 연구와 토론을 했습니다. 이 결과 학생들의 졸업과 취업 사이에는 지식과 기능에서 커다란 빈틈이 있다는 생각을 하게 되었습니다. 그래서 36개의 커리큘럼을 짰습니다. 한 과목당 최대 4시간, 최소 2시간으로 구성했습니다. 식사 예절도 그중 하나입니다. 이것은 학생들에게 기본적인 예의를 가르치기 위한 것이라고 보면 됩니다. 어떤 학생들은 졸업하고 나서야 사업주가 고객들을 대하는 대로 따라 합니다. 어떻게 술을 따르고 길을 걸을 때에는 어디로 걸어야 하는지도 모릅니다. 바보 같아 보일 정도죠. 하지만 실제로 이 학생은 아주 실력이 있는 학생이었습니다. 우수 논문상을 받기도 한 모범 학생이었습니다. 그러나 아주 사소하고 하찮은 일들은 전혀 할 줄 몰랐습니다. 학교에서 가르쳐주지 않은 탓입니다. 학교와 사회를 연계하는 과목들이 더 많이 개

설되어야 하는 이유가 바로 여기에 있습니다. 기업이 직원을 뽑을 때는 한 가지 조건을 덧붙여야 합니다. 그게 바로 3년 이상의 실무경험입니다. 생각해 보십시오. 왜 그래야 합니까? 중요한 이유는 다른 게 아닙니다. 3년 이상 업무 경험이 있는 사람은 사회를 기본적으로 이해해서 적응할 수 있기 때문입니다. 또 사회의 규칙들을 준수하고 '작은 일'들을 능숙하게 처리할 줄 알기 때문입니다. 기업에 가장 필요한 것은 이런 진지한 태도와 규칙에 대한 이해이지, 전공지식만이 아닙니다.

3장
어떻게 디테일에 강해질것인가

한 개인의 사상과 의식, 사유 방식은 변화시키기 어렵다.
그러나 행동이나 습관은 얼마든지 변화시킬 수 있다.
지속적인 행동의 개조를 통해 우리는 점차 사유를 변화시킬 수 있다.

1 간단한 것이 쉬운 것은 아니다
_기업의 디테일 경영

『디테일의 힘』에서 나는 80여 가지의 사례를 이용해 독자들에게 디테일의 중요성을 알리려고 했다. 물론 실제로 말하고자 한 것은 개개인의 열심히 노력하는 태도, 완벽함을 추구하는 자세이기는 했지만 말이다. 이 책이 나온 이후 바로 대만판이 출판되었다. 이어 베트남과 한국에도 잇따라 수출돼 출간이 되었다. 한국어판 제목인 『디테일의 힘』은 임팩트는 다소 약하지만 정확도는 더 높아진 것 같다(중국어 원제는 『디테일이 성패를 결정한다』임: 옮긴이).

디테일은 어떤 효과가 있는 것일까? 이 효과를 어떻게 실현할 수 있을까? 디테일의 위력을 어떻게 발휘할 수 있을까? 정말 깊이 생각해야 할 의문들이 아닐 수 없다. 그래서 나는 기업 경영의 각도에서 "어떻게 디테일에 강할 수 있을까?" 하는 문제를 본격적으로 다루고자 한다. 중점적인 내용은 대략 지금부터 풀어쓰는 4가지가 되겠다.

"디테일이 성패를 결정한다."라는 말이 과학적으로 논증된 것은 아니다.

또 이런 주장을 경영 이론의 일종으로 보기는 더욱 어렵다. 그저 일종의 관념 내지는 이념일 뿐이다. 마찬가지로 『디테일의 힘』 역시 업무 지도서는 아니다. 디테일한 경영 방법을 가르쳐주는 매뉴얼은 더더욱 아니다. 그러나 중국 땅에는 확실히 디테일 경영 분야에서 앞서 나가고 있는 일단의 기업들이 있다.

대표적인 기업으로 더성(德勝)을 꼽을 수 있다. "『디테일의 힘』은 사실 문맹이 아닌 사람이라면 이해하기에 어려운 책이 아니다. 그러나 더성의 임직원들은 이 책이 주는 대단히 오묘한 진리까지 모두 꿰뚫고 있는 사람들이라고 해도 좋다."라고 주장하는 더성타운하우스의 녜성저 사장의 말만 들어도 고개를 끄덕거리게 된다. 때문에 우리로서는 이 회사를 한번 진지하게 살펴보지 않을 수 없다.

더성은 전문적으로 미국식 타운하우스를 짓는 장쑤성 쑤저우공업원구 소재의 회사로 오래전부터 유명하다. 회사의 경영 상황은 "현재 사업은 기가 막히게 잘 되고 있다. 너무 잘되어 부담이 될 지경이다. 전화를 받지 못할 정도라고 해도 좋다. 올해와 내년의 월급과 보너스 역시 문제가 없다. 설사 회사가 일이 없어 파리를 날리더라도 각종 임금을 주는 데는 문제가 없다."라는 녜성저 사장의 말 그대로다.

진짜 그런지 예를 들어봐야 할 필요가 있을 듯하다. 더성과 협력 관계에 있는 회사가 하나 있다. 이 회사는 수많은 회사들이 협력 관계를 맺기 위해 직원들을 자사 부근의 호텔에 보내어 한 달을 죽치고 있게 해도 만나주지 않는다. 그러나 더성의 왕 모 담당자만 갔다 하면 완전히 얼굴이 달라진다. 고위층에서 직접 차를 몰고 나와 마카오까지 가서 차를 대접할 정도이다. 이런 대우를 받는다는 것은 더성이 '수요자 시장'에서의 게임 법칙과 현실적인 관행을 완전히 새로 쓰고 있다는 사실을 의미하지 않을까?

사실 이 정도 수준에 올라 있는 회사는 많지 않다. 그렇다면 더성이 이처럼 뛰어난 경쟁력을 갖출 수 있게 된 요인은 어디에 있을까? 녜 사장의 말에 답이 다 나와 있다.

"그들(경쟁 상대)은 나쁜 재질의 재료를 쓰면서 우리와는 원가 전쟁을 하려고 한다. 우리는 이런 것이 별로 두렵지 않다. 그래서 나름대로 성공했다. 그러나 만약 우리들과 같은 수준의 회사와 제대로 만나 원가 전쟁을 벌였다면 우리들도 두려워했을 것이다."

더성이 뛰어난 재료와 적절한 가격으로 시장을 장악했다는, 즉 경영의 수준에서 경쟁 상대를 이겼다는 이야기이다.

나는 진지하게 더성의 상황을 파악한 후에 자신 있게 "다른 경쟁 회사들이 경영 부문에서 더성의 수준이나 그 이상에 이르기는 상당히 어려울 것이다."라고 단정을 내렸다. 사실 그럴 수밖에 없었다. 더성의 탁월한 경영은 모든 프로세스 관리의 세부사항에까지 이르렀다고 할 수 있었으니까. 한마디로 그들은 디테일한 경영의 노하우를 완벽하게 꿰뚫고 있었다. 이제 나는 독자 여러분에게 더성에서 벌어지는 일련의 현상을 보여드리려고 한다. 그런 다음에야 이 현상의 배후에 있는 기업문화에 대해 이야기할 수 있을 테니 말이다.

더성에서는 모든 신입사원들이 학력을 불문하고 청소부터 한다. 그것도 하루 이틀이 아니다. 최소한 2~3개월은 기본이다. 일반적인 청소도 아니다. 5성급 호텔 종업원들이 하는 수준의 청소를 요구한다. 이를테면 단지나 타운하우스, 응접실의 청소를 호텔 수준으로 하도록 시키는 것이다. 다른 데에 목적이 있는 것이 아니다. 작은 것에서부터 철저하게 일하라는 교훈을 심어주는 데 목적이 있다.

그래서일까, 더성의 직원들은 매일 아침 하나같이 "우리에게는 큰일이 없다. 우리들은 그저 철저하게 일하는 정신을 가지고 있을 뿐이다."라는 말을 마음에 새긴다고 한다. 그들은 아마도 진지하게 열심히만 하면 국내에서 최고가 될 수 있다는 사실을 믿는 것 같다. 모든 관리자들의 명찰에 "나는 솔선수범하는 우수한 직원이다."라는 글귀가 씌어 있는 것도 같은 맥락이다.

더성은 직원들이 일을 철저하게 하는 습관을 더욱 다질 수 있도록 간부들이 매월 한 차례씩 자리를 바꿔 솔선수범하는 일을 하도록 권장하고 있다. 예컨대 평소 하던 일을 잠시 접고 휴대폰을 사무실에 내려놓은 다음 작은 일을 실천하는 대열에 참여토록 독려하는 것이다.

나는 더성에서 연구와 조사를 진행하는 동안 이런 광경을 목도한 적이 있다. 내 눈에 들어온 주인공은 바로 이 회사의 여성 CFO였다. 더성의 시범단지의 도로에서 청소를 하는 그녀를 보고 나는 시골에서 올라온 노동자인 줄로만 알았다.

이처럼 작은 일을 철저하고 디테일하게 하려고 노력을 기울이는 모범은 녜 사장이 직접 보이기도 한다. 이는 그가 "이 일은 전화상으로는 제대로 말하기가 어렵다. 내가 현장에 가서 직접 이야기하겠다."라고 말하고는 현장으로 달려온 적이 비일비재했다는 사실이 증명해준다. 실제로 그는 현장으로 달려오면 자신이 직접 시범을 보여주고 자세하게 설명을 한 다음 부하 직원이 제대로 깨달아야만 안심하고 떠나곤 했다. 사장이 이런데, 간부들이 일을 대하는 자세가 어떻겠는가.

더성에는 이밖에 프로세스운영센터라는 것이 있다. 내가 듣기로는 중국 기업 중 최초로 세운 특별한 부서라고 한다. 이 부서 직원들은 다른 일은 하지 않는다. 오로지 임직원들이 정해진 절차에 따라 일을 하는지만 감독한다. 당연히 정해진 절차에 따라 일하지 않는 사람에게는 경력과 직급에 상관없이 혹독한 처벌이 가해진다. 어떤 일을 완성했으나 그 일이 정해진 절차에 따라 이루어진 것이 아니라면 성공적인 마무리가 아니다. 반면 조금 낭비가 되더라도 절차를 반드시 따라야 한다. 이것이 바로 더성의 원칙이다. 예컨대 운전자의 경우 항상 안전벨트를 착용해야 한다. 일생동안 안전벨트를 수천 번 착용했으나 사고는 한 번도 나지 않을 수 있다. 그렇다고 해서 안전벨트 착용이 불필요하다고 할 수 있는가? 그건 아니다. 만약 안전벨트 착용이라는 절차를 단 한 번 생략했는데도 묘하게 사고가 났다면 그 단 한 번의 실수로 생명을 잃을 수 있기 때문이다.

더성에서는 이 때문에 작업 유형에 따라 다음과 같이 디테일한 작업 절차를 규정하고 있다.

- 에어컨의 플라스틱 나사를 틀 때에는 쇠 나사를 트는 방법으로 돌려서는 안 된다.
- 6인치 간격으로 못을 박기로 계획했다면 못과 못 사이 간격이 6.5인치 혹은 7인치가 돼서는 안 된다.
- 서양식 다층 건물의 사각 지대에 20위안 어치의 페인트를 칠하기로 정해졌다면 보이지 않는 곳이라고 해서 페인트를 줄여서는 안 된다.
- 석고판을 댈 때에는 반드시 시공자의 이름을 석고판 머리에 적어놓아야 한다.
- 응접실의 등(燈)은 맑은 날에 켜는 것과 비가 내리는 날에 켜는 것의 종류와 수량이 규정돼 있다. 반드시 이 규정을 지켜야 한다. 고객을 모시고 모델하우스를 참관할 때에는 규정된 등을 켜고 레코드와 TV를 틀어야 한다.
- 단지 내 식물에 해충이 생기면 반드시 식엽성(食葉性)인지 흡즙성(吸汁性)인지를 판단해야 한다. 전자의 경우에는 '데카메트린', 후자의 경우에는 '뤼예퉁'을 사용해야 한다.

이처럼 더성에서는 "대충 알 만하다."라거나 "아마 이렇게 하면 될 것이다."라는 식의 작업 자세는 용인되지 않는다. 정말 그런지는 미국 경제 격주간지 「포춘」의 2004년 1월호 기사를 보면 알 수 있다.

"더성 직원들은 모두 86쪽 분량의 소책자를 가지고 있다. 이 책자에는 안전규정부터 개인위생에 이르기까지 회사의 규정과 제도가 디테일하게 기록돼 있다. 회사는 먼저 3개월의 시간을 들여 직원의 개인습관을 강제적으로 변화시킨 다음 비로소 업무 교육을 실시한다."

나는 운 좋게 더성의 소책자를 읽은 적이 있다. 과연 소책자에는 '목욕 자주 하기(적어도 하루에 한 번)', '양치질 자주 하기(적어도 하루에 한 번)', '이발 자주 하기(적어도 한 달에 한 번)' 등의 디테일한 규정이 기록돼 있었다. "기업 노선, 방침과 정책을 착실하게 실행하라."는 식의 두루뭉술한 일부 기업의 경영 지침서와는 확연하게 구별되는 내용이었다.

이 소책자에는 '고객의 선물 및 대접 접수 불가'라는 항목이 있는데 "담배 20대 내지 술 100그램 이상의 선물 혹은 20위안 이상의 식사 대접을 받으면 안 된다."라는 구체적인 규정을 두고 있다. 대부분 회사원들의 최대 관심사인 '업무비용 청구제도'와 관련해서도 종류별로 상세한 규정이 있다. 예컨대 '공비(公費)', '사비(私費)', '비용 청구가 가능한 사비', '비용 청구가 어려운 공비' 등으로 구분해 놓고 있다.

더성의 이런 경영 매뉴얼은 당연히 외부 인사들의 찬탄의 대상이다. 네 사장의 동료이자 모 잡지사의 책임자인 왕펑성의 말을 들어보자.

"나는 출판사의 사장으로서 출판사 경영과 관련해 유익한 정보를 찾고 있었다. 그러던 중 더성의 경영 노하우를 알게 되었다. 당연히 큰 도움을 얻었다. 내가 예전에 분명하게 알지 못했거나 애매모호하게 알고 있었던 문제들에 대한 확실한 답안을 얻을 수 있었다."

쑹쉐량 칭화대학 경영관리학원 교수는 한술 더 뜬다. "내가 스무 살만 더 젊었어도 더성에 가서 청소부로 일하는 것을 뿌듯하게 여겼을 텐데."

내가 자주 강조하는 말이 있다. "태도가 디테일을 결정한다."라는 말이다. 더성이 경영에서의 디테일을 그토록 중시하는 이유도 아마 그 기업의 문화에 의해 결정되었을 것이다. 그 핵심은 '성실, 근면, 관심과 사랑, 지름길로 가지 않기'로 개괄할 수 있을 것이다. 실제로 더성의 고위 간부들은 "제도는 군자에게만 효력을 발생한다. 아무리 훌륭한 제도도 소인에게는 효력이 없거나 효과가 적다."라는 말을 신봉한다고 한다. 더성은 이처럼 모든 사람들이 소속 기업의 구성원 자격을 충분히 갖추고 더 나아가 군자가 될 것을 촉구하고 있다.

더불어 '군자'의 기업이 어떤 것인지 직접 보여주고 있다. 더성과 일반 기업의 차이점을 살펴보면 대략 다음과 같다

- 출퇴근 카드를 사용하지 않는다.
- 휴가 날짜를 마음대로 조정할 수 있다.
- 장기 휴가를 내고 다른 회사에서 일하면서 경험을 쌓아도 된다. 휴가 기간은 최장 3년까지 가능하다. 이 경우 본래의 직위와 근무 연한은 그대로 유지할 수 있다.
- 수습사원에게 다음과 같은 특별 충고를 준다. "당신은 농민에서 산업화 시대의 근로자로 탈바꿈하는 과정에 있습니다. 이 과정이 매우 힘들고 어려울 것이라는 점을 잊지 마십시오."
- 비용을 청구할 때 상사의 결재를 받을 필요가 없다. 그저 본인만 서명하면 된다. 증인이 필요한 경우에는 증인의 서명을 받아야 한다.
- 직원이 업무 때문에 개인 돈을 먼저 지불하는 것에 찬성하지 않는다.

- 근로자는 안전용품이나 장비가 부족하거나 품질이 떨어져서 사용할 수 없다고 판단되면 작업을 거부해도 된다. 이 기간에도 여전히 출근했을 때와 똑같은 대우를 받는다.
- 아플 때 출근하면 표창은커녕 처벌을 받을 수 있다. 그러므로 집에서 푹 쉬도록 해야 한다.
- 회사는 직원이 생명의 위험을 무릅쓰면서 국가, 그룹, 개인의 재산을 구하는 것에 찬성하지 않는다. 항상 사람의 목숨이 모든 것에 우선한다.
- 작업의 진두지휘에 나서는 고위 간부를 비롯한 공사현장의 모든 근무자들에게 강제 휴식 원칙을 적용한다. 강제 휴식 기간에는 휴식 수당을 받을 수 있다. 다만 쇼핑이나 오락은 엄금한다.

나는 더성에서 '선서', '성명' 등 다른 기업에서 볼 수 없었던 3가지 특별한 경영 노하우를 보면서 문화와 제도의 관계에 대해 한층 더 깊게 이해할 수 있었다. 구체적인 내용을 적어본다.

1. 모든 직원에게 '더성기업 직원 독본'이라는 책자를 지급한다. 책자 앞표지의 뒷면에는 이런 글이 적혀 있다.
"나는 이 책자의 내용을 잘 읽고 더성에 적합한 직원이 되기 위해 노력할 것입니다. 군자를 가까이 하고 소인을 멀리 하겠습니다."
이 글을 읽은 다음 맨 밑에 본인의 이름을 서명한다.

2. 공사 착공 전에 최소 1시간 이상의 교육을 실시한다. 직원들에게 공사규칙, 공사 책임서, 안전규칙, 노동보호 조치와 상벌 조례를 재확인시킨다.

3. 재무 부서에 비용을 청구하러 온 직원에게 '특별 제시-비용 청구 전

의 성명'이라는 항목을 소리 높여 읽어준다. 이는 누가 언제 비용을 청구해도 반드시 항상 반복하는 절차이다. '성명'의 내용은 다음과 같다.

"귀하가 비용 청구용으로 제출하는 증빙서류는 반드시 진실해야 하며 '비용청구 규칙'에 부합해야 합니다. 그렇지 않은 경우 이 증빙서류는 귀하가 사기, 규정 위반 및 불법 행위를 행했다는 증거로 채택됩니다. 귀하는 엄중한 징계를 받고 상응한 대가를 지불해야 합니다. 명예롭지 못한 행위는 평생 오점이 될 수 있다는 사실을 명심하시기 바랍니다."

만약 『디테일의 힘』이 노자의 "세상의 큰일은 반드시 작은 일에서부터 이루어진다."라는 이치를 이론적으로 설명했다면 녜성저를 비롯한 20여 명의 더성 관리자들은 어떤 성과를 거뒀다고 할 수 있을까? 그렇다. 이들은 500여 명의 근로자(대다수가 농촌 목수 출신으로 현재 더성에서 미국식 타운하우스 건설업에 종사하고 있다)를 이끌고 직접 디테일한 관리를 실천, 이미 괄목할 만한 성과를 거두고 있다.

더성의 디테일한 경영 모델은 많든 적든 미국 문화의 영향을 받았다고 할 수 있다(녜 사장은 미국 유학을 다녀온 해외파이며, 더성의 배후에는 또 미국 기업인 텍선이 있다).

이번에는 순수한 중국 '토종' 기업을 소개한다. 이 기업은 낙후 지역인 광시(廣西)장족자치구의 난닝(南寧)에 있다. 이 기업의 투자자는 유학파가 아니며, 유럽이나 미국에는 가본 적도 없다. 대부분 사람들이 하찮은 음식으로 여기는 뉴러우미펀(牛肉米粉. 쇠고기 쌀국수)을 브랜드화한 싼핀왕(三品王)이라는 이 회사는 아직 인지도가 높지 않다(기껏해야 광시의 서민 소비자들에게나 잘 알려져 있을지 모른다). 그러나 나는 머지않은 장래에 세계의 주목을 받을 것이라고 믿는다. 싼핀왕의 관리 방법은 디테일하기로 정평이 나 있기 때문이다.

쏸핀왕이라는 상호에는 "국물과 고기와 국수 3가지를 맛본다."라는 의미가 내포돼 있다. 그런데 육수를 만드는 과정만 보더라도 얼마나 정성이 들어가는지 금방 알 수 있다.

맛도 그만이다. 먹어본 사람들이 하나같이 국물 맛이 기가 막히다며 엄지손가락을 치켜들 정도이다.

"국물이 정말 맛있어서 먹으면 먹을수록 더 먹고 싶어져요."

"국물이 느끼하지 않고 담백해요. 항상 그릇 바닥이 보일 때까지 싹싹 긁어 먹어요."

"뜨거울 때 국물과 함께 먹어야 더 맛있어요. 취향에 따라 고춧가루와 후춧가루를 넣으면 끝내줘요."

이처럼 쏸핀왕을 먹어본 고객들의 평가는 칭찬 일색이라고 해도 과언이 아니다. 실제로 쏸핀왕 체인점들은 늘 손님들로 장사진을 이룬다. 국물 맛을 못 잊어 다시 찾는 식객도 많다고 한다. 그렇다면 쏸핀왕의 육수는 어떻게 만들었을까?

사실 뉴루우미펀은 만들기 어려운 음식이 아니다. 쇠고기 삶은 물로 육수를 만들고 쇠고기를 소금이나 간장에 절여 고명을 만든 다음 다른 양념을 넣어 만든다. 누구나 다 만들 수 있는 음식이지만 이 평범한 음식을 맛있게 만들어 브랜드화하는 일은 결코 쉽지 않다. 그렇다면 어느 정도 디테일한지 한번 살펴보자.

우선 재료 선정이 중요하다. 월령 36개월에 무게 600근 정도의 황소만 사용하는 것이 포인트다. 쇠고기에 물을 넣지 않는다.

다음으로 불의 세기를 대단히 중요하게 관리한다. 1등급 쇠고기를 솥에 넣고 맑은 물을 붓는다. 이어 센 불로 팔팔 끓인 다음 위에 뜬 거품과 기름을 걷어내고, 생강을 넣은 뒤 중불로 3시간 정도 푹 우려낸다. 구수한 냄새가 풍기고 육수 맛이 감미롭게 되었다고 판단되면 불을 끈다. 육수의 적당한 농도와 맛을 맞추는 것이 중요한데, 싼핀왕은 육수 농도와 관련해 구체적인 매뉴얼을 갖고 있다. 예컨대 쇠고기 100근으로 반드시 400근의 육수를 만들어야 한다. 쇠고기 100근으로 500근의 육수를 만들었다면 연한 것이고, 300근의 육수를 만들었다면 진한 것이다.

세 번째 비결은 양념에 있다. 각 체인점에서는 배송 받은 육수를 다시 팔팔 끓여낸 다음 정해진 양의 '특세 양념'을 넣어 국물을 만든다. 싼핀왕에만 있는 이 '특제 양념'은 현대의 과학기술로 그 성분을 밝혀내지 못할 정도로 신비롭다. 먹으면 먹을수록 더 맛있다고 사람마다 감탄하는 이유는 바로 이 '특제 양념'에 있다. 당연히 다른 업소에서 이 맛을 모방하려고 갖은 노력을 다하고 있으나 쉽게 그 맛을 내지 못하고 있다.

싼핀왕은 최상의 품질을 유지하기 위해 모든 제품을 엄격한 절차에 따라 생산한다. 당연히 생산 과정의 규정도 디테일하다. 매뉴얼을 보자.

쇠고기 덩어리: 반드시 1.2cm × 1.2cm × 1.2cm의 입방체 형태여야 한다. 1등급 황소 고기에 특정 향신료를 넣고 3시간 이상 삶는다. 색깔은 간장색, 식감은 너무 부드럽지도 너무 질기지도 않아야 한다. 쇠고기 특유의 향기가 살아 있고, 씹으면 이 사이에 끼지 않을 정도로 적당히 부드러워야 한다.

쇠고기 슬라이스: 반드시 2.5cm × 5.0cm × 0.1cm의 직사각형 형태여야 한다. 황소의 가슴과 다리 부위의 고기로 만들어 냉동시킨 다음 전문가가 얇게 잘라서 배송한다. 옅은 황색에 은은한 향기가 풍기고, 입에 넣으면 사르르 녹는다.

국물: 신선한 황소 고기에 냉수를 넣어 센 불로 팔팔 끓인다. 위에 뜬 거품을 제거하고 다시 중불로 세시간 푹 끓인 뒤 소금과 간수를 넣는다. 옅은 황색에(약간 간장색이 나기도 한다) 냄새는 없고(냉각시킨 후), 맛은 약간 향긋하고 감미롭다(양념을 넣기 전). 그러나 양념을 넣고 한소끔 더 끓인 후의 맛은 진하고 구수하고 향긋하다(약간 매운 맛도 있다). 혀끝으로 감칠맛을 느낄 수 있어야 한다.

스지(소의 사태살에 붙어 있는 힘줄): 반드시 1.2cm×1.2cm×1.2cm의 입방체 형태여야 한다. 황소 다리 부위의 힘줄과 근육을 삶아 만든다. 색깔이 노랗고 점성이 강하다. 쇠고기 특유의 구수한 냄새가 은은하게 풍긴다. 국수와 함께 먹으면 쫄깃하게 씹히는 식감이 일품이다.

양: 6cm×1.2cm×1cm의 크기로 썰어야 한다. 황소의 첫째 위를 가공해서 간수를 넣고 삶아서 만든다. 색깔은 간장색이다. 표면은 마르고 울퉁불퉁하다. 특유의 향초 냄새가 난다. 식감은 부드럽고도 쫄깃하다.

싼핀왕은 이밖에도 조미료, 재료 손질, 불의 세기 등 기타 과정에 대해서도 구체적인 수치까지 제시하면서 디테일한 작업을 요구한다.

싼핀왕에서는 제작 공정 별로 세밀한 분업이 이루어진다. 예컨대 재료 구매, 씻기, 분류, 국물 담기, 야채 썰기, 국수 삶기, 야채 데치기, 가열 등 각자 전담 위치가 정해져 있다. 싼핀왕은 이처럼 각자 근무 위치를 매우 세밀하게 세분화한 것은 물론, 모든 직원이 반드시 특정 절차에 따르도록 한다.

예를 들어 국물 담기 작업을 보자. 육수에 양념 넣기, 한 손에 사발을 들고 다른 손으로 국물을 사발에 담기, 국수 담기 등의 절차가 포함된다. 그중에서 사발을 드는 동작만 보더라도 정해진 규정을 따르지 않으면 절대로 안 된다. 규정에 따르면 사발은 반드시 왼손으로 잡는다. (스테인리스 사발의 경우)

엄지로 사발 윗부분의 가장자리를 누르고 식지와 중지로 사발 밑굽의 가장자리를 잡아 세 손가락이 삼각형 형태를 이루어야 한다. (세라믹이나 플라스틱 재질 사발의 경우) 엄지로 사발 윗부분의 가장자리를 누르고 식지, 중지 및 무명지로 사발 밑굽 돌출된 부위의 가장자리를 받쳐 든다(주의할 점: 손가락이 사발 안쪽 벽에 닿으면 절대 안 된다).

다른 예로 야채 썰기 공정을 살펴보자. 대파는 0.3센티미터(±<0.1센티미터), 고수는 3~3.5센티미터, 절인 마늘은 콩알 크기로 썰어야 한다. 이 밖에 작업 자세, 칼 잡는 방법, 써는 방법, 야채의 신선도 유지 방법 등도 명확하게 규정하고 있다.

작업자의 자세를 보자. 자연스럽게 선 자세에서 도마와 주먹 하나 정도의 거리를 유지하고 고개를 약간 숙인다. 칼 잡는 방법도 독특하다. (대파를 써는 경우) 오른손으로 칼자루를 잡은 다음 손가락을 구부리고 식지의 첫 번째 관절을 칼날에 붙인다. 이어 왼손의 다섯 손가락으로 대파의 머리 부분을 누른다. 써는 방법은 그래도 덜 복잡하다. 칼날을 앞으로 밀면서 대파를 썰면 된다. 이때 식지와 칼에 균일한 힘을 줘야 한다.

한 번 썰고 난 다음에는 칼을 들면서 뒤로 빼야 한다. 이어 다시 써는 동작을 반복한다. 썰어놓은 대파는 0.3센티미터(±<0.1센티미터)의 균일한 크기를 유지해야 한다. 신선도 유지 방법은 어떨까? 썰어놓은 대파를 밀폐 용기에 담아 냉장고 냉장실에 보관해야 한다(주의할 점: 반드시 용기 뚜껑을 닫을 것. 냉장고 속의 군내가 스며들지 못하게 하기 위해서는 이렇게 해야 한다).

싼핀왕은 품질과 맛을 보장하기 위해 시쳇말로 온갖 노력을 다하고 있다. 재료 구매에서부터 반제품 가공과 배송, 완제품 판매에 이르기까지 모든 절차에 엄격한 규정과 품질 표준을 적용하고 있다. 싼핀왕에서 품질관리는 품질관리부, 배송센터 또는 마케팅 부서만의 책임이 아니다. 또 가공 부서의 조리사나 개별적인 체인점만의 책임도 아니다. 임직원 모두의 공동 책임이다. 싼핀왕은 모든 임직원이 품질을 중요하게 생각하는 기업문화를 갖고 있다. 모든 직원들이 맛있는 뉴러우미펀 한 그릇을 만들기 위해 일사불란하게 행동한다. 이러니 모든 직원이 노력을 다한 결정체들이 생겨난다. '리샤오루(李篠陸)의 고기 찌는 법', '루쉬안창(盧宣强)의 표준과 비율', '두리(杜力)의 신선도 유지 가공법', '왕전위(王振宇)의 그릇 받침대', '장씨(張氏)의 부뚜막', '아슈(阿秀)의 대파 써는 비법', '링윈(凌雲)의 휴지통', '리둥어(李冬娥)의 계란 삶는 비법', '량수(梁叔)의 갈고리', '랴오융린(廖永林)의 부뚜막' 등의 비방에서 알 수 있듯, 기발하고 색다른 매뉴얼과 아이디어가 쏟아져 나온다.

당연한 말인지 모르겠으나 싼핀왕 제품이 일관적인 품질을 유지할 수 있는 근원은 기업의 엄격한 규정과 인성을 강조한 경영에 있다. 싼핀왕은 기본적으로 직원을 존중한다. 이는 직원의 목소리에 귀를 기울이는 '인본주의' 경영의 기초가 되었다. 매달 직원들과 교감할 수 있는 '회의'를 개최해 기업 정책, 목표, 작업지침 등을 모든 직원에게 구체적으로 전달하고, 상하 공동의 노력을 통해 기업 목표를 점진적으로 달성한다.

싼핀왕은 직원은 말할 것도 없고 관리자 계층에 대한 요구도 엄격하기로 이름이 나 있다. 관리자들은 하부 조직과의 교류를 강화하고 시장상황을 더 잘 파악하기 위해 정기적으로 각 체인점을 방문, 시찰해야 하는데, 시찰 규정은 다음과 같다.

1. 체인점 방문 횟수
- 운영 감독 책임자는 최소 4일에 한 번
- 교육 감독 책임자는 최소 20일에 한 번

- 부서장 이상의 관리자들은 최소 30일에 한 번
- 사장과 재무, 행정, 청결 담당 책임자들은 적어도 60일에 한 번

2. 방문 시 요구사항

체인점 내 최고 책임자를 불러 '시찰 확인서'에 서명하도록 부탁하고 긍정적인 격려를 한다. 운영과 교육 담당 책임자는 가게 방문을 통해 발견한 문제점이나 긍정적인 의견을 메모장에 기록한다.

3. 추적 조사 및 피드백

직속 상사는 위의 방문횟수 규정 시간 내에 임의의 체인점에 가서 부하 직원의 방문횟수를 조사한다. 직속 상사는 '시찰 확인서'를 직접 살펴보고 매달 30일 18시 전에 자신의 직속 상사에게 제출한다. 직속 상사는 '시찰 확인서'를 살펴보고 문제점이 없으면 서명해 인적자원부에 파일로 저장한다. 일정 기간 내 체인점 방문횟수가 규정에 미달한 경우 성과급에서 일정액을 벌금으로 부과하며, 직속 상사에게는 그 1.5배의 벌금을 부과한다.

싼핀왕이 오늘날의 성과를 이루어낸 비결은 어디에 있을까? 굳이 비결을 꼽으라면 '간단한 일을 끊임없이 반복해 최고의 경지에 도달하도록 한 것'이다.

디테일한 경영은 대단히 중요하다. 그것이 기업의 제품과 서비스의 품질, 기업의 경쟁력까지 결정하기 때문이다. 중요한 이익 창출 경로이자 임직원의 자질을 높이는 효과적인 수단이기도 하다. 그 효과는 기업이 아닌 다른 기관이나 단체에도 똑같이 적용될 수 있다. 품질과 인재 양성에 결정적인 역

할을 하기 때문이다.

산둥성 이멍(沂蒙)의 혁명 근거지에 있는 이난(沂南)현은 아직까지도 낙후된 지역으로 알려져 있다. 이곳에 산둥화터(山東華特)라는 회사의 투자로 세워진 워룽(臥龍)이라는 학교가 있는데, 매년 신입생에게 16절지 133쪽 분량의 「신입생 가이드」를 나눠준다. 그 목차는 다음과 같다.

제1편: 일상생활 지침

    1. 일상생활 지침

    2. 근검절약의 우수한 전통을 늘 보호, 발양하라.

    3. 근검절약 요구

    4. 근검절약 관련 명언

    5. 근검절약 사례

제2편: 발전방향 지침

    6. 새로운 생활은 정확한 발전방향을 정하면서 시작된다.

    7. 사람의 목표가 인생에 미치는 영향에 대한 추적 조사

    8. 큰 뜻을 품고 원대한 이상을 세워라.

    9. 목표가 곧 힘이다. 분투해야 성공한다.

제3편: 좋은 습관 기르기 지침

    10. 좋은 습관 기르기

    11. 습관이란 무엇인가

제4편: 학습방법 지침

    12. 중학생 학습방법 지침

    13. 국어 학습방법 지침

    14. 수학 학습방법 지침

    15. 영어 학습방법 지침

    16. 대학 입학 수석이 말하는 과학적인 학습방법

    17. 학습방법에 관한 50문답

제5편: 과외독서 지침

    18. 과외독서 지도 전략

    19. 읽기와 이해 능력 학습 전략

    20. 고등학교 국어과목 읽기수업 중 자율학습 지도방법

제6편: 시간 안배 지침

    21. 시간을 아껴라

    22. 시간을 합리적으로 안배하라

    23. 시간을 합리적으로 안배하는 방법 배우기

    24. 공부 능률 올리는 방법

    25. 시간을 과학적으로 이용하는 방법

    26. 복습시간을 합리적으로 안배하는 방법 배우기

    27. 입시 준비 기간에는 시간을 합리적으로 안배하고 생활 속 디테일한 부분에 주의를 기울여라

    28. 입학시험 수석들은 어떻게 시간을 합리적으로 안배하고 학습 능률을 올렸는가

제7편: 심신 건강 지침

    29. 사춘기 건강 지침

    30. 작은 상식: 몸과 마음의 건강과 관련된 요인

    31. 심리 상담에 관한 4가지 질문

    32. 고등학생의 심리 건강 표준

    33. 고등학교 생활을 잘하는 첫걸음

    34. 6가지 힘을 모아 계획적이고 충실한 생활 즐기기

    35. 행복은 간단명료하다

    36. 학우들과 친하게 지내기

제8편: 취미 양성 지침

    37. 학우들의 흥미를 끌 수 있는 화제 찾기

    38. 공부에 흥미를 붙이는 법

    39. 공부에 대한 흥미를 높이는 방법

    40. 취미 양성에 관한 4가지 방법

    41. 취미의 법칙

제9편: 인간관계 지침

    42. 인간관계란 무엇인가

제10편: 자율, 자강(自强) 지침

    43. 자율 의식은 좋은 습관과 행위를 만든다.

    44. 자성(自省), 자율, 자강

    45. 18세 성인식에서의 맹세

46. 자율, 자강에 관한 명언과 경구

이 책자의 제1편 제1절 '일상생활 지침'은 '안전 주의사항'을 비롯해 '서비스 시설', '생활 건강' 및 '15가지 질문과 해답' 등의 순으로 돼 있다. 그중에서 '15가지 질문과 해답'은 학생들이 꼭 알아두어야 할 구체적인 사항들이다. 한번 살펴보자.

1. 캠퍼스 이카퉁(다목적 카드를 의미함: 옮긴이)이란?
2. 캠퍼스 이카퉁 충전 및 분실 신고 방법
3. 신입생들이 만들어야 하는 증명서
4. 증명서 분실 후 재발급 받는 방법
5. 의사를 찾아 진료 받는 방법
6. 교내 운동장과 운동시설 소개
7. 학생이 교내에서 사용할 수 있는 통신 방법
8. 어떤 경로를 통해 교내의 다양한 활동정보를 알 수 있는가?
9. 공청단(共靑團. 공산주의청년단) 또는 공산당에 가입하는 방법
10. 신입생의 재테크 방법
11. 귀중품 보관 방법
12. 신입생의 대인 관계 처리 방법
13. 감기 예방 및 치료 수칙
14. 군사훈련 기간에 주의해야 할 사항
15. 군사훈련 기간에 항상 준비해야 할 약품

워룽은 학생들에게 좋은 습관의 중요성을 거듭 강조하는 학교로 유명하

다. 책자에 나와 있는 '20가지 나쁜 학습 습관'과 '개인의 장래 직업과 진로에 영향을 주는 9가지 나쁜 습관'을 보면 잘 알 수 있다.

우선 현대 고등학생들에게서 흔히 볼 수 있는 20가지 나쁜 습관을 보자.

1. 공부시간을 정하지 않고 학습, 생활, 휴식 시간표를 만들지 않는다.
2. 수업시간에 딴 생각을 하고 공부에 집중하지 않는다.
3. 자율학습 시간에 명확한 학습 목표가 없기 때문에 이것저것 뒤적이면서 시간만 낭비한다.
4. 참고서를 챙겨오지 않는다. 사전을 찾아야 할 때에도 귀찮다고 사전을 찾지 않고 대충 얼렁뚱땅 넘어간다.
5. 창피하다고 모르는 문제가 있어도 질문하지 않는다.
6. 공부할 때 엉뚱한 공상에 빠진다.
7. 수업시간이 채 끝나지도 않았는데 벌써 가방을 정리한다. 머릿속으로는 학교가 파한 후 즐겁게 놀 생각만 한다.
8. 수업을 마친 후 수업 시간에 무엇을 배웠는지 되새겨보지 않고 온통 노는 데에만 정신을 집중한다.
9. 숙제를 하기에 앞서 책을 보지 않는다. 숙제를 다 하고 나서는 답안이 맞는지 틀리는지 몰라 다른 사람의 답안과 대조해본다.
10. 채점한 과제물, 습작물, 시험지를 나눠주면 점수만 보고 한쪽에 내팽개친다. 틀린 문제를 찬찬히 분석하지 않는다.
11. 숙제를 하거나 복습할 때 딴짓하기를 좋아한다.
12. 재미있는 TV 프로그램이 있으면 숙제할 생각을 잊는다.
13. 숙제를 하면서 음악을 듣는다.
14. 공부할 때 잡담하기를 즐긴다.

15. 공부를 마치고 나서 책을 여기저기 늘어놓는다. 그러다 다음번에 공부할 때 필요한 것들을 찾느라 시간을 낭비한다.

16. 평소에 복습을 게을리 하다가 밤을 새워 공부한다.

17. 시험 성적이 나쁜데 다른 사람의 충고를 듣지 않는다.

18. 좋아하는 과목만 공부하고 특정 과목만 편애한다.

19. 정서가 불안정하다. 희로애락의 변화가 많은 성격 때문에 공부에 지장을 받는다.

20. 기초가 약하다고 지레 낙심하고 자포자기한다.

다음은 개인의 장래 직업과 진로에 영향을 주는 9가지 나쁜 습관이다.

1. 노력하지 않고 잔꾀를 부리거나 요행을 바란다.
2. 데면데면하고 경솔하다.
3. 깊이 파고들려 하지 않는다.
4. 핑곗거리가 많다.
5. 매사에 부정적이고 불만이 많다.
6. 허풍이 심하다.
7. 눈만 높고 행동이 따라가지 못한다.
8. 자질구레하거나 중요하지 않은 일을 시시콜콜 따진다.
9. 소극적, 피동적이다.

텅 빈 구호만 외치는 다른 학교들과 뚜렷한 차이가 있지 않은가. 물론 아직 워룽 학교의 이 같은 학생과 교사진에 대한 관리 방법이나 교육 수준이 최상위라고 단정하기는 어렵다. 그러나 이러한 실사구시적 태도, 실무 지향적 자세, 실제로 도움이 되는 규정과 제도는 많은 학교와 비영리 조직의 귀감이 된다고 자신 있게 말할 수 있다.

디테일 경영을 중요시하는 대표적인 기업으로 산둥자오쾅그룹을 꼽을 수 있다. 탄광의 안전 관리를 위해 '안전 생산관리 90대 포인트'를 제시하는 패러다임의 전환을 통해 감독 능력을 탁월하게 향상시키는 효과를 보았다. 여기에는 안전사고 위험이 있는 시기 20가지, 30가지 유형의 사람, 20개 구간 및 20가지 중요 위험요소 등이 망라돼 있다. 다른 기업, 특히 탄광회사들이 참고할 수 있도록 아래에 상세하게 소개한다.

[부록]
산둥자오쾅그룹의 안전 생산관리 90대 포인트

안전사고 위험이 있는 시기 20가지

1. 정책 및 제도 개혁 기간 ; 2. 경영의 메커니즘 전환 기간 ; 3. 임원진 인사 조정 기간 ; 4. 경영의 느슨함과 팽팽함의 전환 기간 ; 5. 지속적으로 안전 생산이 이루어지는 기간 ; 6. 사고가 연속해 발생하는 기간 ; 7. 생산 공정의 개혁 시기 ; 8. 생산 임무가 많은 시기 ; 9. 생산 환경이 열악할 때 ; 10. 작업 환경이 호전되었을 때 ; 11. 작업 인력의 신구 교체가 이루어질 때 ; 12. 해, 분기, 달이 바뀔 시기 ; 13. 작업 인력의 힘이 달리고 피곤할 때 ; 14. 명절, 공휴일 및 농번기 ; 15. 마무리 작업이 지연될 때 ; 16. 휴가를 전후해 탄광에 돌아올 때 ; 17. 표창 받고 의기양양할 때 ; 18. 비판 받고 낙심할 때 ; 19. 일 때문에 마음이 번거로울 때 ; 20. 정서가 고조되고 마음이 흥분될 때

안전사고 위험이 있는 30가지 유형의 사람_

1. 아픈 몸으로 일하는 사람 ; 2. 갓 신혼인 탓에 행복감에 도취된 사람 ; 3. 양쪽의 일을 돌보느라 피곤하고 바쁜 사람 ; 4. 자주 일자리를 바꾸는 사람 ; 5. 전체적인 판세를 돌보지 않는 이기적인 사람 ; 6. 돈벌이에 혈안이 된 사람 ; 7. 충분한 휴식을 취하지 못해서 정신이 흐리멍덩한 사람 ; 8. 하는 일 없이 빈둥거리면서 시간을 때우는 사람 ; 9. 기술과 능력이 부족한 사람 ; 10. 안일함만 추구하는 게으른 사람 ; 11. 갓 일을 시작한 풋내기 ; 12. 규칙을 잘 모르는 어리바리한 사람 ; 13. 앞뒤를 가리지 않는 무모한 사람 ; 14. 산만하고 데면데면한 사람 ; 15. 겁 없이 무턱대고 일하는 사람 ; 16. 요행을 바라고 위험에 대비하지 않는 사람 ; 17. 기술을 배우기 싫어하는 게으른 사람 ; 18. 승부욕이 강하고 잘난 척하기를 좋아하는 사람 ; 19. 억울한 일을 당하면 즉시 분노를 표출하는 사람 ; 20. 조급하게 성공하려고 하는 경솔한 사람 ; 21. 정서가 불안정하고 불만이 많은 사람 ; 22. 엽기적이고 호기심이 많은 젊은이 ; 23. 희로애락의 변화가 많은 사람 ; 24. 성격이 급해 허둥지둥하는 사람 ; 25. 생각은 굴뚝같지만 몸이 따라주지 않는 나이 많은 노동자 ; 26. 낡은 방법을 답습하는 고집 센 사람 ; 27. 권력을 남용해 횡포를 부리는 사람 ; 28. 갓 직종을 바꾼 문외한 ; 29. 관련 교육을 받지 않은 무지한 사람 ; 30. 배우려 하지 않는 낙오자

안전사고 위험이 있는 20개 구간_

1. 채탄 부분의 지지 구간 ; 2. 폐갱의 천장 구간 ; 3. 채탄 부분의 지보 설치 구간 ; 4. 채탄한 다음 노출된 석탄 벽 ; 5. 굴진 갱도가 서너 갈래로 갈라진 구간 ; 6. 굴진할 때 바로 관통되는 구간 ; 7. 응력이 집중된 구간

; 8. 침수 위험이 있는 구역 ; 9. 지질 구조가 이상한 구역 ; 10. 한 사람 밖에 작업할 수 없는 좁은 구역 ; 11. 경사진 갱도 ; 12. 탄광 레일 쪽의 보행구역 ; 13. 보수하지 않아 무너질 위험이 있는 갱도 ; 14. 환기가 잘 안 되는 막힌 통로 ; 15. 무계획적으로 전력과 환기 공급이 중단된 구역 ; 16. 석탄층과 암석층이 맞물린 구간 ; 17. 카르스트 함몰 구간 ; 18. 발파 경계 구간 ; 19. 석탄층 자연 발화 구역 ; 20. 가스 이상 구역

20가지 중점 위험요소_

1. 석탄 분진 축적 ; 2. 폐갱에 물이 고임 ; 3. 갱 내 가스의 한도 초과 ; 4. 통신이 자주 끊김 ; 5. 폐갱 천장에서 작업 ; 6. 안전 조치 없는 시공 ; 7. 폐갱의 물이 샘 ; 8. 불분명한 기체 감지 ; 9. 전기 설비의 방폭성(防爆性) 상실 ; 10. 환기 시스템 불량 ; 11. 발화 구간이 밀폐되지 않았음 ; 12. 갱 내 지보 재료 불합격 ; 13. 채탄 부분 환기 부족 ; 14. 경계선을 넘은 채탄 ; 15. 비상구가 잘 소통되지 않음 ; 16. 석탄 슈트(Coal chute)가 물이나 석탄에 의해 막힘 ; 17. 검측 기기와 설비의 표준 미달 ; 18. 구조대(構造 帶)에 물이 들어옴 ; 19. 도면과 자료가 실제에 부합되지 않음 ; 20. 운송 설비 보호 장치 고장

"쥐는 구멍 뚫기를 좋아하고 사고는 기회를 틈타 발생한다."라는 속담이 있다. 문제는 항상 위험 요소가 잠재된 구간에서 발생한다. 뭔가 약한 부분 에서 사고가 터지는 것이다. 따라서 약한 부분을 발견한 다음에는 계속 주시 하거나 요인을 제거해야 한다. 이처럼 위험 요소를 감독, 통제하는 능력을 지속적으로 향상시키는 것이 안전 생산을 담보하는 지름길이라 할 수 있다.

[경영자는 더 높은 도약을 위해 언제나 끊임없이 명확성, 정확성 및 정밀성을 추구해야 한다.]

2 규칙이 모든 것에 앞선다
_효과가 검증된 8가지 디테일 관리법

내가 디테일한 경영에 대해 자꾸 주장하니까 아마도 이런 질문을 하고 싶은 사람도 많지 않을까 싶다. 더구나 고위 관리직이라면 꼭 이런 질문을 할 것 같다. "기업 경영에 디테일한 부분이 얼마나 많니까? 그 많은 부분을 모두 디테일하게 관리한다는 것은 불가능하지 않을까요?"라고 말이다.

관리직(특히 고위 관리직)이 매사에 철저히 주의를 기울이고 만사를 틀어쥔다고 해서 디테일한 관리가 가능한 것은 아니다. 그렇다면 어떻게 해야 하는가? 오직 체계적이고 세분화된, 활용성 높은 규칙에 의존해 관리하는 수밖에 없다. 규칙을 제정하고, 규칙을 실행하면서 실행 상황을 감독하는 방법밖에는 없다.

이 '규칙'이라는 것은 무엇인가? 경영 규칙은 주로 규범과 준칙을 가리킨다. 규범은 모든 사람, 준칙은 관리자를 대상으로 하는 것이다. 규범과 준칙의 공통점이라면 양자 모두 '해야 할 것'과 '하지 말아야 할 것'을 명확하게 규정한다는 것이다. 나는 개인적으로 규칙을 '절차'와 '제도' 2가지로 분류한다. 이중 '절차'는 바로 아래 직속 부하에게 어떤 일을 어떻게 해야 한다는 올바른 방법을 가르치는 것이다. '제도'는 바로 아래 직속 부하에게 해서는 안 되는 일을 확실하게 일깨워주거나 그 일을 했을 때 어떤 처벌이 뒤따르는지 규정하는 것이다. 대다수 기업의 규칙은 이 '절차'와 '제도'가 명확히 구분되지 않고 뒤섞여 있다(기업마다 명칭은 다르나 한마디로 '사규'라고 할 수 있다).

나와 우리 팀은 고객(우리 팀이 컨설턴트나 고문으로 일하고 있는 기업)을 위해 서비스를 제공하는 과정에서 이런 모든 것을 종합한 '규칙 통합 12단계'라는 것을 이끌어낼 수 있었다. 그 단계는 아래와 같다.

1. 목록 수집
2. 파일 관리 분석
3. 사업 회계심사
4. 규칙 분류
5. 목록 첨삭 및 정리
6. 수정표준 제출
7. 규칙 수정
8. 반드시 증명이 되도록 하는 스타일의 조사연구
9. 절차와 제도 분리
10. 규칙 찾아보기
11. 「작업 안내서」 완성
12. 규칙의 중요성과 등급에 따른 분류

나는 내친김에 이 단계를 7개 기업에 적용해봤다. 그 결과 경영 효율을 향상시키는 데 상당한 도움이 된 것으로 밝혀졌다. 그러나 '규칙 통합 12단계'는 아직 보완 중이므로 여기에서는 공개하기 어렵다. 대신 고위 관리직들을 위해 일반적으로 통용되는 일련의 경영 규칙을 소개하고자 한다. 이 규칙들은 실천 과정에서 그 효과가 검증된 것들이다. 그리고 '규칙'의 파생적 의미에 대해서도 가급적 실무적, 구체적으로 토론하고자 한다.

식비 관리

중국인은 먹는 것을 정말 하늘처럼 생각한다. 그래서 사람을 만났을 때 인사말도 "식사하셨나요?"이다. 아침, 점심, 저녁을 막론하고 언제나 똑같다. 그래서 가끔 오후 4시 정도에 이런 인사를 받으면 상당히 당혹스럽다. 묻는 것이 점심 식사인지 저녁 식사인지 갈피를 잡기 어렵기 때문이다. 게다가 손님에게 우선 식사 대접을 하는 것이 중국의 각급 기관과 기업 고유의 손님 접대 방식이지 않은가. 이 때문에 중국에서는 접대비 지출에서 식비의 비중이 차지하는 비율이 그 어떤 항목보다 높다. 2005년 중국 각지 행정 기관의 식비 지출만 2000억 위안(34조 원)에 이르렀다고 한다.

내가 사장을 맡았을 때 적용했던 식비 관리 노하우를 소개한다.

step 1. 행정부 _ 장소 선정

회사의 지사가 있는 도시에 호텔(식당) 몇 개를 선정해 제휴를 맺고 주로 그곳에서 고객을 대접했다. 제휴 호텔(식당)은 일반적으로 성 소재지 도시에 4~5개, 한 등급 아래 시에 3~4개, 현 급의 시 또는 현에 2~3개를 두었다. 제휴업체 선정을 책임진 사람은 제휴한 호텔(식당)에서 식사하거나 업체에서 제공하는 담배를 피우거나 하는 것을 금지했다. 제휴업체의 초대를 받거나 하는 것은 더 말할 나위가 없었다.

step 2. 영업부 _식비 기장

일부 기업의 경영자들은 접대 식비를 본인의 이름으로 기장하는 것을 즐긴다. 본인이 기장하는 것을 일종의 권력의 상징, 체면이 서는 영예로운 일로 간주한다. 그러나 우리 회사의 관리자들은 그렇게 하지 않았다. 우리 회사에서는 식비 기장이 책임, 다시 말해 기업 규칙에 대한 책임을 의미하기 때문이었다. 우선 접대 장소가 이미 정해져 있기 때문에 규정된 장소 이외의 호텔이나 식당에서 식사한 경우 회사에 식비를 청구할 수 없었다. 제휴업체에서 발행한 영수증만 효력이 있었던 것이다. 누구에게도 예외는 없었다. 그 다음 식비 표준을 규정했다. 공무원 접대비는 1인 100위안(정찬), 기업 임원 접대비는 1인 80위안, 내부 직원(경축의 의미로 회식을 하거나 공무로 인해 식사 시간을 놓쳐 부서장이 식사 자리를 마련한 경우)의 식비는 1인 30 위안으로 정했다. 이 표준을 초과한 경우에는 접대 책임자가 현금으로 초과 부분을 결제해야 했다. 나도 표준을 초과한 액수를 직접 낸 적이 있었다.

셋째 비용을 청구할 때는 반드시 정식 영수증을 제시하도록 했다. 또 영수증 뒷면에 접대를 한 사람의 이름과 인원수, 피접대자 이름과 인원수, 접대 이유, 식비 표준, 식사 시간 등의 항목을 기입하도록 했다. 넷째 식사에 참가한 접대자가 피접대자보다 더 많아서는 안 되도록 했다. 다섯째 인원수를 허위 기재한 경우 회사에서 당사자를 제명하는 것을 원칙으로 했다. 더불어 제휴 협의에 따라 감독 의무를 제대로 이행하지 않은 제휴업체와는 협력을 취소하기도 했다. 해당 제휴업체와의 미결제 금액은 결제해주지 않았다.

step 3. 재무부 _결제

본사와 각 지사는 3개월에 한 번씩 제휴업체의 외상 식비를 결제하도록 했다. 지사 역시 분기 별로 내부 회계심사를 실시하는 것을 원칙으로 했다.

재무부서 직원이 제휴업체에서 식사를 하지 않는 것도 원칙이었다. 제휴업체의 초대에 응하지 않는 것은 더 말할 필요도 없다.

나는 6년 동안 사장으로 있으면서 두 번째 해부터 5년 동안 꾸준히 이 방법으로 회사를 관리했다. 일단 규칙이 정해지자 그 누구도 규칙을 깨려고 하지 않았다. 당연히 나 본인을 포함해서였다. 물론 실제 업무를 추진하는 과정에서 식비가 정해진 기준을 초과하는 경우가 가끔은 있었다. 그럴 때에는 접대자가 자비로 초과 부분을 부담했다. 접대자가 여럿일 경우에는 직위가 높은 사람, 여럿의 직급이 모두 같은 경우에는 마케팅 부서 책임자가 초과 부분을 부담했다(개인이 회사를 대신해 초과 금액을 선불). 사실 기업을 경영하는 고위 간부가 가끔 본인의 개인 돈을 좀 보태는 것은 이상한 일이 아니다. 그들은 여태껏 공금으로 먹고 마시면서 한 번도 식비를 낸 적이 없지 않은가. 우리는 손님을 초대할 때 친근감을 주기 위해 툭하면 '친구'나 '형제'라는 호칭을 붙인다. 그렇다면 개인 돈으로 '친구' 혹은 '형제'를 위해 술 한 병 혹은 요리 한 접시를 추가로 쏘는 것은 당연하지 않은가.

디테일한 경영 방법은 식비뿐만 아니라 다른 각종 접대비에도 적용할 수 있다. 나는 2001년에 한 전력설비회사에서 컨설턴트로 근무한 적이 있다. 이때에도 나는 회사의 각종 접대 기준과 절차, 선택 가능한 접대 방안 등에 대한 규칙을 제정했다. 고객을 다섯 부류로 분류(국장 가족이 관광차 방문한 경우나 엔지니어의 소개로 회사를 방문한 고객 등)하고 부류 별로 각각 3가지 접대 방안을 제안했다. 모든 접대 방안에는 식사, 숙박, 교통, 관광, 엔터테인먼트 등 접대에 필요한 모든 내용을 포함시켰고, 항목별 비용 기준도 상세하게 규정했다. 심지어 어떤 손님이 오면 누가 공항에 마중을 나가고, 누가 회사 건물 밖에서 영접해야 하는지도 빠트리지 않았다.

그래서 누가 식사 자리에 배석하느냐 하는 문제나 저녁에 누가 어떤 행사를 가져야 하느냐 하는 문제는 별로 어려운 일이 아니었다. 이런 매뉴얼이 있으니 손님 접대에 혼선 없이 불필요한 경비를 줄일 수 있었다. 한마디로 정력을 낭비하는 일이 없게 되었다.

구매 감독

정부 구매에서도 그런 현상이 있는지는 잘 모르겠으나 기업 구매에서는 구매자가 리베이트를 받는 것이 어제오늘의 일이 아니고, 한두 기업의 일이 아니다. 6개 슈퍼마켓 그룹을 조사해보니, 구매자들은 평균 구매대금의 4% 정도를 리베이트로 받는 것으로 나타났다. 이것이 바로 흔히 알려져 있는 '4 포인트 리베이트'이다.

나는 세 명의 동료와 함께 한 슈퍼마켓 그룹을 대상으로 리베이트 근절을 위한 일련의 조치를 시도해봤다. 물론 그에 앞서 할 일이 또 있었다. 그룹 관계자들에게 "관리자의 능력을 양성하고 보호하기 위해서는 감독을 강화해야 한다."라는 대명제와 "리베이트에만 의존하는 관리자는 진정한 경영 능력을 가질 수 없고 출세하기도 어렵다."라는 이치를 이해시키는 일이었다. 아울러 구매 담당자의 기본급을 의도적으로 낮게 정하고 실적평가 대상에 포함시키지 않는 통상적인 편견도 없앨 필요가 있었다. 상여금을 적게 주는 것 역시 문제였다. 구매 담당자들에게 불공평한 이 같은 제도가 결국은 리베이트 관행을 부추기는 꼴이 되기 때문이었다. 우리는 슈퍼마켓 책임자와의 공동 연구를 거쳐 아래와 같은 규칙을 제정했다.

1. 납품업체 선정 담당과 납품계약 체결 담당의 분리

백주(白酒. 중국인이 즐겨 먹는 술: 옮긴이) 구매를 예로 들자. 먼저 구매부에서 두 사람을 파견해 백주를 생산하는 8개의 기업을 조사한다. 이어 각

기업의 제품, 가격, 납품, 대금결제 등 네 분야의 우열을 기록해 구매 결정 담당 부서에 제출한다. 구매 결정 담당 부서는 토론을 거쳐 2개의 기업을 납품업체로 선정한다. 구매부에서는 다른 두 사람을 두 기업에 파견해 구매 계약을 체결하고 납품수량, 가격, 납품횟수, 결제 방법 등의 상세한 사항을 확정한다. 생산기업 조사 담당자는 납품업체 선정에 참여하지 않는다. 또 납품업체 선정 담당자는 계약 체결에 관여하지 않는다. 물론 구매 계약을 책임진 사람은 물품 검수와 대금 결제에 관여하지 않는다. 이렇게 구매가 여러 사람의 손을 거쳐 이루어지면 권한의 집중을 막을 수 있다.

2. 대량 시 2인 1조 담당제 실시

한 사람이 구매를 전담하는 것은 바람직하지 않다. 한 사람이 회계 장부를 작성하면 투명성이 떨어지는 것과 같은 이치이다. 그래서 우리 회사는 구매 활동은 반드시 두 사람이 함께 하도록 했다. 물론 두 사람 중에서 한 사람은 조수로, 함께 일하며 일을 배우는 동시에 구매 담당자를 견제하는 역할도 했다. 한 사람만 쓰는 것보다 비용이 증가했지만, 부정행위가 생길 확률은 그만큼 낮아졌다. 조수는 보통 2~3개월에 한 번씩 교체하거나 번갈아가면서 파견했다. 범죄심리학 이론에 따르면, 범죄를 저지르는 사람이 가장 두려워하는 것은 적발 후의 처벌이 아니라 적발될 가능성이 얼마나 큰가 하는 것이다. 조수가 계속 바뀌기 때문에 구매 담당자가 모든 조수들과 결탁할 가능성은 거의 없다. 그만큼 발각될 위험이 커지기 때문이다.

물론 교묘하게 부정행위를 하는 사람도 있다. 비밀리에 납품업체와 공모한 뒤 마치 아무 일도 없는 것처럼 조수를 데리고 관례에 따라 일을 처리하고 리베이트를 챙기는 사람들이다. 그러나 잔머리를 굴리는 사람은 언젠가는 크게 곤욕을 치르기 십상이다.

3. 납품업체의 개인적 왕래 금지

인사부의 모든 부원과 납품업체의 개인적인 왕래를 금지했다. 이것은 누구도 어겨서는 안 되는 철칙이었다. 일단 발각되거나 적발된 경우에는 가차 없이 처벌하거나 심지어 해고했다.

우리는 업무 능력 부족이나 실수는 용서할 수 있었다. 그러나 규칙의 허점을 이용해 부정행위를 일삼는 사람은 절대 용서하지 않았다. 규정 위반으로 회사에 손실을 입혔든 아니든, 어떤 나쁜 결과를 가져왔든 상관하지 않고 반드시 처벌했다. 마치 축구장에서 상대 선수를 향해 발을 높이 들면 반칙으로 인정되는 것과 같은 이치였다. 일단 발을 높이 들었다는 행위 자체가 경고 대상이다. 상대 선수를 다치게 했는지는 상관없다.

4. 협상·통화 내용의 녹음

구매자와 납품업체의 협상과 통화 내용을 반드시 녹음하게 했다. 녹음 내용을 확인할지 여부는 고위 관리직이 결정했다. 그러나 통화 내용을 녹음하고 파일로 보관하는 것은 구매자의 책임이었다.

5. 납품업체의 접대·선물수수 금지

구매자는 납품업체의 초대(사내 급식 제외)에 응해서는 안 되었다. 또 납품업체로부터 선물(달력도 안 됨)을 받아서도 안 되었다. 일단 발각되면 구매자를 해고시키는 것은 기본이고, 업체와의 협력도 취소했다.

열심히 장사해서 돈을 버는 것은 비난할 일이 아니다. 그러나 부정행위로 부당 이익을 얻는 것은 구매와 공급의 규칙에 모두 부합되지 않는다. 공급업체가 구매부에 직접 가져온 선물은 상사에게 신고해야 했다. 회사에서 그 선물을 다시 구매부 부원들에게 나눠주는 것은 받아도 괜찮았다. 제도 실시 초기에는 구매부원들의 불만이 폭주했다. "물이 너무 맑으면 물고기가 살 수 없듯이, 그렇게 딱딱한 규정을 세워서야 일을 제대로 할 수 있겠는가?"라는 불만이었다. 심지어 다른 부서 책임자들도 지나치다는 의견이 많았다. 그러나 우리는 "나쁜 싹은 애초에 잘라버려야 한다."라는 주장을 꺾지 않았다. 오늘 한 치 양보하면 내일은 한 자를 양보해야 할지도 모르니까. 오늘 파리가 드나들 만한 조그마한 틈새를 내줬는데, 그 틈이 커져 내일은 호랑이가 드나들 수도 있으니 말이다.

나는 2005년에 산시성 핑야오(平遙) 르성창(日升昌. 청나라 말기에 있었던 중국 최대 표호票號. 표호는 산시성 상인이 경영하던 개인 금융기관으로 100년 이상의 역사를 가지고 있음.)의 경영 실태를 조사한 적이 있었다. 당시 나는 다음과 같은 사실을 발견했다. 르성창에서는 4년에 한 번씩 순이익을 배당했다. 이때 점원도 한몫을 챙길 수 있었다. 르성창의 점원은 네 사람이 한 팀을 이루는데, 팀 내 한 사람이 부정행위를 해 발각된 경우 다른 세 사람도 이익배당에 참여하지 못했다. 따라서 점원끼리 서로 감독하는 기풍이 자연스럽게 형성되었다. 그렇다고 해서 박봉은 아니었다. 점원들의 소득 수준은 다른 표호보다 훨씬 더 높았다. 오죽하면 현지에서 "딸이 있으면 농사꾼이나 공무원에게 시집보내지 않고 표호 점원에게 시집보내겠다."라거나 "만금의 재산을 가진 사람도 표호의 점원보다 못하다."라는 말이 유행했을까. 그리고 보면 르성창에서 점원들에게 주는 돈이 아까워서 위의 규칙을 세운 것은 아닌 듯싶다. 단지 점원들의 부정행위를 근절하기 위해 감독의 끈을 늦추지 않았을 뿐이다.

실적 심사 평가

경영과 규칙의 세분화는 실적 심사 평가에도 적용된다. 기업 경영에 대해 배울 때 맨 처음 배우는 것은 다름 아닌 PDCA이다. 다시 말해 계획(Plan), 실행(Do), 심사(Check), 처리(Act) 등이다. 이 중 심사와 처리가 실적 심사 평가에 속한다. 그런데 일부 기관의 심사 평가는 너무 거칠다. 우선 '덕성, 근무태도, 실적, 능력'을 평가기준으로 삼는 곳도 있고, 단순하게 '생산량, 매출액, 이윤'만 따지는 곳도 있다. 심사 방식 역시 매우 간단하다. 1명의 상사와 2명의 동료가 각각 3~5개 항목의 점수를 매겨 합산하면 그냥 끝이다. 결국 개인별 실적 차이를 정확히 파악할 수 없다. 나아가 피심사자에 대해서도 긍정적인 영향을 전혀 주지 못한다. 기업의 경영 방향을 이끄는 것이 바로 심사와 평가이다. 직원이 어떤 부족한 점이 있는지, 직원이 어떤 면에서 어떤 노력을 해야 하는지를 정확하게 파악하고 싶다면 이래서는 안 된다. 상응하는 심사평가 체계를 세워야 한다.

과거 홍콩의 한 기업에서 근무할 때였다. 당시 나는 기업 이사회의 심사평가 방법을 보고 깊은 인상을 받은 적이 있다. 예컨대 품질을 심사할 때 불량률은 물론이고 고객과 유통업체의 신고율도 평가항목에 포함시켰던 것이다. 왜 그랬을까? 기업 내부에서 품질 문제가 발견될 때의 손실이 1이라면 기업 밖에서 품질 문제가 발견될 때의 손실은 10, 고객이나 유통업체가 반품을 요청한 경우의 손실은 100이라는 사실을 너무나 잘 알고 있었기 때문이다. 물류 시스템에 대한 심사항목은 더 많았다. 매 분기마다 완제품, 반제품 및 원자재의 재고, 구매 주기, 가공 주기 및 판매 주기에 대해 심사, 평가했다. 직원의 협동심과 관련한 심사 항목에는 이직률 등이 포함돼 있었다.

연말에는 직원 만족도에 대한 조사도 실시했다(회장 주최로 실시하는데, 모든 직원이 40여 개 객관식 설문지를 작성하게 했다).

나는 당시 사장으로서 상당한 권리를 행사할 수 있었다. 본부에서 나에게 배려해준 비서나 부하 직원 등이 마음에 들지 않으면 교체할 수도 있었다. 그런데 사장이 특정 근무 위치에서 근무하는 부하직원을 1년에 두 번 이상 교체한다는 것은 사장의 안목에 문제가 있음을 의미한다는 사실을 주지해야 한다. 중견 간부가 7명인데 1년 안에 그 중의 3명을 교체한다면 이 역시 용병술에 문제가 있음을 의미한다. 직원 교체 횟수는 물론, 매주 정례회의 요록(요록마다 여러 개 사항으로 구성되었음.)의 실시상황까지 심사범위에 포함시켰다. 이사회는 이렇게 세세한 부분까지 놓치지 않고 나의 계획성, 실행력, 예측능력, 조직능력 등 관리능력을 평가한 것이다.

재무지표 몇 개를 놓고 평가를 논할 수는 없다. 경영상의 많은 문제는 재무제표에 잘 반영되지 않는다. 또 재무제표는 기업 경영 분야의 깊숙한 문제와 장기적인 이익을 구체적으로 드러내지 못한다.

사실 적극적인 홍보가 되지 않아 그렇지, 중국 정부의 실적 심사평가 체계도 지금은 많이 세분화되었다. 국무원 인사부가 2004년 8월에 발표한 '각급 지방정부 공무원 실적 심사 평가표준'은 이 사실을 잘 말해준다. 직능 지표, 영향 지표, 잠재력 지표 등의 3대 심사 지표를 제시하고 있는 것이다. 이 중 직능 지표에는 경제 조절, 시장 관리, 사회 관리 공공서비스 및 고유 자산 관리 등의 다섯 분야가 망라돼 있다. 또 영향 지표에는 경제, 사회, 인구와 환경 등의 세 분야, 잠재력 지표에는 인적 자원, 청렴, 행정 효율성 등의 세 분야가 망라돼 있다.

위의 지표는 여러 가지 항목으로 세분화되었다. 예컨대 '경제' 분야는 1인당 GDP, 생산성, GDP 대비 외국인 투자 비율 등 항목으로 나눠졌다. 이어 '사회' 분야에는 1인당 예상수명, 엥겔계수, 평균 교육연수 등이 망라되었다. 이외에 '사회 관리' 분야에는 총인구 대비 빈곤인구 비율, 형사사건 발생률, 생산 및 교통사고 사망률 등이 포함되었다. 마지막 '행정 효율성' 분야에는 재정지출 대비 행정경비 비율, 총인구 대비 행정 공무원 비율, 정보 관리수준 등이 망라되었다. 따라서 심사평가 체계는 총 11개 분야의 33개 지표로 구체화되었다고 할 수 있다. 지방정부 역시 중앙정부를 벤치마킹하고 있다. 예컨대 베이징 시정부는 대기오염 통제 분야까지 실적 심사 범위에 포함시켰다. 이를테면 대기의 질이 2급이나 2급 이상인 날이 반드시 62% 이상이 되도록 규정했다. 또 쓰촨성 정부는 '그린 GDP' 제도를 도입했다. 이것이 바로 실용적이고도 디테일한 심사평가 방법이 아닐까 싶다.

영수증 첨부 규칙

강연이나 컨설팅을 할 때 기업 경영자들에게서 가끔 이런 질문을 받는다. "경영은 세분화할수록 좋습니다. 하지만 그래도 어느 정도까지 세분화해야 한다는 도(度)는 있을 것이 아닙니까. 너무 디테일한 경영은 비용을 증대시키고 효과를 반감시킬 수도 있지 않겠습니까."

맞는 말이다. 나는 앞서 출판한 『세일즈맨의 자기 세일즈』라는 책에서 '사람의 삶에서 가장 확실하게 장악하기 어려운 규칙이 도(度)'라고 지적했다. 그렇다면 기업 규칙을 제정할 때 이 도를 어떻게 장악할 것인가? 규칙을 어느 정도까지 세분화해야 하는가? 이 두 문제는 반드시 짚고 넘어갈 필요가 있을 것 같다.

일반적으로 경영 규칙은 디테일할수록 좋다. 규칙이 디테일할수록 직원들이 지키기 쉽고, 경영자들도 감독이 용이하다. 그러나 규칙의 '세분화' 정도는 기업별로 다르다. 기업의 현재 경영 현황을 토대로 판단해야 한다. 무엇보다 기업의 기존 규칙을 토대로 점진적으로 세분화하는 노력이 필요하다. 먼저 가장 일상적으로 사용하는 규칙부터 세분화해야 한다. 특히 소기업이나 신설 기업의 경우 먼저 가장 중요한 경영 규칙 몇 가지를 세분화해서 기업 내 모든 임직원들이 특별한 교육을 거치지 않고도 잘 지킬 수 있게 해야 한다. 모든 직원을 '바보'라고 생각하고 바보도 능히 지킬 정도의 수준으로 규칙을 세분화해보라. 물론 직원들은 바보가 아니다. 바보가 어떻게 입사를 했겠는가. 모든 직원들이 다 '총명하지 못하다.'라는 가정하에 디테일하고 투명한 규칙을 제정하라는 이야기이다.

내가 사장을 맡았던 회사도 다른 기업들과 마찬가지였다. 다른 기업과 다른 점이라면 영수증 첨부와 관련한 규정도 있었다는 사실이다. 영수증은 반드시 정해진 규정에 따라 분류하도록 했다. 먼저 영수증을 교통, 사무, 접대, 기타 등의 4가지로 크게 분류했다. 교통비 관련 영수증은 항공기를 비롯해 배, 기차, 시외버스, 시내버스, 택시의 순서로 첨부했다. 동일한 교통수단을 이용한 경우에는 시간 순서에 따라 영수증을 첨부했다. 동일한 시간대에 발급받은 영수증은 액면 크기에 따라 분류했다. 회사도 그냥 놀고먹은 것은 아니었다. 영수증 첨부방법을 도표로 그려 직원들에게 설명한 것은 물론이고, 경력 직원들이 규정에 따라 바르게 영수증을 첨부한 모범 샘플을 복사해 직원들에게 나눠주기도 했다. 따라서 영수증 첨부 방법을 잘 모르겠다고 말하는 직원이 없었다.

'사장의 특별 허가' 줄이기

동양인과 서양인은 규칙에 대한 인식 차이가 대단히 크다. 나는 '중국인의 총명과 지혜에 도대체 어떤 문제가 생긴 것일까?'라는 글에서 중국인은 규칙을 중시하지 않는다고 지적한 바 있다. 또 규칙을 마음대로 고치고 바꾼다고 비판했다. 다시 말해 중국인은 모략과 기교 및 후흑(厚黑. 얼굴은 두껍게 마음은 음흉하게 먹는다는 중국의 대표적인 처세술을 의미함: 옮긴이)을 많이 언급하고 규칙과 과학 및 법제를 적게 논한다고 일갈한 것이다.

대부분 기업의 직원들은 산업 시대 때처럼 직업화 훈련 교육을 받지 않았기 때문에 규칙의 중요성을 잘 이해하지 못한다. 게다가 경영자들이 제정한 규칙에는 항상 허점이 존재한다. 전형적인 경우가 '특수 상황에서의 사장의 특별 허가'이다.

그렇다면 '특수 상황'이라는 것은 도대체 무엇인가? 명확한 범위가 없다. 그러나 잔꾀를 잘 부리는 직원들은 항상 온갖 이유와 구실을 대면서 자신이 처한 상황이 특수 상황임을 주장한다. 사장은 흔히 이성적, 과학적인 판단을 내리지 못하고 두말없이 '특별 허가'를 해준다. 그 때문에 규칙의 허점을 노리는 직원들은 항상 목적을 달성한다. 급기야는 모든 직원들이 특수 상황만 노리는 나쁜 풍토가 형성된다. 결과는 당연히 좋지 않을 수밖에 없다. 시간이 흐를수록 기존 규칙들은 사장의 특별 허가에 의해 하나둘 자취를 감추게 된다. "천 리의 뚝도 개미구멍에 의해 무너진다."라는 말이 있다. 규칙이 없어진 이후부터는 경영이 제대로 이루어질 수 없게 된다. 뒤늦게 사태의 심각성을 파악하고 이런저런 규칙을 새로 제정하고 "꿋꿋이 실시하겠다."고 각오를 다지지만, 규칙을 중시하는 문화가 이미 사라진 이상 다시 복구하기는 정말 어렵다.

과학적 경영이 이루어지는 기업에서는 특수 상황이라는 구실이 통하지 않는다. 간혹 실제로 생길 수 있는 특수 상황에 대해서는 미리 '어떤 경우에는 어떻게 해야 한다.'라는 식으로 규칙이 정해져 있다. 예기치 못한 비상사태가 발생했을 때 성숙한 기업에서는 '위기관리' 방식으로 대응한다.

다시 본론으로 돌아가자. 일부 기업의 사장(더구나 국유기업의 사장)은 '사장의 특별 허가'가 권력을 집중시키고 권위를 키울 수 있기 때문에 꼭 필요하다는 선입견에 사로잡혀 있는 경우가 많다. 하지만 이것은 옳지 않은 생각이다. 개인의 권력이 법의 권력보다 더 크고 개인의 의지를 기업의 규칙보다 우선시하는 기업은 올바른 경영 문화를 형성하기 어렵다. 기업의 발전이 크게 제약을 받는다는 사실은 더 말할 필요가 없다.

사장의 역할

사장의 권력이 큰 것은 자연스러운 일이라고 할 수 있다. 그러나 사장이 모든 일을 직접 결정, 처리하는 것은 바람직하지 않다. 지금은 팀워크가 중요한 시대가 아닌가. 일개 개인이 무소불위의 권력을 행사한다면 기업 입장에서는 매우 위험하다. 뭉치면 살고 흩어지면 죽는다. 독불장군은 없다. 요컨대 한 사람의 역할이나 권력이 지나치게 두드러지는 기업은 경계할 필요가 있다. 현재 승승장구하는 기업이라 할지라도 말이다. 보이지 않은 위험이 늘 도사리고 있기 때문이다.

"큰일을 틀어쥐고 작은 일은 풀어줘라. 실수는 용납하고 해로운 일은 미연에 방지하라."라는 말이 있다. 세계적으로 유명한 위인이 한 말이 아니다. 내가 『세일즈맨의 자기 세일즈』에서 주장한 말이다. 사실 틀린 말은 아니다. 기업 규모가 어느 정도 이상이 되면 사장이 크고 작은 일을 모두 처리한다는 것은 불가능하다. 따라서 부하의 능력이 영 미덥지 않더라도 시행착오를 겪으면서 배우게 해야 한다. 가끔 손실을 초래하더라도 품성이 의심되지 않는 한 부하에게 맡기는 것을 부담스러워하지 말아야 한다. 물론 필요한 감독 조치는 늘 뒤따라야 한다. 규칙과 절차에 의거한 감독이 필요하다는 이야기이다. 규칙에 의존하지 않고 일일이 두 눈으로 감독하려면 안경 도수를 두 배로 높여도 역부족일 가능성이 높다.

선양시 정부 지도자들을 대상으로 강연을 한 적이 있다. 이때 "고위 간부는 객관식 문제를 많이 풀고 주관식 문제를 적게 풀라. 논술문제는 아예 풀지 말라."라고 건의한 바 있다. 이 건의는 기업 고위층에도 똑같이 적용된다. 쉽게 해석하면 방안의 제정과 기획은 부하들에게 맡겨두고 본인은 부하들이 제출한 방안을 판단, 결재하라는 이야기이다. 진짜 그렇다. 고위 간부는 2개 이상의 방안 중에서 하나를 선택하면 된다. 굳이 직접 방안을 작성하거나 기획을 할 필요가 없다. 처음부터 끝까지 부하에게 지시하고 잔소리를 늘어놓는 것은 금기 사항이다. 부하들에게 생각할 공간, 능력을 발휘할 여지, 나아가 책임의식을 심어주는 것이 현명한 상사의 모습이다.

아마 "당신의 관점은 디테일 경영 원칙에 부합되지 않는 것이 아니냐."라고 내 관점에 반론을 제기하는 사람이 있을지 모르겠다. 전혀 그렇지 않다. 디테일한 경영은 규칙과 제도, 절차에 의해 이루어져야지, 책임자 한사람의 지혜와 노력에 의해 이루어지는 것이 아니다.

그래서 나는 CEO 교육 과정에서 종종 이렇게 이야기한다.

"점(點)에서 생긴 문제는 면(面)에서 해결하라. 어떤 부서에서 문제가 생기면 경로에서 답을 찾아라. 직원이 어떤 경로를 위반했다면 그것은 올바른 부서 교육이 부족하기 때문이다. 반복적인 교육이 효과가 없는 것은 기업문화 탓이다."

어려운 말이 아니다. 사장은 경영의 문제를 체계적으로 분석해야 한다. 머리가 아프다고 머리만 치료하거나 발이 아프다고 발만 치료하는 식으로는 근본적인 문제는 해결하지 못한다. 개인의 능력은 한계가 있기 때문에 두루 다 돌볼 수가 없다.

그러므로 사장은 어떤 문제점을 발견해도 그 즉시 해결을 시도하지 말아야 한다. 그 문제가 보편적인 현상인지를 먼저 살펴봐야 한다(물론 공장에 화재가 발생한 경우는 예외다). 경영 분야의 대다수 문제점은 거의 모두 절차가 불분명, 불완전, 불충분하기 때문에 생긴다. 규칙에 문제가 없는데 문제가 생겼다면 그것은 직원 교육이 불충분하기 때문이다. 일본 기업들은 신입사원 교육에 매년 1인당 400만 엔(2005년 기준)을 투자한다. 영국에서는 중견 간부 육성에 평균 20년이 걸린다. 경비 역시 만만치 않아 1인당 평균 75만 파운드를 투자한다. 2003년 미국 기업이 직원 교육에 투자한 비용은 300억 달러로, 이는 전체 근로자의 임금의 5%에 해당한다. 미국은 이 정도에 그치지 않는다. 1200여 개에 이르는 다국적 기업들이 자체 경영스쿨을 설립, 운영하고 있을 정도이다. 이처럼 기업 내 직원 교육이 제대로 이루어졌는데도 직원들이 누차 규칙을 위반한다면 그것은 직원들의 협동심에 문제가 있는 것이다. 한마디로 옳지 않은 기업문화가 회사에 팽배해 있다고 봐야 한다.

한 가지 일을 확실하게

기업의 책임자는 가끔 한 가지 일을 처음부터 끝까지 상세하고 확실하게 짚고 넘어갈 필요가 있다. 이렇게 하면 일의 전체적인 과정을 깊이 이해하여 적절한 규칙을 제정하는 데 큰 도움을 받을 수 있다. 일벌백계 효과도 가능하며, 부하들에게 "상사가 무리에서 겉도는 사람이 아니다."라는 이미지도 심어주게 된다. 강조하고 싶은 사실은, 이런 행동은 어쩌다 한 번씩 해야 한다는 것이다. 상사가 지나치게 자주 사사건건 간섭하면 회사의 권력 체계를 스스로 허무는 꼴이 되고 부하의 열정과 적극성을 해치게 된다.

나는 직원들의 지각 문제를 직접 다스린 적이 있다. 직원들이 가끔 지각하는 것은 크게 놀랄 일이 아니다. 머리를 푹 숙인 채 죄 지은 사람처럼 내 옆을 스쳐 지나는 직원을 본 적이 한두 번이 아니었지만, 불러 세워 질책하지는 않았다. 사람이 살면서 지각 한 번쯤 하지 않는다는 것은 참으로 어려운 일이니까. 그래서 나는 직원들이 간혹 지각하는 것은 눈감아줬다. 그런데 예외가 있었다. 다음과 같은 2가지 경우에는 반드시 사장이 직접 나서서 통제를 해야 했다. 하나는 중요한 인사가 자주하는 경우이다. 예컨대 총괄 엔지니어, 재무 책임자, 마케팅 부서장, 구매 부서장처럼 중요한 위치에 있는 사람들이 자주 늦는 것은 확실히 문제가 있다. 혹시 가정에 문제가 있는 것은 아닌지, 정력이 분산돼 회사에 큰 손실을 입히지는 않는지, 혹시 이직을 생각하는 건 아닌지 신경을 쓰지 않을 수 없었다. 직원들이 너도나도 앞을 다퉈 지각하는 경우도 문제가 아닐 수 없다. 연속 3~5일간 지각 비율이 3% 이상이라면 그냥 넘어갈 수 없는 일이다. 기강이 해이해졌다는 신호이기 때문이다.

내가 경험한 것은 두 번째 경우였다. 지각하는 사람이 너무 많았다. 심지어 간부들은 거의 모두 1주일에 수차례나 지각을 했다. 나는 다음과 같은 몇 가지 절차에 따라 이른바 '지각병'을 다스렸다.

step 1. 첫 임원회의에서 나는 장장 8분 동안 연설했다.

"오늘부터는 내가 이 회사의 사장입니다. 여러분이 해야 할 일과 관련해서는 나에게 묻지 마십시오. 나는 모릅니다. 그러나 나는 여러분이 실수했을 때 그 책임을 추궁할 권리를 가지고 있습니다. 직원들이 밥 먹듯이 지각을 하는 것은 옳지 않은 일입니다. 지금 나는 이 문제만 틀어쥐려고 합니다. 일반 직원들의 지각 문제에 대해서는 더 말하지 않겠습니다. 그러나 나를 포함해서 지금 여기 모인 여덟 명의 지각 문제는 짚고 넘어가려고 합니다. 여러분은 누구도 일찍 출근하고 싶지 않겠죠? 솔직히 말해 나도 마찬가지입니다. 그러면 출근 시간을 10시로 늦추는 것은 어떨까요? 그러면 지각하는 일이 없겠죠?(다들 '좋은 생각'이라면서 기뻐했다.) 그러면 퇴근 시간도 저녁 8

시로 늦춰야 합니다('너무 늦다'고 볼멘소리가 곳곳에서 들렸다). 내게는 8시간 근무제를 6시간 근무제로 바꿀 권력이 아직은 없습니다. 또 우리의 업무 능률도 하루 6시간만 일해도 충분할 정도로 높지 않습니다. 내일부터 나는 다른 일을 다 제쳐두고 여덟 명의 지각 문제만 틀어쥘 것이라는 사실을 재차 강조합니다."

step 2. 매일 아침 7시 반부터 회사 입구에 서서 직원들의 출근시간을 체크했다. 나를 제외한 다른 일곱 명의 임원들 중에서 8시 이후에 출근하는 사람이 보이면 나는 내 시계와 그의 시계를 나란히 놓고 그의 시계에 문제가 없는지를 비교해봤다. 그를 나무라는 말은 한마디도 하지 않았다. 그럴 필요가 없었다. 지각이 잘못이라는 것은 바보도 아는 상식이니까.

step 3. 그렇다면 지각한 사람에게 벌금을 부과했는가? 그렇게 하지 않았다. 대신 매일 퇴근 전에 회사 입구 벽에 임원진 8명의 출근 시간을 기록한 '공지 사항'을 붙였다. 지각한 사람의 이름은 눈에 띄는 빨간 색으로 표시했다. 돈보다 체면을 더 중요하게 생각하는 사람들이었으므로 벌금보다 더 효과적인 조치였다.

step 4. 매주 지각한 횟수를 다시 공지했다. 횟수가 가장 많은 임원의 이름은 맨 위, 거의 노트북만한 크기의 글씨로 적었다. 지각한 횟수가 적을수록 글씨 크기도 작게 했다. 부하와 직원들이 그것을 보고 수군거리는데도 별 느낌이 없다면, 글쎄 나도 더 할 말이 없었을 것이다.

넉넉잡고 한 달 정도면 회사의 '지각병' 풍토가 사라질 것으로 예상했는데, 9일째 되는 날부터 단 한 사람도 지각하지 않았다. 임원이 지각하지 않는데 감히 지각하는 직원이 있을 리가 없었다.

사장은 한 가지 일을 해도 확실하게 해야 한다. "계획만 세운다고 마무리가 되는 일은 세상에 없다."라는 교훈을 되새겨 봐야 한다.

인성화 경영의 10가지 테크닉

강연이 끝날 때마다 이런 질문을 하는 수강생이 꼭 있다. "엄격하고 준엄하면서도 냉혹한 경영을 강조하십니다. 그렇다면 인성화 경영은 어떻게 합니까?"라고. 정말 좋은 질문이다. 현대의 회사원은 대부분 피터 드러커가 정의한 '지식 근로자'에 해당한다. 지식 근로자는 일반 근로자보다 더 높은 지식성과 전문성이 필요하다. 머릿속에 축적한 지식 자본을 이용해 생산 활동을 하기 때문에 다른 사람의 존중과 자아실현을 원한다. 따라서 인성화 경영의 중요성이 갈수록 각광받을 수밖에 없다. 인성화 경영은 직원을 방임하는 것을 의미하지 않는다. 반대로 직원에 대한 요구를 엄하게 해 높은 직업 소양을 갖추도록 하는 것이다. 바로 이것이 직원에 대해 제대로 책임지는 기업이 해야 할 일이다. 그래야만 직원이 제대로 된 경쟁력을 갖출 수 있다. 중국 기업의 인성화 경영은 이 방법밖에 없다. 마치 부모가 자식을 엄하게 훈육하는 것과 같은 이치가 아닐까 싶다. 아이들은 13세를 전후해 나쁜 길에 들어서기 쉽다. 이때 부모의 엄한 교육이 필요하다. 질풍노도의 시기에 부모가 방임하면 자식을 해치기 십상이다.

인성화 문제는 거창한 화제이므로 전문가들에게 맡기고, 나는 여기에서 본인이 종합한, 실생활에 유용한 방법 몇 가지만 소개할까 한다. 아마 독자들이 보기에는 간단하고 보잘 것 없는 방법일지도 모르겠다.

1. '고맙다' 또는 '미안하다' 같은 말로 시작하라. 직원들과 대화할 때나 직원들이 일을 잘한 경우에는 '고맙다'라는 말을 먼저 한다. 반면 직원들이 일을 잘못했거나 망쳤을 경우에는 '미안하다'라는 말을 먼저 꺼낸다.

"미안하지만 샤오왕, 이 일을 잘못 처리했군. 내가 잘 설명하지 못했기 때문일세."

"미안하지만 미스 장, 이 일은 그렇게 하는 것이 아닌데……. 일의 흐름에 대해 이해하기 어려운가 보군."

"미안하지만 라오리, 또 실수를 범했네요. 아마 라오리의 적성이 그 부서와는 맞지 않는 것 같네요."

2. 직원을 칭찬하는 내용의 짧은 편지를 써서 그의 배우자나 부모에게 보낸다. 나는 실제로 "비판은 면전에서, 칭찬은 뒤에서 한다."라는 원칙을 고수하고 있다. 이 원칙은 장점이 많다. 면전에서 잘못을 지적하면 제3자에게 알려질 일이 없고, 배후에서 칭찬을 하면 "비위를 맞춘다."라는 비난을 들을 염려가 없다.

3. 생일에 직원이 좋아할 만한 책을 선물한다. 책에는 도움이 될 법한 명언이나 경구를 적는다. "생일을 축하합니다." 같은 천편일률적인 문구는 생략한다.

4. 가끔 직원들에게 차를 빌려준다. 실제로 이렇게 하자 직원들이 내 차를 하루 종일 사용할 때도 있었다. 예컨대 아무개의 여자 친구가 주말에 놀러왔다거나 아무개가 기차역에 부모 마중을 가야 한다거나 할 때는 그랬다.

5. 큰 책임을 맡지 않은 일반 직원을 초청해 식사를 대접한다. 무엇을 먹는지는 중요하지 않다. 업무에 대해서는 일절 이야기하지 않고 그저 일

상사에 관련한 한담만을 한다. KGB식의 뒷조사 자리가 되는 것을 막기 위해서는 그럴 필요가 있다.

6. 직원에게 영화표 두 장을 선물한다. 그중에서도 열애 중인 직원들에게 선물하면 더욱 좋다.

7. 오랫동안 떨어져 있다 만난 부부를 위해 근사한 저녁 자리를 마련해 준다. 비용을 미리 계산한 다음 두 사람에게 장소를 통보한다.

8. 자녀가 참가하는 공연에 함께할 수 있도록 직원들에게 휴가를 준다. 물론 공식적인 휴가에 포함시키지 않는다.

9. 초등학교 입학식이 열리는 매년 9월 1일은 자녀들을 데리고 학교에 다녀오도록 특별 휴가를 준다.

10. 고참 직원 A의 명언을 정교한 카드에 또박또박 적어 신입사원 B에게 정중하게 선물한다.

이 외에도 여러 가지가 있을 수 있다. 그러나 여기에다 일일이 다 적을 필요는 없을 것 같다. 나는 위의 행동들이 위선적인 것이 아니라고 생각한다. 이런 행동들이 인성화 경영과 관계가 있는지는 독자의 판단에 맡기겠다. 어쨌거나 마음은 착하게 먹고, 관리는 엄하게 해야 한다. 또 계획은 유연하게, 관리는 에누리 없이 해야 한다.

회의에도 디테일이 필요하다. 회의는 고위 간부의 중요한 일과 중 하나라고 할 수 있다. 어떤 문제를 연구하기 위해 회의를 개최했다면 문제가 해결될 때까지 깊이 있게 의논을 해야 한다.

내 경험을 말한다면 이렇다. 우선 직접 회의를 주재하는 경우는 매우 적었다. 간혹 회의를 주재할 경우는 어떤 문제를 토론하기 위해서가 아니라 내가 일방적으로 어떤 사항을 발표, 통보하거나 칭찬을 할 때였다. 둘째, 발언은 가급적 맨 마지막에 함으로써 다른 사람들이 거리낌 없이 견해를 말할 시간을 많이 주려고 노력했다. 셋째, 내 관점을 말할 때에는 가급적 논의하는 어투로 말했다. 물론 내 관점이 다수의 사람과 공감대를 형성한 다음 구체적인 요점을 말할 필요가 있을 때에는 확고하고 분명한 어투로 바꾸기는 했다. 넷째, 가급적 '2인자'의 위치에서 내 의견을 발표하곤 했다. 예컨대 "'규칙에 부합하지 않는 영수증은 폐기처분해야 한다.'라는 라오셰의 의견에 동의합니다."라는 식으로 말이다.

회의의 목적은 논의하는 것이다. 책임자가 초반부터 본인의 생각을 다 털어놓는다면 다른 참석자들은 사장의 비위를 맞추는 일밖에 더 할 것이 없다. 사장의 비평이나 질책을 받은 사람은 핑계를 대기에 정신없다. 이렇게 되면 더 이상 논의가 진행되기 어렵다.

인성화 경영이란 무엇인가? 타인에 대한 존중을 전제로 직원 개인의 경쟁력과 생존력을 향상시켜 각자 직책의 범위 내에서 능동성을 발휘하게 하고, 팀원들의 화합과 일사불란한 보조를 이끌어 내 궁극적으로 기업의 역동적인 발전을 추진하는 것이라고 보면 된다.

그러므로 단체 내 대다수 구성원의 인정을 받고 현재 실시 중인 규칙을 쉽게 바꿔서는 안 된다. 소수 사람들의 규칙 위반 행위를 용인하는 것은 규칙을 지키는 다수 사람들의 의욕을 꺾는 행동이라고 단언해도 좋다. 이는 본질적으로 인성화 경영의 원칙에 위배된다. 통신장비회사 화웨이의 런정페이 회장은 이와 관련해 "규칙은 절대화, 최적화, 고착화돼야 한다."라고 주장한 바 있다. 참으로 지당한 말 같다. 요컨대 기업에서는 본직과 본분을 벗어난 개인의 개성을 용납해서는 안 된다.

> 전체가 부분의 합보다 큰 시너지 효과를 창출하게 하고, 오늘과 내일 일의 균형을 맞추는 것이 경영자의 일이다.

3 공부하는 전문가가 되어라
_중간관리자의 9가지 성과 향상법

여기서 중간관리자는 기업의 부서장을 가리킨다. 기업의 회장은 전문가가 아닐 수 있다. 기업의 사장도 생산, 공급, 판매, 인재, 재무, 물류 등 다방면에 정통하지 않아도 된다.

그러나 중간관리자는 다르다. 이 사람들은 자기 분야에 대해 전문가 못지않은 지식을 갖추어야 한다. 중간관리자는 전문가의 각도에서 하급자의 의견을 정리하고 다듬어 윗사람에게 전달함으로써 윗사람이 정확한 결정을 내리도록 보좌해야 한다. 또한 전문가의 각도에서 상급자의 의견을 세분화해 하급자에게 전달하고, 하급자가 올바로 시행할 수 있도록 지도해야 한다.

따라서 중간관리자는 상관이나 부하보다 더 충분한 지식을 갖추고 디테일한 경영을 위한 시범적인 역할을 해야 한다. 구체적으로 어떤 시범적인 역할을 해야 하는가? 나는 다년간 40여 개 기업에서 쌓은 경험을 바탕으로 다음의 9가지 사항을 건의하고 싶다.

1. 간언은 완곡하게, 결정은 확고하게

중간관리자는 말 그대로 위로는 상관을 보좌하고 아래로는 부하들을 거느리는 중간 위치에 있는 사람이다. 상사의 생각이 가끔 틀리는 경우도 있다. 이럴 때 중간관리자는 상사의 부하로서 상사에게 간언할 권리가 있다. 그러나 상사에게 간언하는 데도 방법이 있다.

우선 똑같은 건의는 세 번 이상 하지 말아야 한다. 세 번 간언해도 상사의 마음이 바뀌지 않는다면 상사의 결정에 무조건 따르라. 상사의 결정이 틀린 것이라면 그 책임은 상사 본인이 진다. 여건이 된다면 서면으로 기록해두는 것도 좋다.

둘째, 말투는 최대한 완곡하게 하라. 태도는 강경하게 하되 말투는 완곡하게 하라는 것이다. 가급적 "제 생각에는……하는 것이 더 좋을 것 같습니다."라는 형식으로 말해야 한다. 말끝에 "사장님이 의견을 굽히시지 않는 것도 다 이유가 있을 터이니 그대로 집행하겠습니다. 그러나 다시 한 번 참작해주시기 바랍니다. 더 좋은 방안이 있을지도 모릅니다."라는 식의 어조로 강조한다. 상사에게 "어떻게 그러실 수 있어요?", "그건 절대적으로 옳지 않습니다.", "제 말이 틀림없습니다." 따위의 말은 반드시 피해야 한다. 간언은 문제 해결을 위한 것이지, 말다툼이나 입씨름을 위한 것이 아니다.

셋째, 뒤에서 수군거리거나 상사의 험담을 하지 말라. 목소리가 높다고 해서 설득력이 강한 것은 아니다.

넷째, 중요한 건의나 특별한 제안은 상사에게 보고하기에 앞서 먼저 계책을 세워라. 여러 해 전 일이다. 나는 당시 상사였던 사장에게 공장 매각에 관한 제안을 하고 싶었다. 그러나 일이 매우 중대했던 탓에 먼저 상사에게 사안의 중요성을 각인시킬 계책을 세웠다. 나는 "식사 대접을 하겠다."라고 말한 다음 사장을 내 차에 태우고 공장 건물이 있던 중산시에서 둥관(東莞)까지 가서 차를 세웠다. 이어 사장에게 정중하게 말했다.

"사장님, 차에서 내리십시오. 제가 사장님께 세 마디만 말씀드리겠습니다. 첫째……둘째……셋째……이 세 마디 말을 하기 위해 제가 오늘 사장님을 모신 것입니다. 제 말을 다 들으셨으니 이제는 돌아가서 식사나 합시다."

그 사장은 몇 년이 지난 후에도 당시의 대화 내용을 똑똑히 기억했다고 한다. 내 진정성이 통했던 것이다.

2. 일할 때는 진지하게, 부하들과는 일정한 거리 유지

일을 할 때 부하들을 너무 격의 없이 대해서는 안 된다. 공과 사는 구분해야 한다. 상사가 부하들과 노닥거리는 모습은 보기 좋지 않다. 내가 아는 한 국유기업의 서기는 사람이 겸손하고 온화했다. 부하들이 모두 그를 우러러 섬겼다. 그러나 어느 공장의 공장장으로 부임한 다음에 그의 지휘 능력은 한계를 드러냈다. 상관으로서의 위엄을 갖추지 못했던 것이다. 그는 당시 27세에 불과한 나를 볼 때마다 멀리서부터 '라오왕'이라고 부르면서 친근감을 과시했다. 부하들은 그의 명령을 항상 농담으로 생각했다. 그를 어려워하지도 않았다. 그가 시킨 일을 하지 않는 것이 한두 번이 아니었다.

나는 일을 할 때 항상 '상대하기 어려운 사람'이라는 평가를 받는다. 이 평가가 나에 대한 칭찬인지 비난인지에 대해서는 별로 알고 싶지 않다. 그저 그렇다는 이야기이다. 자, 말을 계속해 보자. 예컨대 내가 부하 직원에게 오후 다섯 시 반까지 어떤 보고서를 제출하도록 지시했다고 하자. 그러면 나는 네 시 반에 전화로 재촉한다. 다섯 시가 되면 다시 전화로 내가 보고서를 기다리고 있다고 재촉한다. 그리고 여섯 시가 돼도 보고서를 제출하지 않으면 다시 전화로 내가 계속 기다리고 있다고 말한다. 저녁밥도 먹지 않은 채 그

보고서를 기다리는 것처럼 말이다.

나는 칭화퉁팡(淸華同方)에서 판매 센터의 중간관리자로 일한 적이 있다. 당시 나에게는 하나의 철칙이 있었다. 부하들에게 작업일지를 꼭 작성하도록 요구하는 일이었다. 이 때문에 외근을 해야 하는 달이더라도 직원들은 한 번씩 회사로 돌아와 보고서를 제출해야 했다. 회사 교육에 참가할 때에는 반드시 내 책상 위에 작업일지를 제출하도록 했다. 작업일지를 제출하지 않은 사람은 영수증을 결제해주지 않았다. 물론 내가 100여 명의 작업일지를 다 본다는 것은 불가능했다. 그러나 그중 몇몇 사람의 것이라도 꼭 읽고 넘어갔다. '지난달에 내 것을 읽었으니 이달에는 걸리지 않겠지.'라고 생각하는 사람도 있었다. 그러나 나는 한사코 그달에도 그 사람의 작업일지를 검사해서 회의 때 지목해서 평가하곤 했다. 짓궂은 한 젊은이는 연속 네 번이나 작업일지가 내 손에 떨어지는 횡액을 당했다. 아마 로또 당첨보다 더 어려운 일이었겠으나 연속 네 번 평가를 당한 후부터는 작업일지를 대충대충 작성하는 버릇이 완전히 사라졌다. 모든 직원들은 일에 임하는 나의 태도를 확실하게 알게 되었고, 이후 대충 넘어가려는 생각을 하지 않았다.

직속 부하와도 일정한 거리를 둘 필요가 있다. '먼 사람과는 가깝게 지내고 가까운 사람과는 멀게 지내라.'는 원칙에 따라 직속 부하와 너무 친근하게 지내서는 진짜 안 된다. 나는 회사 내에서 개인적으로 친분을 쌓는 것에 대해 별로 찬성하지 않는다. 설령 아무개를 내 후계자로 점찍고 의도적으로 키워줄 생각이 있더라도 친밀한 관계를 맺어서는 안 된다. 더구나 그에게 '기회가 되면 승진시키겠다.'라는 약속 같은 것은 더욱 해서는 안 된다. 동료들이 함께 어울려 게임이나 오락을 하는 것은 좋은 일이다. 그러나 나는 지금까지 고정적으로 모임에 참가하거나 고정 파트너를 두지 않았다. 모임 장소에 가는 경우도 가끔 있었으나 직속 부하를 데리고 가는 일은 거의 없었다(단체 활동은 제외하고). 요컨대 내가 누구와 각별히 가까운 관계라는 인식을 다른 사람들에게 심어주지 않았다. 내 일에 도움이 안 되기 때문이었다. 내 생각이 꼭 옳지 않을 수도 있으나 더 좋은 방법은 없기에 나는 이렇게 간단한 방법을 택할 수밖에 없었다.

3. 규칙을 세분화해 전문가답게 장악하라

마오쩌둥은 일찍이 "레이펑(雷鋒. 남을 위해 헌신한 인민해방군의 모범 사병: 옮긴이)을 따라 배우자."라고 호소한 바 있다. 그렇다면 레이펑의 어떤 점을 배워야 할까? 이에 대해서는 지금도 영원한 총리로 불리는 저우언라이가 보충 설명을 한 바 있다.

"계급정신이 투철하고 언행이 일치하는 레이펑의 삶을 따라 배워야……."

주석(마오쩌둥)에게 총리(저우언라이)는 중간관리자에 해당한다. 중간관리자는 상사의 요구나 지시사항을 보충, 분석, 보완, 세분화하는 사람이다. 기업의 중간관리자도 예외가 아니다.

예컨대 사장이 각종 비용에 대해 관심을 가진다고 하자. 이 경우 재무부는 관례적인 비용 분석 외에 주요 품목, 새로 개발한 제품, 손익분기점에 있는 제품 등의 원가에 대해 상세하게 분석해야 한다. 또 가격 변동이 비교적 큰 원자재, 사용량이 많은 부품, 매입가가 높다는 의견이 많은 품목 등을 상세하게 분석해야 한다. 이밖에 판매부도 동종업계 가격 경쟁 상황을 보고서나 그래프 형식으로 작성해 제출해야 한다. 심지어 인적자원부도 인력과 노임 구조, 상여금 격차 등을 동종업계와 비교해 사장에게 보고할 필요가 있다.

다른 예로 회사에서 매출 계획을 세웠다고 해보자. 이 경우 영업부는 회사의 매출계획을 '주요 품목 매출 계획', '지역별 매출 계획', '업무팀별 매출 계획', '이윤이 서로 다른 제품별 매출 구조 일람표', '월별 성과' 등 여러 개의 '계획'으로 세분화할 수 있다.

또 다른 예로 채용 절차와 관련하여 인적자원부는 첫해에 '면접 절차'를 제정할 수 있다. 또 이듬해에는 '면접 장소 선정 방안', '핵심부서 응시자 면접 시 문제 은행' 등 보다 진일보하고 세분화한 규정을 마련할 수 있다. 이렇게 조금씩 차근차근 축적해나가다 보면 점점 더 완벽한 관리가 가능해진다.

중간관리자는 자기 분야에서만큼은 기업의 책임자보다 더 전지전능해야 한다.

4. 듣고 말하는 데도 기교가 필요하다

중간관리자는 부하의 말을 들을 때 가급적 몸을 약간 앞으로 기울여 열심히, 정신을 집중해서 듣고 있다는 느낌을 줘야 한다. 가끔 공감한다는 뜻으로 고개를 끄덕이면 더욱 좋다. 상사가 열심히 들어주면 부하는 원래 생각했던 것 이상으로 더 많은 이야기를 하게 된다. 부하에게 안 좋은 감정이 생기더라도 실망의 뉘앙스를 풍겨야지 화를 내서는 안 된다. 대화가 필요할 때에는 가급적 부하의 사무실이나 근무하는 곳으로 직접 찾아가라. 전화로 부하를 불러와 '명령을 듣게 하는' 식은 좋지 않다.

부하에게 어떤 일을 처음 맡길 때에는 가급적 구체적인 절차를 알려주는 것이 좋다. 예를 들어 부하에게 찻잔을 씻는 일을 맡겼다면 다음과 같이 알려준다.

- 찻잔을 싱크대로 가져간다.
- 마시고 남은 찻물은 하수구에, 찻잎 찌꺼기는 쓰레기통에 버린다.
- 깨끗이 씻은 찻잔을 마른 행주로 물기 없이 닦아서 찻상 위에 거꾸로 엎

어 놓는다.
- 찻잔을 닦은 행주를 깨끗이 빨아서 널어놓는다.

이런 절차를 차근차근 말하기 어렵다면 요점이나 중점을 콕 짚어서 강조하면 된다.

부하를 혼낼 때에는 긍정적인 칭찬으로 시작해 중간에 부정적인 언급을 하고 마무리는 역시 좋은 말로 끝내는 '샌드위치 대화법'을 사용하는 것이 바람직하다. 비판을 싫어하는 것은 인지상정이다.

상사와 대화할 때에도 주의해야 할 점이 5가지 있다. 첫째, 핵심 사항은 3분 내에 충분하게 전달해야 한다. 말을 길게 늘어놓을 필요가 없다. 둘째, 숫자로 말해야 한다. 셋째, 전문용어를 많이 사용할 필요가 있다. 넷째, 조목을 정해 설명하는 것이 바람직하다. 다섯째, '3단계 논술' 방식으로 설명할 필요가 있다. 우선 결론이나 결과부터 말하고 다음 원인이나 과정을 설명하라. 복잡한 경위나 관점을 말할 때에는 맨 마지막에 보충 설명을 하라. 상사의 이야기를 들을 때에는 펜과 노트를 준비해 기록하라. 사람의 기억력은 한계가 있다.

5. 어항 경영

나는 한때 임직원들의 '지각병'을 고치기 위해 지각한 사람의 명단을 벽보에 붙인 적이 있었다. 이때 지각 횟수가 가장 많은 사람의 이름을 맨 위에 큰 글씨로 게시했다. 이것이 바로 '어항 경영'이다. 특별한 게 아니라, 사내의 일을 투명하게 만들어 대외적으로 보여주는 것이다. 어항 속 금붕어의 모든 움직임이 사람들에게 공개되는 것과 같다고 보면 된다.

어느 회사 판매팀의 비용 청구제도가 나에게 특별한 인상을 준 적이 있었다. 모든 직원의 영수증 청구서와 '청구비용 대비 판매실적 비율'을 벽보에 게시하는 방법이었다. 매주 순위를 매겨 공지하고, 매달 종합 순위를 게시했다. 실적이 부진한 직원은 비용 절감을 위해 더욱 노력해야 했고, 반면 실적이 높은 직원은 더 많은 비용을 청구할 수 있었다.

이 같은 어항 경영을 실시한 결과는 놀라웠다. 직원들의 업무 태도가 확 바뀐 것이다. 예컨대 고객을 만나지 않을 때에는 호텔 대신 가격이 저렴한 초대소에 투숙하는 대신 중요 고객을 만날 필요가 있을 때에는 호텔의 스위트룸을 이용했다. 기차로 하룻밤 거리라면 가급적 기차를 이용했다. 반드시 비행기를 타야 할 경우에도 미리 계획을 세워 할인 티켓을 사는 등 비용 절감을 위해 갖은 노력을 다 기울였다. 이렇게 기업에서 별도의 비용 기준을 정하지 않아도 직원들은 각자 알아서 비용 절감을 위해 노력했다. 개인이 사용한 경비와 실적이 투명하게 공개되니 누가 사람들의 뒷공론을 들으려고 하겠는가?

6. 기업 경영의 통용 기술-분류

사람이 동물보다 총명하다고 일컬어지는 이유는 사고 능력을 가지고 있기 때문이다. 사고 능력의 핵심은 분석, 종합, 추리하는 능력이다. 경영에서의 '분류' 작업은 바로 이런 분석 능력과 종합 능력을 필요로 하는 작업이다.

회사 업무는 중요하고 긴급한 일, 중요하지 않지만 긴급한 일, 중요하지만 그다지 긴급하지 않은 일, 중요하지도 긴급하지도 않은 일 등 4가지로 분류할 수 있다.

서류는 반드시 심사 후 회답해야 하는 서류, 심사는 필요하나 회답은 하지 않아도 되는 서류, 심사하지 않아도 되는 서류, 읽어볼 가치도 없는 서류 등 4가지로 분류할 수 있다.

고객도 잠재 고객, 가능성 높은 고객, 기존 고객 및 충성 고객 등 네 부류로 분류할 수 있다. 직원은 고객 부류별로 차별화된 서비스를 제공해 하위 단계의 고객을 상위 단계로 진화시킬 필요가 있다. 또 직원별로 어떤 부류의 고객을 확보하느냐에 따라 실적과 소득에 차이가 나게 된다.

직원이 고객을 인계하는 방식도 4가지로 분류가 가능하다. 잠재 고객은 전화 통화를 거쳐 인계, 가능성 높은 고객은 직접 만나서 인계, 기존 고객은 간부급 책임자의 감독을 거쳐 인계, 충성 고객은 회사의 이벤트 행사를 통해 정중하게 인계할 수 있다.

7. 고객 방문에 있어서도 도를 지켜라

나는 판매부의 부장으로 있을 때 고객을 방문할 경우에 대비해 이러한 규칙을 제정한 바 있다.

- 3일(근무일) 전에 미리 '방문 스케줄'을 발송한다.
- 중개상을 방문할 때 직접 2개의 점포를 찾아가 3명의 구매 상담원과 대화를 나누고 무작위로 4개의 출고 명세서를 뽑아 검사한다. 또 5개의 고객 의견서를 열람한다.

1. 고객의 식사 대접에 절대로 응하지 않는다(사내 급식은 제외).
2. 고객이 제공하는 향응(가무, 마작)을 절대로 받아들이지 않는다(상사를 모시고 간 자리에서 상사가 동의한 경우는 제외).
3. 전문 매장에서 상품이 진열대에 질서정연하게 진열되지 않은 경우, 잘 정리한 다음 상품에 먼지가 있으면 깨끗이 닦는다.
4. 당사 홍보자료가 응접실, 책상, 책장 등에 어지럽게 널려 있으면 반

드시 정리한다.

   5. 점포 내 상품 배치가 당사의 디자인 규정에 부합되지 않으면 즉시 지적해서 수정하도록 한다.

8. 매년 한 가지 과제를 선택해 논문을 써라

  관리자가 논문을 쓰는 것은 회사 제도의 일부라고 말하기 어렵다. 그러나 나는 사장으로 재직할 때 중간관리자들에게 매년 논문 한 편씩을 쓰도록 요구했다. 2년차 때부터 꼭 필요한 일이라고 생각했고, 지금도 생각에 변함이 없다. 논문은 꼭 발표하기 위해서 쓰는 것은 아니다. 매년 과제 하나를 정해 연초부터 연말까지 줄곧 그 과제에 대해 생각하는 것은 정말 필요한 일이다. 자연스럽게 관련 자료와 사례를 수집하고 정리하게 되며, 다른 사람들의 견해도 참조하게 된다. 이렇게 1년이 지나면 그 과제에 대해 다른 사람보다 더 깊이 알게 된다. 이렇게 10년이 지나면 매년 축적한 성과들이 빛을 발하게 된다. 전문가가 되지 않을 수 없는 것이다.

  나는 세일즈맨 시절부터 10여 년 동안 꾸준히 일기를 쓰고 계획을 작성했다. 전문 과제를 연구, 종합하기도 했다. 이처럼 꾸준한 공부는 결과물로 나타났다. 67만 자에 이르는 시장 및 경영 분야의 저서와 논문을 발표할 수 있었다.

  이것이 바로 나의 학습 습관이자 사업 습관이다. 결과는 지금도 계속 이어지고 있다. 최근 3년 동안 매달 평균 7회의 학술 강연을 한 것이 대표적이다 (1회 강연 시간은 대부분 7시간 이상). 4개 기업의 고문 직함을 맡은 것도 이런 습관의 덕분이라고 할 수 있다. 이 밖에도 개인적으로 두 곳의 기업에 투자하는 등 바쁜 나날을 보냈다. 29권의 책을 정독하고, 4권의 책과 18편의 글을 발표했다. 물론 이 중에 뛰어난 결과물이 아주 적다는 사실은 인정한다.

졸작도 있다는 사실을 고백하지 않을 수 없다. 그러나 중요한 사실은 지식과 경험을 축적하는 데 있다. 꾸준히 공부하고 논문을 쓰면서 전문 과제를 연구하다 보면 시간의 흐름과 함께 내공이 쌓이게 되는 것이다.

아마 많은 사람들이 아래와 같은 경험이 있을 것이다.

어떤 과제에 대해 마음속으로 한번 훑어보고 정리해보고는 스스로 사고 방향이 뚜렷해진다는 사실을 알게 된다. 이어 자신이 꽤 많은 것을 알고 있다고 여기게 된다. 득의양양해지는 것은 당연하다. 그러나 막상 컴퓨터를 켜거나 원고지를 펼쳐놓고 그 과제에 대한 논문 초록을 작성하려면 잘 되지 않는다. 그 과제에 대해 논리적으로 전개하고 3단계 목차를 만드는 것도 쉽지 않다. 그때서야 비로소 쥐꼬리 같은 지식을 가지고 괜히 거들먹거렸다는 사실을 알게 된다.

내 아내가 이 책을 내기 전에 우연히 이 장(章)의 내용을 읽고는 나에게 말했다.

"이 내용은 디테일 경영과는 아무 상관이 없는 것 같네요."

나는 그래서 집사람의 직업과 관련된 '판촉'에 대한 논문의 요점을 보여 줬다. 집사람은 논문의 요점을 진지하게 읽고 나서 말했다.

"디테일에 대해 모르면 써낼 수 없는 논문이군요. 이 논문을 완벽하게 마무리하고 나면 판촉에 대해 뛰어난 견해까지는 아니더라도 깊은 인식은 가질 수 있을 것 같아요."

내공은 디테일을 통해 드러난다. 아래에 「판촉의 과학, 과학적 판촉」이라는 논문의 요점을 첨부하니 중간관리자 자리에 있는 독자들은 참조하기 바란다.

[부록]

판촉의 과학, 과학적 판촉

1. 판촉은 마케팅의 중요한 구성 요소이다.
    1.1 오늘날에도 여전히 그 진가를 발휘하는 필립 코틀러의 마케팅믹스 4P 이론
    1.2 판촉의 내용: 인적판매, 광고, PR, 매장 이벤트 등.
    1.3 통상적으로 말하는 판촉은 대부분 매장 이벤트를 가리킨다.

2. 판촉은 마케팅의 다른 요소와 조화를 이루어야 한다.
    2.1 넓은 의미의 판촉은 제품, 가격, 유통채널 등의 요소를 충분히 고려해야 한다.
    2.2 좁은 의미의 판촉(매장 이벤트)도 판매, 광고, PR 등의 요소를 고려해야 한다.
    2.3 판촉에도 기획, 교육, 관리가 필요하다.

3. 통신회사의 판촉 성과와 실패 요인 분석
    3.1 늘 쓰는 판촉방식
    3.2 판촉을 통한 긍정적인 효과
    3.3 판촉의 부정적인 효과와 부작용
    3.4 판촉이 불충분한 원인

4. 체계적인 판촉
    4.1 판촉수단

  4.1.1 16가지 판촉 수단

  4.1.2 우리 회사에 적합한 판촉 수단

  4.1.3 종류별 판촉 수단의 이해득실 분석

4.2 판촉 관리

  4.2.1 판촉 기획 이전의 조사연구

  4.2.2 충분한 조사 연구를 토대로 판촉 기회 모색

  4.2.3 판촉 수단, 판촉 제품 및 판촉 범위 확정

  4.2.4 기획안 제출

  4.2.5 판촉 실시 과정에서의 주의사항

  4.2.6 결과 평가 및 종합

4.3 판촉에 관한 교육

  4.3.1 판촉 직원 자질에 대한 요구

  4.3.2 판촉 직원이 반드시 알아두어야 할 내용

  4.3.3 판촉 관련 문답 책자

  4.3.4 판촉 직원의 말과 행동 훈련

  4.3.5 판촉 직원의 업무과정 추적 및 실적 평가

4.4 판촉 지원

  4.4.1 판촉 지원 도구

  4.4.2 광고와의 조화

  4.4.3 PR 및 이벤트와의 조화

  4.4.4 브랜드 이미지에 미치는 플러스 및 마이너스 영향을 충분히 고려하라.

5. 별첨
    5.1 전문용어 해석
    5.2 인용문 출처
    5.3 참고자료
    5.4 데이터 출처

위 논문의 요점은 나의 피나는 창업 경험을 바탕으로 작성한 것이다. 널리 보급할 이유는 없다. 그러나 한 가지만은 고집하고 싶은 것이 있다. 중국 기업의 관리자(특히 중간관리자)들에게 '과학적 경영' 방법을 널리 보급해 일반화시켜야 한다는 생각이 바로 그것이다.

9. 과학적 경영

나는 또 다른 저서인 『섬세한 경영』에서 중국 기업이 섬세한 경영 체제에 돌입할 필요가 있다고 역설했다. 책에서도 언급했지만 중국에는 개혁개방 이전까지는 진정한 의미의 기업이 없었다. 물론 겉으로는 기업이라는 타이틀을 가졌으나 실제로는 국무원의 '가공 작업장' 내지는 '배송 센터'에 지나지 않았다.

'기업'의 기본적인 개념조차 갖추지 못한 기업이었으니 경영은 더 말할 것도 없었다. 중국은 노동력이 대단히 풍부하지만 효율은 상당히 낮다. 소비시장 역시 규모가 대단히 크지만 질서와 규칙이 아직 구축되지 않았다. 대인관계를 매우 중시하지만 상호 신뢰성은 매우 부족한 사회로 손꼽힌다. 기업이나 경제의 각도에서 보면 중국인은 서구인들보다 훨씬 더 늦게 경영의 중요성을 인식했다고 해도 과언이 아닌 셈이다.

중국은 개혁개방 이후, 특히 WTO 가입 이후에 드디어 글로벌 산업화에 합류하기 시작했다. 고대 중국인들은 후세를 위해 풍부한 문화유산을 남겨 놓았다. 그중에는 심오한 경영 철학도 적지 않았다. 그러나 대체로 이론에 그쳤을 뿐, 구체적인 방법, 절차와 도구를 제시하지 않았다. 그래서 중국인들은 서구 경영학에 눈길을 돌리기 시작했다.

서구의 경영 이론은 1910~1920년까지도 규모의 효과를 강조한, 오로지 대량 생산 시스템에 적합한 이론이었다. 그러다가 1920년대에 프레더릭 테일러라는 미국의 경영학자에 의해 과학적 경영의 시대가 열렸다. 하버드 법대에 입학했으나 법률가의 꿈을 접은 이 불운의 엔지니어는 일생 동안 100여 건의 특허를 출원했다. 그러나 그의 가장 큰 공적은 『과학적 관리법』이라는 저서를 남긴 것이었다.

테일러는 '거의 모든 숙련공들이 상당한 시간 동안 느릿느릿 일하면서도 고용주에게는 자신이 열심히 일하고 있음을 인식시키는 데 보내는' 현상에 주목, 작업 능률을 향상시킬 수 있는 과정을 연구해냈다.

1. 특정 작업 과정을 분석하기 위해 10~15명의 숙련공에게 똑같은 작업을 시킨다.
2. 매 사람의 정확한 기본 동작과 사용 도구들을 연구한다.
3. 매 기본 동작을 하는데 소요되는 시간을 스톱워치로 측정, 작업별 공정을 가장 빠르게 완성할 수 있는 방법을 찾아낸다.
4. 틀린 동작, 느린 동작 및 불필요한 동작을 제거한다.
5. 작업을 가장 빠르고 훌륭하게 완성하는 동작과 가장 적합한 작업 도구를 모아서 연결시킨다.

테일러는 비난의 대상이 되기도 하지만 그의 '과학적 경영 방법'이 획기적인 발상이라는 사실은 부인할 수 없다.

오늘날 대부분의 기업들은 가장 기본적인 문제를 해결하려고 하지 않는다. 심지어 관심조차 가지지 않는다. 예컨대 모든 근로자의 작업 내용을 간단한 기본 동작으로 바꾸는 것, 모든 기본 동작과 합리적인 작업 절차를 기록하고 정리, 분류하는 것 등이 이에 해당한다. 또 숙련공의 실제 작업 과정을 연구, 기록하여 불가피한 속도 지연, 작업 중단, 소소한 사고 등의 허용 한계를 확정하는 것, 과로를 방지하기 위해 근로자의 휴식 시간을 얼마 간격으로 몇 분으로 정할 것인지 연구, 기록하는 것 등도 이에 속한다. 물론 현장에서 작업하지 않는 노동자, 화이트칼라, 지식근로자에 대한 관리는 더 복잡하기 때문에 과학적인 분석과 효과적인 배치가 더 중요하다.

테일러리즘이 근로자를 착취, 수탈하기 위한 이론이라는 선입관을 버려라. 반면 과학적인 관리 방법을 통해 작업 능률 향상, 노동 시간 감소, 노동 강도 절감 등이 가능하다.

테일러 이후에 비로소 대인관계 경영, 전략기획 등의 이론이 나타났다. 글로벌화, 학습공동체, 지식경영 등의 개념은 1990년대 이후에 나타난 것이다. 우리는 서구 사회에서 100여 년의 긴 시간을 들여 걸어간 길을 더 빠른 기간 내에 걸어갈 수 있게 되었다. 그러나 기존 단계를 뛰어넘는 것은 매우 어려운 일이다. 전문 용어를 많이 안다고 해서 지식이 많다고 할 수는 없다. 기업 경영은 점진적인 세분화가 필요하다. 한꺼번에 큰 도약을 꿈꿔서는 안 된다. 첫술에 배부를 수는 없는 법이다.

> 관리자의 성공 비결은 평범한 일을 평범하지 않게 해내는 것이다.
> —톰 피터스

4 꾸준히 실천하여 몸에 배게 하라
_디테일한 습관을 만드는 4가지 방법

정부기관, 기업, 각종 사회단체를 막론하고 직원들의 디테일한 습관을 훈련시키는 것은 개인의 자질 향상에 매우 중요하다. 사람의 사상이나 의식, 사고방식은 바꾸기 어렵지만 습관과 행동방식은 강제적인 힘에 의해 바뀔 수도 있다. 행동방식을 바꾸면 사고방식도 바뀐다. 물론 가끔은 어떤 행동방식을 바꾸기 위해 강제적인 힘을 동원해야 하는 경우도 있다. 억지로 만들어진 습관도 원래 타고난 천성과 같이 된다.

명세서 작성 습관

기업의 경우 기업의 사명은 전략으로 구체화된다. 또 전략은 기획으로 구체화되고 기획은 계획으로 세분화된다. 나아가 계획은 일정으로 세분화된다. 직원들은 각자 소속 계통, 부서의 일정(日程) 요구에 따라 스스로 작업일지를 작성해야 한다.

작업일지가 바로 '명세서'의 일종인 것이다. 작업일지는 복잡한 것이 아니다. 그날 해야 할 일들을 일일이 열거하고 작업순서, 작업표준, 작업에 필요한 시간 등을 명시하면 된다. 또 하루 일과가 끝난 뒤 일을 제대로 해냈는지 점검하고, 일을 제대로 완성하지 못한 경우에는 그 원인이 무엇인지 파악하면 된다. 이런 자세를 꾸준히 견지하다 보면 자연스럽게 습관으로 굳어진다. 그렇게 하면 문제를 전면적으로 바라보는 안목을 갖출 수 있다. 또 상, 하위 작업절차와의 조화를 이루는 데도 큰 도움이 된다. 예를 들어 인적자원부의 모든 부원들의 작업일지를 공유할 수 있다면 부서의 업무 효율은 크게 향상될 것이다.

나는 『디테일의 힘』의 부록 1- '경영자가 꼭 해야 할 일'에서 서로 다른 시간대(매일, 매주, 15일, 매달, 각 분기, 6개월, 매년)마다 반드시 해야 할 일 72가지를 열거했다. 이것도 일종의 명세서 작성 습관이라고 할 수 있다. 이처럼 가끔 습관적으로 작업내용, 크고 작은 프로젝트와 작업 진척 상황을 정리하면 시간과 힘을 절약할 수 있다.

이쯤에서 일본의 한 택시회사의 간단하면서도 효과적인 경영 방법을 살펴보자. 그들은 모든 택시에 잉크젯 프린터를 설치하고 전용 프린트 종이를 비치해뒀다.

프린터 종이에는 택시의 시동시간과 제동시간(차량 운행시간), 주행거리(주행속도), 단위 시간당 소비한 연료의 양(연비) 등을 기록하는 칸이 있다. 매일이 종이 한 장이면 각 택시의 작업 상태, 능률, 비용 등을 상세하게 기록할 수 있다. 차가 막히는 등 특별 상황이 발생한 경우에는 운전기사가 별도의 기록과 설명을 덧붙여 탑승 고객의 확인을 받은 후 팩스로 본사에 보낸다. 이 종이는 실적 심사, 평가, 보수 계산의 중요하고도 충분한 근거가 된다. 이것도 일종의 명세서 작성 습관이다.

쑨원은 일찍이 "중국이 매사에 부진한 이유는 할 수 없어서가 아니다. 하려고 하지 않기 때문이다."라고 말한 바 있다. 명세서를 작성하는 것은 어렵지 않다. 중요한 사실은 그것을 하려고 하지 않는다는 점이다. 명세서 작성 습관은 자동화, 정보화를 통해 쉽게 기를 수 있다. 일본 택시회사처럼 자동화설비를 개발하는 것도 좋은 방법이다. 그러나 문제는 우리가 그렇게 해야 할 필요성을 느끼지 못한다는 것이다.

정치(定置: 정리정돈) 습관

여기에는 공간의 정치와 시간의 정치 2가지가 포함된다.

공간의 정치란 모든 물품, 자재, 도구 등을 정해진 위치에 일정한 순서로 정연하게 정돈해두는 것을 가리킨다. 최근 3개 기업 176명의 사무직원들을 대상으로 조사한 결과, 우리는 한 사람이 매일 평균 87분 동안이나 서류를 찾고 이 서류를 다시 정리한 다음 자와 컴퍼스를 찾는 일에 허비한다는 놀라운 결과를 얻었다. 근무시간의 무의미한 낭비와 효율 저하는 매우 무서운 일이다. 그러나 이는 직원들이 일을 열심히 하지 않는 것과는 별개의 문제이다. 직원들이 정치에 관한 훈련을 받지 못했기 때문이다.

생산현장에서는 대부분 자재, 반제품, 완제품, 도구, 작업복, 부품, 소모품 등을 정리, 정돈해서 질서 있게 배열한다. 따라서 작업자가 바뀌어도 필요한 물품을 쉽게 찾을 수 있다. 그러나 제조분야 이외의 기업과 화이트칼라들은 이와 같은 교육을 받는 일이 드물다.

정치 습관에는 시간 정치 습관도 포함된다. 즉 정규적, 주기적으로 해야 할 일은 정해진 시간에 하는 것이다.

회의를 예로 들어보자. 대부분 기업의 이사장, 사장은 시간 정치 개념을 가지고 있지 않다. 오후 네 시에 갑자기 "다섯 시 반에 회의를 한다."라고 일방적으로 직원들에게 통보하는 경우도 비일비재하다. 직원들은 대체로 고객 방문, 부서회의 등 각자 스케줄이 이미 정해져 있다. 그런데 뜬금없이 회의라니, 기분이 좋을 까닭이 없다. 이처럼 예정에 없던 회의를 아무 때나 하다 보면 업무 효율에 영향을 주게 된다. 회의의 효율성을 높이려면 회의를 정례화하여 시간 정치 습관을 만드는 것이 좋다.

물론 누구나 다 칸트처럼 살 필요는 없지만 근무 과정에서의 규칙적인 습관은 팀원이나 사원들 간 찰떡 호흡을 만드는 데 큰 도움이 된다. 더불어 근무 능률도 대폭 향상된다.

어떤 의미에서 보면 디테일한 습관을 강조하는 이유는 효율성 향상을 위해서라고 할 수 있다. 정치 습관 훈련의 목적 역시 직원들이 일정한 템포에 맞춰 질서정연하게 작업하도록 만들어 주기 위한 것이다. 팀워크의 중요성이 유난히 강조되는 시대에는 이처럼 정치 습관을 통해 팀의 일사불란한 행동이 가능해진다. 또 팀원과 팀원 사이의 템포가 들쭉날쭉해진 탓에 무의미하게 기다리거나 템포를 조정하는 데 드는 시간 낭비도 막을 수 있다. 이렇게 하면 근무 효율도 향상시킬 수 있다.

[부록]

정례회의 개최 방법

정례회의는 기업 내의 일상적인 문제를 해결하는 주요 수단이다. 그러나 정례회의의 효과가 미비하다는 것이 대부분 기업 경영자들의 공통된 경험이다. 심지어 전혀 효과를 보지 못한 정례회의가 무려 80% 이상이라는 구체적인 통계도 나와 있다. 일반적으로 이론 학습 토론회는 개최하기 쉽지만 실무회의는 어렵다. 또 계획 수립을 위한 회의는 쉽지만 문제 해결을 위한 회의는 어렵다. 분명한 문제점에 대해 시정 사항을 전달하는 회의는 쉽지만 불분명한 문제점에 대해 근원적 책임을 분석하는 회의는 어렵다. 정례회의에서는 또 상황 보고가 많고 원인 분석은 적다. 문제에 대한 설명이 장황한 반면 문제 해결을 위한 건의는 적다. 듣는 사람이 많고 말하는 사람도 적다. 회의 내용을 기록만 할 뿐, 실천하는 경우도 적다.
그렇다면 이러한 문제점들을 어떻게 해결할 것인가?
우선 아래와 같은 몇 가지 원칙과 태도를 견지해야 한다.

1. 경영자는 정례회의가 모든 문제 해결의 만능열쇠가 아니라는 사실을 기억해야 한다. 정례회의를 통해 업무 배치와 조율, 애로사항, 계획 안배, 임무 분배 등의 문제는 해결할 수 있다. 그러나 가급적 문제의 근원적 책임에 대해서는 분석하지 말아야 한다. 자주 발생하는 문제의 원인을 알고 싶어도 정례회의에서 꼬치꼬치 따지는 일은 피해야 한다. 그 대신 '미복잠행' 또는 '조사연구'를 통해 문제의 근원을 밝혀낸 뒤 해결방안을 모색하는 것이 바람직하다.

2. 정례회의를 책임 추궁의 장으로 만들지 말라. 정례회의의 목적은 문제점과 애로사항을 발견하는 것이지, 개인적인 책임을 추궁하기 위한 것이 아니다. 회의는 문제를 밝혀내고 계획과 분업을 적절히 안배하는 모임이어야 한다. 경영자는 정례회의에서 특정 문제를 표면화할 필요는 있다. 그렇지만 이때에도 특정 개인의 책임을 추궁해서는 안 된다. 다만 해결방법을 논의한다거나 애로사항을 해결하도록 지원하는 것은 무방하다. 그러나 문제점을 자꾸 덮어 감추려는 사람이 있으면 가차 없이 그 결과에 대해 책임을 지게 해야 한다.

3. 회의 참석자는 정례회의를 책임을 추궁하는 회의로 간주해서는 안 된다. 서로 상대방을 헐뜯거나 책임을 전가해서는 안 된다. 본인의 책임을 회피하는 장으로 여겨서도 안 된다.

4. 정례회의에서는 실무에 도움이 안 되는 공허한 논의를 하지 마라. 정례회의는 기업의 기존 문제점을 해결하고 임무를 안배하는 자리이다.

5. 정례회의에서 선동이나 홍보를 하지 말라. 정례회의는 실무를 장악하기 위한 것이지 의욕을 진작시키기 위한 것이 아니다.

6. 회의 기록을 남겨라. 문제점과 애로사항 반영기록, 해결조치 기록, 임무 분업 기록, 시간 계획 기록 등 다양한 기록을 남겨라. 다음 회의에서 먼젓번 회의 내용의 실천 상황을 점검하라.

소통 습관

한 기업인이 유명 화가를 집으로 초청해 식사를 대접했다. 기업인은 주방에서 요리를 하고 그의 부인이 화가와 한담을 나누게 되었다. 화가는 부인과 이야기를 나누면서 그녀를 모델로 삼아 스케치 한 장을 그렸다. 이윽고 화가가 완성된 그림을 보여줬다. 화가답게 매우 잘 그린 작품이었다. 기업인은 칭찬을 아끼지 않았다.

그러자 화가는 그를 향해 자세를 고쳐 앉더니 다시 도화지에 붓을 놀리기 시작했다. 가끔 기업인 쪽으로 왼손을 내밀어 엄지손가락을 세워 보고는 다시 도화지를 향했다. 기업인은 내심 자신을 그리나 보다 싶어 포즈를 취하면서 몇 분간을 그대로 있었다. "자, 다 되었습니다."라고 하면서 화가가 입을 열었다. 기업인은 기쁜 심정으로 그림을 받아 쥐었다. 그런데 화가가 보여준 그림을 보고 아연실색할 수밖에 없었다. 도화지에는 화가 자신의 왼손 엄지손가락이 스케치돼 있었던 것이다. 기업인은 언짢은 표정으로 중얼거렸다.

"나는 왜 내 초상화를 그린다고 생각했지?"

우리도 업무 중에 자주 범하는 실수가 있다. 바로 '나는……라고 생각' 하는 것이다. '나는 이러이러하다고 생각했으나' 사실은 '그렇지 않은 경우'가 많다. 또 잘못 생각했다는 사실을 깨달았을 때는 이미 늦다. 아까운 기회나 시간을 낭비한 것은 말할 것도 없다. 더욱 중요한 것은 위나 아래와의 연결이 제대로 이루어지지 못했다는 점이다. 따라서 '나의 주관적인 생각'을 절제해 팀워크 과정에서의 불필요한 실수를 줄이는 것이 중요하다. 소통 습관의 중요성이 주목 받는 이유도 이 때문이다.

산업 시대의 주요 특징은 '갈수록 섬세해지는 분업, 갈수록 강력해지는 협력'으로 개괄할 수 있다. 이 산업화 시대의 특징에 부응하기 위해서라도 모든 팀원들은 소통 습관을 양성할 필요가 있다. 또 업무과정에서 다른 사람과의 조율능력을 강화하고 불필요한 실수 역시 줄이는 것이 바람직하다.

아래에 소통 습관을 기를 수 있는 3가지 방법을 소개한다.

첫째로, 승낙제도를 꼽을 수 있다.
상사가 부하에게 일을 안배할 때 사용한다. 특히 고위간부가 중간관리자에게 일을 안배할 때 사용한다. 이른바 '승낙제도'는 부하가 상사에게 '업무 수령증'을 쓰는 것이라고 보면 된다. 돈 100위안을 빌릴 때 차용증을 쓰는 것은 아주 당연한 일이다. 편지지 열 묶음을 수령하면서 수령증을 쓰는 것도 당연한 일이다. 그러나 어떤 업무를 맡을 때(수천만 위안의 비용 내지 수백만 위안의 이익과 관계되는 중요한 일일 수도 있다.) 업무 수령증을 쓰는 경우는 거의 없다. 예를 들어 사장은 부서장에게 어떤 임무를 안배할 때 '언제 어디서 어떤 임무를 맡았고, 그 임무를 언제까지 완성할 것이다.' 라는 내용의 업무 수령증을 쓰도록 요구할 수 있다. 필요할 때에는 임무 완성 후의 검수 기준 등을 명시해도 된다. 업무 수령증에는 반드시 서명이 필요하다. 중국인은 서명을 대단히 중요하게 생각한다. 자신의 이름을 사인했다는 것은 그 일을 승낙하고 책임질 것이라는 의미와 바로 통한다. 상사는 부하에게 중요한 임무를 맡길 때 반드시 서면 기록을 남기고 부하의 사인을 받아야 한다. 문서화된 명백한 증거는 사후 평가, 책임 추궁, 실적 평가의 중요한 근거로 이용된다. 실제로 구두로 임무를 맡길 때에는 의사전달이 제대로 이루어지지 않아 사후 서로에게 책임을 전가하기도 한다. 이 수령증은 이런 현상을 모면할 수 있도록 해준다.

둘째로, 진도표 작성도 방법이 될 수 있다.

이 방법은 중간관리자가 부하직원에게 어떤 일을 안배할 때 많이 사용하는 방법이다. 특히 어떤 일을 여러 개의 세부 항목으로 나눠 완성해야 할 때 많이 적용된다. 진도표는 아래 양식을 참고하기 바란다.

번호	항목	담당자	완성시간	검수 요점	비고
1					
2					
……					
N					

담당자 :   (서명)

한 가지 일을 여러 사람이 분담해 처리할 때 위의 양식을 각 담당자에게 발급, 서명한 다음 보관하도록 한다. 그렇게 하면 각자 맡은 바 임무에 대한 책임감이 커진다. 나아가 상사가 부하가 진행하는 일의 진척상황을 점검하고 실적을 평가하는데 큰 도움이 된다.

이와 같은 진도표를 차곡차곡 보관해뒀다가 연말에 다시 정리하면 우수한 임직원과 상벌 대상을 선정할 때 유용한 근거로 활용할 수도 있다. 물론 일부 앞선 기업들에서는 첨단 관리 방법을 시행하고 있지만, 대다수 중소기업의 경우 위와 같은 방식으로도 직원의 자질을 향상시킬 수 있다.

마지막으로 복창하게 하는 것도 훌륭한 방법이다.

모든 일에 업무 수령증이나 진도표를 작성할 필요는 없다. 작은 일은 말로 지시하거나 설명해도 된다. 이 경우에는 의사 전달 과정에서의 불필요한 실수를 피하기 위해 지시를 받는 사람에게 지시사항을 복창하게 한다. 예컨대 항공권 구매를 지시한 다음 비서에게 지시사항을 복창하게 하는 것이다. "12월 22일 오후 4시 베이징에서 광저우로 가는 항공권을 구매합니다."라고 말하는 식이다. 이렇게 하면 착오를 피할 수 있다.

이 방법은 너무 기계적이 아니냐는 비난을 받을 수 있다. 상사가 부하를 존중하지 않는 것처럼 느껴지기도 한다. 그러나 그렇게 생각할 필요가 없다. 컴퓨터에서 워드 프로그램을 종료할 때 화면에 '저장하시겠습니까? 예, 아니요, 취소'의 메시지가 뜨는 것과 같은 이치이다. 마이크로소프트에서 프로그램을 이런 형태로 만든 것은 모든 프로그램 사용자들을 '바보'로 생각해서가 결코 아니다. 단지 확인 절차를 추가하여 실수를 줄이는 것이다.

경영이라는 것은 바로 이런 것이다. 겉보기에 사소하고 잡다해 보이는 일을 하나하나 진지하고 완벽하게 차근차근 해나가는 것이 올바른 길이다.

상대방의 입장에서 생각하는 습관

얼마 전에 4성급 호텔에 투숙한 적이 있었다. 아침에 식사를 하러 식당에 갔다. 그런데 종업원이 다가와 식권을 받아갔다. 식사 전에 식권을 건네는 것은 당연한 일이다. 그러나 그 종업원은 식권만 받고 나서 나를 자리에 안내하지 않았다. 나는 별수 없이 스스로 자리를 찾아 앉았다. 그런데 이번에는 냅킨, 포크, 수저 따위도 준비돼 있지 않은 것을 발견했다. 이어 죽을 뜨러 가보니 죽과 우유 앞에 국자가 달랑 하나만 있었다. 식사를 마치고 휴지를 찾았더니 휴지가 보이지 않았다. 그래서 내 식권을 받아간 종업원을 쳐다봤지만 그는 한 번도 나와 눈길을 마주치지 않았다. 결국 나는 큰 소리로 "저기요!"를 연발할 수밖에 없었다.

위의 디테일한 상황은 사실 문제점이라 할 것도 없다. 노점에서 흔히 볼 수 있는 현상이기 때문이다. 그러나 고급 호텔에서 이런 현상이 나타났다면 달라진다. 호텔의 서비스에 문제가 있거나 종업원이 실수를 한 것이다(비록 작은 실수이기는 하지만). 이 경우 그 종업원을 다른 호텔에 보내 그곳의 서비스를 한두 번 체험하게 하는 것도 좋은 방법이 될 수 있다. 다른 사람의 장점을 배우고 자신의 결점을 고칠 수 있게 말이다. 본인이 고객의 입장에서 경험한 상황은 기억 속에 깊이 남게 마련이다. 따라서 상사가 입이 닳도록 교육하는 것보다 훨씬 더 철저하고 빠르게 자신의 결점을 고칠 수 있다.

가끔 어떤 일을 할 때 많은 노력을 기울였는데도 부족한 결과가 나오는 경우가 있다. 상대방의 입장에서 생각하지 않기 때문이다. 한번은 광저우에서 차를 몰고 가다가 갈림길에서 멈춰선 적이 있었다. 길목에는 '시내 방향', '시외 방향'이라고 적은 도로 표지판이 두 개나 있었다. 그러나 방향을 표시하지 않아 어느 쪽이 시내 방향이고 시외 방향인지 도무지 알 길이 없었다. 만약 이 표지판을 세운 사람이 외지의 친척을 데리고 이 길을 지나본 경험이 있었다면 이 따위로 길 안내판을 세우지는 않았을 것이다.

나는 고향에서 출국수속을 하면서 여러 번 헛걸음을 한 적이 있었다. 그때마다 서류가 미비하다거나 잘못 작성되었다는 등의 이유가 있기는 했다. 17년이나 공부를 한 이른바 지식인이라는 내가 서류를 제대로 작성하기 어려우니, 공부를 적게 한 사람들은 두말할 것도 없을 것이다. 관공서 양반들이 조금만 상대방의 입장에서 생각해주면 좋을 것 같다. 제출서류 리스트와 신청서 샘플을 제시하고 틀리기 쉬운 부분을 지적해준다면 일반 서민들도 출국수속을 훨씬 쉽게 할 수 있지 않겠는가.

기업에서는 훈련을 통해 입장을 바꿔 생각하는 습관을 배양할 수 있다. 예를 들어 생산현장 직원을 일주일 동안 그 다음 절차의 작업라인에 보내 일하게 한다거나, 판매부 책임자를 열흘간 생산부에 보내 견습하게 한다거나 하는 방법이 있을 수 있다. 또 재무부 부원을 시장에 보내 판매 대금을 받아오게 한다거나 생산부 관리자를 구매부원에게 딸려 보내 공급이 달리는 원자재를 구매해보게 하는(회사에서 자금난을 겪을 때 효과가 더 좋다) 방법 등도 생각해볼 수 있다.

이처럼 직원들이 체계적인 훈련을 거쳐 명세서 작성 습관, 정치 습관, 소통 습관, 입장을 바꿔 생각하는 습관을 배양한다면 어떻게 될까? 훨씬 더 디테일하고 진지하며 적절한 작업이 이루어질 것이다. 또 팀워크도 원활해질 것이고 근무 효율 역시 대폭 향상될 가능성이 크다.

> 어릴 때 형성된 습관은 천성과 같다. 습관은 자연스럽게 형성된다.
> —공자

> 문답록
>
> # 저자와의 대화

〔질문 1〕 나는 중소기업의 마케팅 담당입니다. 중소기업은 직원 이직률이 높고 실행력이 매우 부족합니다. 기업의 경영자로서 어떻게 하면 계획을 잘 제징·실시하고 업무 결과를 잘 심사할 수 있을까요? 어떤 디테일한 부분을 중요하게 생각해야 할까요?

〔답〕 중소기업은 PR이나 홍보 분야에서 대기업보다 흡인력이 떨어지는 것이 사실입니다. 따라서 직원 이직률도 높습니다. 그러나 중소기업은 대기업에 없는 장점도 많이 가지고 있습니다. 배가 작으면 뱃머리를 돌리기 쉽습니다. 또 기업이 작으면 모든 사원들이 일치단결하기 쉽습니다.

중소기업의 실행력이 부족하다는 것은 원칙적으로 옳지 않습니다. 기업이 작을수록 실행력이 더 높아져야 정상입니다. 기업이 작을수록 경영 구조가 단순하고 중간 단계가 적으면서 전달시간이 짧기 때문에 이치대로 말하면 실행력이 더 높아야 합니다. 지금 귀하께서는 귀사의 기업 실행력이 낮다고 했습니다. 그러나 나는 귀사의 상세한 상황을 잘 모릅니다. 그래서 어떤 점이 문제라고 꼭 집어서 말하기는 어렵습니다. 하지만 이 경우에는 2가지 공통된 문제점이 존재할 수 있습니다. 이를 해결하려면 역시 2가지가 필요합니다.

하나는 정례회의 제도가 필요하다는 것입니다. 기업은 내재적 논리를 가지고 있는 하나의 생명체입니다. 따라서 매일, 매주 일련의 문제점이 누적될 수 있습니다. 마치 사람이 성장하면서 각종 세균과 바이러스에 감염되는 것과 같은 이치입니다. 사람이 정기적으로 건강검진을 받듯 기업도 정기적인 내부 '검진'이 필요합니다. 매우 사소한 문제도 위기로 이어질 수 있으니까 말입니다. 기업의 정기검진 방식 중 가장 효과적인 것이 바로 정례회의 제도입니다.

또 하나는 기업의 임직원 여러 사람이 모인 장소에서는 항상 고위간부 한 사람이 중심인물이 돼야 한다는 것입니다. 여러 사람이 모였을 때(회식자리 포함) 마작이나 카드놀이를 적게 하고, 대신 어떤 문제에 대해 학습하고 토론하는 분위기를 형성하는 것이 중요합니다. 만약 이것이 일종의 습관으로 굳어지면 사원들의 학습능력이 대폭 향상됩니다. 기업의 집행력 역시 호전될 것입니다. 세 명 이상만 모여도 전문적인 주제에 대한 토론을 할 수도 있습니다. 중소기업의 우위를 적극 발휘하고 대기업을 맹목적으로 모방하지 말아야 합니다. 뱁새가 황새걸음을 걸으면 가랑이가 찢어지는 법입니다.

〔질문 2〕 선생님으로 인해 『디테일의 힘』에 대해 많은 것을 알게 되었습니다. 현실에서도 큰 도움이 되었습니다. 선생님은 기업 경영 전반에 디테일이 적용된다고 했습니다. 예컨대 초빙과정을 디테일한 절차로 세분화하고 뒤이은 면접과정도 디테일한 절차로 세분화할 수 있습니다. 그렇다면 이와 같은 디테일한 절차를 제정한 후 '디테일의 디테일' 형태로 끝도 없이 세분화할 수 있지 않습니까? 이 경우 어느 정도까지 디테일하게 세분화해야 할지 그 '도'를 어떻게 컨트롤해야 합니까?

〔답〕 좋은 질문입니다. 나의 또 다른 저서에 "인생에서 가장 컨트롤하기 어려운 규칙이 바로 도이다."라는 말이 있습니다. 나는 디테일의 '도'를 '입자'로 표현하고 싶습니다.

사실 디테일의 세분화 과정은 끝이 없습니다. 그렇다면 기업 경영이 어느 정도까지 디테일하면 적절하다고 할까요? 이는 기업의 실정에 따라 정해야 합니다. 나는 '관리부서 및 경로의 표준화' 과정을 '명확성, 정확성, 정밀성' 등의 3단계로 개괄한 바 있습니다. 간단한 예로 콜라에 대한 요구 기준의 변화 과정을 살펴보겠습니다. 처음에는 콜라를 마실 때 별다른 요구 기준이 없었습니다.

그러나 훗날 콜라는 차게 해서 마셔야 한다는 기준이 등장했습니다. 이어 더 훗날에는 콜라의 온도가 4도일 때 가장 맛있다는 더 디테일한 기준이 나왔습니다. 그렇다면 콜라의 온도가 3.8도일 때 너 맛있지 않을까요? 이후에는 콜라의 온도가 3.8도가 돼야 한다는 기준이 나올지 모르지만 적어도 지금까지는 4도보다 더 디테일한 기준은 나오지 않은 상태입니다.

기업 경영은 어느 정도까지 디테일해야 할까요? 기업에 대한 조사연구를 통해 적절한 표준을 정할 수 있습니다. 중국 통신장비 회사 화웨이의 런정페이 회장은 '기업 경영 규칙은 절대화, 최적화, 고착화' 돼야 한다고 강조했습니다. '규칙의 절대화'는 관리자들이 능력에 따라 기업 규칙을 어느 정도까지 세분화했다면 기업 내 모든 임직원이 반드시 그 규칙을 무조건 준수하고 실행해야 한다는 의미입니다. 또 문제가 생기면 관리자가 책임을 져야 합니다. '규칙의 최적화'라는 것은 2, 3년 간의 실천을 통해 기존 규칙에 어떤 문제점이나 부족한 점이 있는지 살펴보고 문제점을 개선하거나 부족한 점을 보완하는 것입니다. '규칙의 고착화'라는 것은 다시 2, 3년이 지나 규칙이 기본적으로 성숙되었다면 그 규칙을 장기적인 관리표준으로 삼아 고착시킨다는 의미입니다.

디테일의 모든 과정에서 반드시 규칙을 우선시해야 합니다. 다시 말해 규칙의 엄격함을 충분히 인식한 전제하에 디테일을 세분화해야 한다는 것입니다. 규칙을 우선시하지 않는 디테일화는 헛수고에 불과합니다.

〔질문 3〕 많은 기업들이 디테일을 중요하게 생각합니다. 그런데 그 효과가 기대에 미치지 못하고 있습니다. 아무리 디테일한 부분을 틀어쥔다고 해도 직원들이 교묘한 수단으로 허점을 노리고 관리자들은 또 디테일 경영 과정의 이 같은 허점을 막기 위해 골머리를 앓습니다. 이 문제를 어떻게 해결해야 할까요?

〔답〕 이 문제는 디테일 때문에 생긴 문제가 아닙니다. 경영 방식이 잘못되었기 때문에 생긴 것입니다. 기업 경영은 규칙에 의해 이루어져야지 고위 간부의 지혜로 이루어져서는 안 됩니다. 기업은 규칙을 제정할 때 '직무'와 '경로'에 중점을 둬야 합니다. 직무는 각자 개인의 업무 내용과 표준을 설명한 것이고, 경로는 어떤 업무의 절차와 표준에 대해 설명한 것입니다. 직무와 경로에 대해 명백하게 이해하지 못하면 사람과 일에 대한 혼란만을 조성하게 됩니다.

덧붙여 말하지만 직무와 경로는 정해놓는다고 끝나는 것이 아닙니다. 교육과 훈련이 필요합니다. 예를 들어 새로 뽑힌 기자가 녹음 펜을 사용하려면 다른 사람의 가르침을 받고 30여 분 동안 스스로 사용 방법을 연습해야 실수 없이 사용할 수 있습니다. 그 기자가 명문 대학 출신이라는 사실은 녹음 펜 사용가능 여부와 상관없습니다. 기업은 기업 내 모든 사람들에게 직무 및 경로 내용에 대한 엄격한 교육 훈련을 시켜야 합니다. 이 과정을 일컬어 직업화 과정이라고 합니다. 현재 중국 기업의 가장 큰 문제점은 이 직업화 교육 훈련이 부족하다는 사실입니다.

〔질문 4〕 관리자는 직원들의 일상적인 근무 과정의 각 부분에 대해 모두 감독해야 하나요?

〔답〕 모든 부분에 대해 감독할 필요는 없습니다. 그 대신 정확한 작업 표

준을 제정하고 책임 추궁 시스템을 구축해야 합니다. 더욱 중요한 것은 직원 교육과 실적 심사 평가입니다. 교육은 경영의 토대이며, 실적 평가는 정확한 경영의 방향을 제시합니다.

〔질문 5〕 디테일 습관을 배양할 때 강제력 있는 방법을 동원하는 것도 필요하지 않을까요?

〔답〕 강제적인 방법이라 하기에는 조금 그렇기는 하지만, 팀이나 단체 별로 군복의 단추처럼 팀의 풍기를 항상 각인시킬 수 있는 규범을 만들어 놓는 것은 어떨까요? 모든 팀원들이 점차 디테일 습관을 기르는 데 큰 도움이 될 것입니다. 군복의 단추는 사실 군인의 전투력에는 실질적으로 그다지 도움이 되지 못합니다. 다만 군인들이 항상 군인이라는 사실을 자각하고 명령에 복종하게끔 만들 뿐입니다. '차렷', '열중 쉬어', '앞으로 가'와 같은 구령처럼 말입니다. 군인들은 장기적인 훈련과정에서 이와 같은 규범을 습관화합니다. 그러면서 점차 명령 복종을 천직으로 삼는 품성이 함양됩니다. 더 나아가 전투력을 갖춘 조직으로 태어나게 됩니다. 중국의 인민해방군은 불과 100여 조항의 조례와 규칙 외에는 복잡한 복무규정이 없습니다. 그럼에도 백만 대군이 장기적, 효과적으로 잘 지휘돼 왔습니다. 많은 기업들에서 '군부대의 관리 경험을 벤치마킹하는' 붐이 일어나고 있습니다.

강제력에 의해 만들어진 습관도 시간이 지나면 기본적으로 타고난 천성처럼 됩니다. 기업 규칙을 제정, 실시하는 과정에 개인의 지혜와 재능을 두드러지게 강조해서는 안 됩니다. 개인의 지혜와 재능은 규칙을 지키는 전제 하에서 빛을 발합니다. 개인이 총명과 재능을 믿고 단체의 규칙을 제멋대로 바꿔버린다면 그 단체의 경쟁력은 커질 수 없습니다. 현재 발전 중인 기업이나 이미 본궤도에 오른 기업을 막론하고 디테일을 중시하는 습관은 처음부터 간단한 훈련으로 시작해야 합니다.

〔질문 6〕 '중국인의 총명과 지혜에 도대체 어떤 문제가 생긴 것일까' 라는 글의 내용에 대해 설명해주십시오.

〔답〕 나의 완고한 생각을 말해보겠습니다. 기본적으로 중국인은 대단히 총명합니다. 하지만 중국인은 그 총명함을 올바른 곳에 쓰지 않습니다. '규칙의 허점을 찾아내고 규칙을 마음대로 고치고 바꾸는 데' 사용합니다. 그러나 농익은 기업은 그렇게 하지 않습니다. 기업 자체의 규칙을 통해 임직원에게 요구할 것을 합니다. 기업 규칙이 바로 경영의 표준을 반영한다고 보면 됩니다. 이처럼 중국인은 규칙을 인정, 준수하는 전제 하에 총명함을 발휘해야 합니다. 규칙을 인정하고 규칙을 준수할 때 비로소 진정으로 총명한 중국인으로 다시 태어날 수 있다고 하겠습니다.

스스로 총명하다고 생각하고 잔머리를 굴려서는 절대로 안 됩니다. 스스로 총명하다고 여기는 사람들은 규칙의 허점을 이용한 비정상적인 수단으로 성공의 지름길을 찾으려고 애씁니다. 그러나 사실 인생에는 지름길이 없습니다. 그런 의미에서 스스로 총명하다고 여기는 사람들은 제 꾀에 제가 넘어가고 반드시 실패한다고 해도 좋습니다.

나는 '영리한 사람'과 '뛰어난 사람'에 대해 설명한 적이 있습니다. 자신의 총명함을 보여주기에 급급한 사람을 영리한 사람이라고 합니다. 그러나 알고 보면 이 부류의 사람은 잔꾀만 부릴 줄 알지 진짜 지혜와는 거리가 먼 사람입니다. 반면 뛰어난 사람은 원칙을 꿋꿋이 지키고 본인의 총명함을 감춥니다. 이런 사람이 큰 지혜를 얻을 수 있습니다.

〔질문 7〕 나는 다년간 국유 기업과 외자 기업에서 관리직으로 일했습니

다. 이때 다음과 같은 2가지 문제에 줄곧 의문을 가졌습니다. 첫째는 거시적 관점과 디테일 경영 사이의 균형을 어떻게 도모해야 하는가 하는 것이었습니다. 둘째는 규칙이 엄한 기업에서는 어떻게 인성화 경영을 실시해야 하는가 하는 의문이었습니다. 외자 기업 특히 일본 기업은 기업 내규가 엄하기로 유명하지 않습니까.

〔답〕 첫 번째 질문을 다시 해석하면 기업 경영자는 어떻게 큰 것을 틀어쥐고 작은 것을 풀어놓을 것이냐 하는 것입니다. 다시 말해 큰 것과 작은 것의 균형을 어떻게 이룰 것이냐 하는 것이라고 볼 수 있습니다. 앞에서도 언급했지만 아래와 같은 3가지 관점을 거듭 들려드리고 싶습니다.

우선 이른바 '경영자'는 기업의 전략을 결정하는 사람이라는 사실입니다. 따라서 기업의 경영자는 이 말을 명심해야 합니다. "객관식 문제를 많이 풀고 주관식 문제를 적게 풀면서 논술문제는 아예 풀지 말아야 한다."라는 진리를 말입니다. "객관식 문제를 많이 풀라."는 이야기는 부하들에게 방안 제정과 설계를 맡겨두고 본인은 부하들이 제출한 방안을 판단, 결재하면 된다는 이야기입니다. "주관식 문제를 적게 풀라."는 이야기는 부하가 제기한 문제에 대해 직접 답안을 제시할 것이 아니라 부하에게 대응되는 답안을 가져오게 한 뒤 부하를 도와 함께 문제를 분석하라는 의미입니다. "논술문제는 아예 풀지 말라."는 것은 장황한 설명을 하지 말고 기업의 규칙만 딱 적용하면 된다는 이야기입니다. 경영자는 장광설을 늘어놓을 시간이 없습니다. 그들은 규칙과 제도, 절차에 의존해 기업을 관리해야지, 개인의 지혜와 노력에 의존해 기업을 관리해서는 안 됩니다.

둘째로 경영자도 실무적이고 디테일하게 일을 처리해야 한다는 당위성을 말하고 싶습니다. 그렇다면 어떤 상황에서 디테일하게 해야 할까요? 한 가지 일만 처음부터 끝까지 상세하고 확실하게 짚고 넘어가면 됩니다. 기업 경영자가 기업 내부의 모든 일을 상세하게 짚고 넘어간다는 것은 현실적으로 거의 불가능합니다. 그럴 능력과 전문 지식도 부족합니다. 그러나 한 가지 일을 확실하게 파악해 전후와 시말, 그 일에 대한 직원들의 진실한 태도를 파악하는 것쯤은 할 수 있고, 반드시 그렇게 해야 합니다.

셋째로 일상적인 관리 과정에서 상사가 부하의 일에 자주 개입하지 말아야 합니다. 상사는 단계를 건너뛰어 조사할 수는 있으나 지휘해서는 안 됩니다. 아랫사람은 단계를 건너뛰어 고발할 수 있으나 보고해서는 안 됩니다.

두 번째 질문에 대해 답변을 드리겠습니다. 질문의 요지는 서구 기업의 규칙은 엄격하고 디테일 경영도 잘 이루어지는 반면에 인성화가 약간 부족하다 이런 뜻이 아닙니까? 인성화에 관한 문제는 다음과 같은 2가지로 이해할 수 있습니다.

첫째 현재 중국 기업에 가장 필요한 인성화 관리가 어떤 것이라고 생각하는가? 직원들을 방종하게 내버려두는 것인가? 아니면 직원들을 무조건 감싸는 것인가? 그것도 아니면 직원들을 지나치게 총애하는 것인가? 모두 아닙니다. 당신과 나를 포함한 중국 기업의 모든 임직원은 직업화 교육 훈련이 절실하게 필요합니다. 따라서 중국 기업은 현 단계에서 직원들을 대상으로 엄격한 직업화 교육 훈련을 시키는 것이 가장 중요한 인성화 경영이라고 할 수 있습니다. 엄격한 직업화 훈련을 거쳐야 경쟁력을 배양할 수 있습니다. 개인의 경쟁력은 타고나는 것이 아니라 엄격한 훈련을 통해 양성되는 것입니다.

둘째 이른바 '인성화'에 대한 깊은 측면에서의 이해가 있어야 합니다. 직원들이 규칙을 위반하고 규칙의 밖에서 돌게 하는 것은 절대로 인성화가 아닙니다. 예를 들어 회의를 소집했는데 누군가 지각을 했다고 합시다. 제시간에 도착한 사람들은 모두 지각한 사람을 기다려야 합니다. 이 경우, 지각한 사람에 대해서는 '인성화'가 실천된 것 같습니다. 그러나 제시간에 도착한 절대 다수의 사람들에게는 불공평합니다. 따라서 소수 사람들의 규칙 위반 행위를 용인하는 것은 규칙을 지키는 다수 사람들의 의욕을 꺾는 행동입니다. 인성화는 표면적인 문제가 아니라 아주 심층적인 문제입니다. 인성화에 대해 표면적으로만 이해하면 절대로 안 됩니다.

〔질문 8〕 당사는 매우 작은 기업이라 이렇다 할 경영 방법도 가지고 있지 않습니다. 어떻게 디테일한 관리를 할 수 있을까요?

〔답〕 솔직히 말하면 나도 초창기에는 소기업에서부터 일을 하기 시작했습니다. 그리고 최근에는 베이징에 직원이 불과 20여 명밖에 안 되는 작은 기업을 설립했습니다. 동병상련이라 드리고 싶은 말씀이 많습니다.

그렇다면 "소기업도 디테일 관리가 필요한가? 소기업은 어떻게 디테일 관리를 할 것인가?"라는 이 문제에 대해 3가지로 답변드리겠습니다.

소기업의 경우 우선 가장 중요한 것은 관리가 아닌 경영입니다. 생존 자체가 어려운 판국에서는 다른 것이 다 필요 없습니다. 현재의 급선무는 주문량과 매출액을 늘리는 것입니다. 소기업에서는 사장이 직원을 겸하는 경우도 있습니다. 소기업은 생존 압력 때문에 항상 매출의 각도에서 모든 문제를 생각해야 합니다. 굳이 '경영'과 '관리'를 구분한다면 뭐가 더 중요할까요? 소기업 입장에서는 관리보다는 경영이 더 시급하고 중요합니다.

다음으로 소기업이 경영보다 관리에 중점을 둘 때쯤에는 사장이 개인의 인격적 매력을 통해 기업 디테일의 매력을 보여주는 것이 가장 중요합니다. 임직원이 적은 소기업에서는 누가 어떤 일을 하는지 다른 사람들의 눈에 빤히 다 보입니다. 소기업의 사장은 일을 처리하고 사람을 대하는 과정에서 말과 행동으로 직원들을 가르치는 것이 중요합니다. 소기업 사장의 솔선수범은 많은 규칙을 제정, 실시하는 것보다 훨씬 더 효과적입니다. 소기업은 가끔 지도자의 인격적 매력만으로도 충분한 관리 효과를 얻을 수 있습니다. 굳이 수많은 규칙과 제도를 제정할 필요가 없습니다. 그러나 중기업은 다릅니다. 중기업에서는 개인의 인격적 매력이 모든 사람들에게 영향을 주기 어렵습니다. 그렇기 때문에 반드시 일련의 규칙을 제정, 실시해야 합니다. 현대 사회에서는 개인적인 매력의 영향력이 제한돼 있습니다. 네다섯 명의 친구가 10년 이상 꾸준한 우정을 이어가면 대단한 것입니다. 대기업의 경우에는 기업의 규칙과 제도만으로는 부족하고 반드시 기업문화가 필요합니다. 대기업 내 시스템별로 규칙이 다르기 때문에 일괄적인 규칙에만 의존해서도 안 됩니다.

세 번째로 소기업은 규칙을 제정하더라도 굳이 그렇게 많이 제정할 필요가 없습니다. 40가지 문제를 해결하려고 작심했다면 먼저 20가지 규칙을 제정할 것을 권장합니다. 규칙 하나당 18가지 조목을 쓰려고 했다면 먼저 9가지 조목만 쓸 것을 권하겠습니다. 소기업에서 잡다한 규칙을 제정하면 체구가 작은 사람에게 큰 옷을 입혀놓는 격으로 실속이 없다는 느낌을 줍니다. 실속이 없어 보이는 기업은 기업 이미지와 기업문화가 실패한 것입니다. 따라서 디테일이 필요하되 지나치게 디테일할 필요는 없습니다. 기업 규칙에 중점 조항만 빠지지 않으면 충분합니다.

〔질문 9〕 아직까지는 완벽한 사회적, 경제적 규칙이 제정되지 않은 상태입니다. 이 상황에서 우리가 성실하게 규칙만 지키려고 하면 경쟁에서 도태되지 않을까요? 우리는 어떻게 해야 합니까?

〔답〕 이 문제는 2가지 측면에서 생각해볼 수 있습니다. 첫째 향후에는 국가와 기업, 나아가 기업의 직원까지 모두 규범화된 경영 체제에 돌입할 것입

니다. 이 추세는 변하지 않을 겁니다. 물론 언제부터 규범화 경영이 이루어진다고 꼬집어 말하기는 어렵습니다. 그러나 내 생각에는 앞으로 10년 안에는 가능할 것 같습니다. 현재의 경제성장 속도와 사회발전 속도는 예전의 단순한 덧셈 개념이 아닙니다. 더구나 인터넷의 등장과 신기술 혁명의 전개와 더불어 인류의 사고방식도 변화하고 있습니다. 경제의 기하급수적인 성장을 관리하기 위해서는 반드시 규칙에 의거해야 합니다. 그래야만 지속적인 성장을 유지할 수 있습니다. 따라서 향후 10년 안으로 중국의 절대다수 기업들이 사회 규칙과 경제 규칙을 준수할 것이라는 것이 내 생각입니다. 기업은 규칙을 지키는 전제 하에서 지속적인 생존과 발전이 가능합니다.

둘째 우리가 직면한 큰 환경은 우리의 힘으로 바꿀 수 없습니다. 그러나 작은 환경에서 가급적 규칙에 따라 일하는 것은 우리가 능히 할 수 있는 일입니다. 마치 우리가 호텔 바깥 온도는 통제하지 못하지만 호텔 실내 온도는 22도나 23도로 통제할 수 있는 것과 같은 이치입니다. 따라서 우리는 먼저 우리가 처한 작은 환경부터 바꿔야 합니다. 내부 규칙부터 지키는 의식을 점차 습관화한다면 외부 규칙의 변화에도 유연하게 대처할 수 있습니다.

〔질문 10〕 기업이 인재를 잡아둘 수 있는 방법은 무엇입니까?
〔답〕 너무 거창한 질문입니다. 지금은 예전보다 인재를 잡아두기 더 어려운 상황입니다. 사회적으로 더욱 광범위하게 교류하고 있는 탓이죠. 더구나 정보의 투명성이 높아지면서 사람들의 심리 상태도 많이 경솔해지고 있습니다. 그렇다면 기업은 어떻게 인재를 잡아둘 수 있을까요?

제일 먼저 직원이 무엇 때문에 기업에서 일하는지 그 이유를 분석해야 합니다. 직원들이 기업을 위해 일하는 이유는 다음과 같은 3가지를 얻기 위해 서일 것입니다. 우선 생활에 필요한 돈을 벌기 위해 일합니다. 또 향후 개인의 경쟁력을 키우기 위해 일합니다. 개인의 능력을 발휘하고 평생 직업의 토대를 닦으려는 목적도 있습니다. 예컨대 내가 칭화통팡에서 마케팅 책임자로 근무한 경력이 있다면 훗날 광둥에 가서 사장직을 맡을 수 있습니다. 그러나 인지도가 없는 소기업에서 마케팅 책임자로 일한 경력으로는 광둥에서 기껏해야 기업의 부서장 내지 지역본부장직밖에는 맡지 못합니다.

직원들이 일하는 이유를 알았으니 기업의 입장에서는 직원들의 요구를 만족시킬 방법을 생각해내면 됩니다. 우선 동종업계 최고의 보수를 지불하는 방법을 찾을 수 있습니다. 임금 인상이 어려우면 직원에게 더 많은 교육 기회를 만들어줘 능력 향상에 도움을 주는 방법도 필요합니다. 직원이 마음껏 능력을 발휘하도록 더 많은 기회와 더 넓은 무대를 만들어주는 것은 마지막 방법이 되겠습니다.

인성을 중요하게 생각하는 기업의 경영도 필요합니다. 기업의 직원, 특히 지식근로자들을 충분히 존중해 그들이 즐겁게 일할 수 있는 근무환경을 만들어주는 것은 그들이 기업을 위해 열심히 일할지 여부를 결정하게 만드는 중요한 조건입니다.

[구호는 목표가 아니다. 제안은 관리와는 다르다.]

4장
디테일의
디테일을
논하다

우리가 미처 발견하지 못한 디테일은
우리가 발견해낸 디테일보다 훨씬 더 많다.
디테일에 관심을 가지지 않기 때문에
현실에서도 디테일을 보지 못하는 사람도 있고,
디테일을 중요하게 생각하기는 하지만
그것을 통해 사물의 본질과 내재적 연관성까지는 보지 못하는 사람도 있다.

1 전략이 성패를 결정한다?

나의 저서 『디테일의 힘』과 관련한 논쟁 중에서 최대의 쟁점은 '디테일'과 '전략'의 관계 문제가 아닐까 싶다. 나는 그 책에서 "전략은 디테일에서 시작되고 디테일로 끝난다."라고 주장했다. 그런데도 일부 사람들이 여전히 가지고 있는 의문은 '만약 디테일이 성패를 결정한다면 전략은 기업에서 어떤 위치를 차지하는가?' 하는 것이었다.

『경쟁론』의 저자 마이클 포터는 일찍이 "전략은 선택이다. 선택이 어려운 이유는 포기해야 할 것을 결정하기 어렵기 때문이다."라고 말했다. 기업의 전략 수립은 기업이 무엇을 하고 싶은지, 무엇을 할 수 있는지, 무엇을 해야 하는지 등을 판단하고 선택하는 과정이다. 전략 수립 과정에서는 시장을 조사, 분석, 연구하든 또는 기업의 기존 보유자원을 분석하든, 그것도 아니면 자원을 통합하는 기업의 능력을 분석하든 예외 없이 투철하고 세밀한 노력이 필요하다. 한마디로 '나(기업 자원)'와 '남(시장)'에 대해 철저하게 알지 못하는 상황에서 수립한 전략은 애매모호할 수밖에 없는 것이다.

기업인인 친구가 어느 날 나에게 이런 이야기를 했다.

"나는 대학에서 '기업 전략 기획 열 단계 비법'이라는 프로그램을 사흘 동안 수강했어. 애초의 목적은 기획 방법을 배워 스스로 전략 기획을 세우려는 것이었는데, 과정을 다 마친 다음에야 배운 방법대로 전략 기획을 수립할 수 없다는 사실을 깨닫게 되었어."

친구가 그런 사실을 깨달은 데에는 원인이 있었다. 그의 회사에 가장 기본적인 관리 데이터가 부족했기 때문이었다. 전략 기획을 제대로 세우려면 일정량의 관리 데이터가 반드시 필요하다. 데이터를 토대로 기획해야만 정확성을 확보할 수 있기 때문이다. 그렇지 않을 경우 '대충'이나 '대체로'라는 말로 설명할 수 있는 기획만이 가능할 뿐이다. '대충', '대체로' 스타일의 전략 기획은 거의 도움이 되지 않는다. 오히려 기업 발전을 가로막을 수도 있다.

어느 기업이나 모두 각자의 전략이 필요하다. 그러나 중국의 대다수 중소기업은 아직까지 엄격한 절차에 따라 기업 전략을 수립할 수 없는 형편에 있다. 이들 기업의 전략은 그저 기업 책임자의 머릿속에만 저장돼 있을 뿐이다. 때문에 기업 경영이나 직원들의 사기 진작에는 별로 도움을 주지 못하고 있다. 이들 기업이 자체 기업 전략을 수립하기 싫어해서가 아니다. 단지 조건이 아직 성숙되지 못했기 때문이다. 기업에 전략이 없거나 기존 전략이 채 성숙되지 못한 경우 다소 기회주의적인 방법을 쓸 수밖에 없다. 아래에 바람직한 전략으로 성공한 사례를 들어본다.

우리는 최근 몇 년 사이에 많은 기업들에게 컨설팅 서비스를 제공했다. 이중에 마야부동산이라는 부동산 중개업체가 있었는데, 전략이 명확하고 디테일해서 깊은 인상을 받았다. 마야부동산은 대만 투자기업으로, 처음에는 업계에서 인지도가 거의 없었다. 중국 대륙에 진출할 때 그들은 서부지역을 타깃 시장으로 정하고 서부의 란저우에 먼저 상륙했다. 중국의 부동산 중개 수수료는 대부분 1%이고, 잘나가는 업체라고 해도 최고 2%에 불과하다. 그러나 마야부동산은 처음부터 3%의 요율을 적용했다. 서비스와 경쟁력에 자신감을 가지고 있었기 때문이다.

4년 후 마야부동산은 란저우 시장을 완전히 장악(점유율 60%)하고 서북과 서남 지역에서도 상당한 인지도를 확보했다. 2007년부터는 동북과 화북 시장을 뚫기 시작, 가는 곳마다 승전고를 울렸다. 마야부동산이 성공을 거둔 가장 큰 이유는 다른 것이 아니다. 말로만 전략을 논한 것이 아니라 디테일하게 실천했기 때문이다. 각 체인점에 있는 안내 책자만 31가지가 넘는다. 하나같이 모두 실용적인 책자이다. 이같이 큰 뜻을 품고 실무적인 사업을 중요하게 생각하는 기업이 성공하지 못하면 그게 오히려 이상한 일이다.

그러나 중국 기업들은 대만 기업들과는 많이 다르다. 부적절한 전략으로 쓴맛을 보는 경우가 한둘이 아니다. 대부분 기업 실정에 맞지 않는 전략을 실시한 탓에 실패하는 것이다. 물론 "망한 기업은 대부분 너무 많은 돈을 주체 못해서 망한 것이다."라는 말을 들었던 기업도 없지 않다.

그런데 이들은 어떻게 해서 망했을까? 역시 이유는 있다. 이들은 단맛을 좀 보고 나서는 하늘 높은 줄 모르고 맹목적으로 사업 규모를 확장한다. 심지어 전혀 생소한 지역과 산업에까지 진출한다. 그러나 결국 진퇴양난에 빠지고 만다. 이때 어느 한 부분에서 손실이 생기기 시작하면 그것이 확대돼 기업 전체가 위태로워진다. 중국에서도 경제가 발달한 지역인 광둥성의 기업만 보더라도 잘못된 전략으로 말미암아 실패를 본 기업이 꽤 있다. 아이둬, 난팡가오커, TCL 등이 이에 해당한다.

2 대장부는 사소한 일에 신경 쓰지 않는다?

　　　　큰일을 하려고 하는 사람, 큰일을 해낼 수 있다고 생각하는 사람이 의외로 적지 않다. 이들이 자주 하는 말 중에는 "큰일을 하는 사람은 사소한 일에 신경 쓰지 않는다."라는 말이 있다. 그러나 이 말은 다른 사람에게 쓸 수 있는 말이지, 자신의 책임 회피용으로 써서는 안 되는 말이다. 이 말의 뜻은 '큰일을 하는 사람은 넓은 가슴과 대범한 기질을 갖춰야 한다. 타인의 장점만 보고 사소한 단점을 문제 삼지 말아야 한다.' 는 것이다. 따라서 본인의 잘못을 고치기 싫을 때나 부족함을 보여주기 싫을 때 이 말을 사용하는 것은 적절하지 않다.

　　나는 고향에 갈 때마다 3가지 디테일을 빼먹지 않는다. 하나는 줄곧 양복 차림을 하지 않는다는 것이다. 다른 하나는 고향사람이 따라준 차를 꼭 마시는 것이다. 마지막은 누가 걸상을 가져다주면 제꺽 앉는 것이다. "사람은 본분을 잊어서는 안 된다."라는 말이 있다. 나는 사람 대 사람의 소통을 주장해왔으며 신분을 앞세워 사람을 대하지 않았다. 내가 아무리 신분이 바뀌었다고 해도 고향에서는 단지 고향사람의 일원일 뿐이다. 고향사람들 앞에서는 구태여 신분을 과시할 필요가 없다. 내가 시종일관 견지하는 이 3가지 디테일이 정말 중요한 것인지는 잘 모르겠다. 그러나 나는 20여 년 동안 줄곧 이렇게 '사소한 일에 신경을 썼다.'

사람은 교양이 있어야 한다. 교양에는 크고 작은 구별이 없다. 이런 교훈을 환기시키는 고전은 많다. 예를 들어보자. 우선『상서』에는 "작은 행실을 조심하지 않으면 결국 큰 덕을 허물게 될 것이다."라는 문구가 있다.『역경』에는 사람이 사소한 일에 신경을 쓰지 않아 큰 잘못을 범하고 더 나아가 큰 악과 죄를 짓는 과정을 이같이 기술했다.

"선을 쌓지 않으면 높은 명성을 이룰 수 없다. 악을 쌓지 않으면 몸을 망치지 않을 수 있다. 그런데 소인은 작은 선행일지라도 자신에게 이롭지 않으면 행하지 않고 작은 악행일지라도 자신에게 해를 끼치지 않으면 이를 버리지 않는다. 때문에 악행이 끊임없이 쌓여 일정한 정도에 이르면 덮을 방법이 없게 된다. 결국에는 죄와 악이 극도로 커져 해결할 방법도 없게 된다."

그렇다면 너 나 할 것 없이 강조하는 '사소한 일'은 도대체 무엇을 가리키는가? 나는 단체, 의사소통, 시스템, 절차와 표준 등의 키워드와 관계된 것 가운데는 '사소한 일'이 하나도 없다고 생각한다. 사소한 일에서부터 그 사람의 교양을 알 수 있다. 또 '사소한 일'에 신경을 쓰지 않으면 '큰일'을 그르칠 수도 있다. 따라서 개인의 사소한 잘못이 전체에 크게 문제를 일으키지 않을 것이라고 생각하지 마라. 이런 생각을 가진 사람들은 자신도 모르게 몰락의 길이나 사망의 심연으로 한 걸음씩 빠져들게 된다.

선양에서는 금세기를 전후해 고위 공직자들의 부정부패 사건이 잇달아 일어났다. 이중 가장 대표적인 것이 '무마(慕馬. 무수이신 선양 시장과 마샹둥 상무 부시장을 일컬음: 옮긴이)사건'이다. 부패에 연루되었던 자융샹 전 선양시 법원 책임자는 참회록에서 다음과 같이 말했다고 한다.

"사회활동이 많아지면서 내 생각에도 변화가 생기기 시작했다. 옷차림에 별반 신경을 쓰지 않던 내가 돈 많은 경영자들을 부러워하고 점차 명품에 관심을 가지게 되었다. 돈을 물처럼 써대는 사람들을 깔보던 내가 점차 그들을 부러워하기 시작했다. 나중에는 어떻게 하면 그들처럼 부자가 될까 생각하게 되었다."

아마도 이 경우가 사소한 것을 중요하게 생각하지 않아 큰 화를 자초하고 작은 행실을 바로잡지 않아 덕을 허문 전형적인 사례가 아닌가 싶다. 이처럼 사소한 일들은 종종 큰 잘못으로 이어진다. 또 작은 죄들이 모여 큰 죄를 이루게 된다. 이때에는 아무리 후회해도 이미 늦다.

바로 이런 이유 때문에 『대학』에서 '신독(愼獨)'을 강조한 것인데, 홀로 있을 때에도 도리에 어긋남이 없도록 몸가짐을 바로 하고 언행을 삼간다는 뜻이다. 『중용』에도 비슷한 말이 있다.

"군자는 보이지 않고 들리지 않는 곳을 삼가고 두려워한다. 숨은 것보다 더 잘 나타나는 것이 없고, 작은 것보다 더 잘 드러나는 것이 없다. 그러므로 군자는 그 홀로를 삼간다."

현실에서 신독을 행하려면 2가지를 주의해야 한다. 하나는 홀로 있을 때에도 항상 경외하는 마음을 가지는 것이다. 홀로 있다고 제멋대로 행동하거나 말썽을 피워서는 안 된다. 『대학』에서는 이런 행동에 대해 다음과 같이 말한다.

"소인은 한가롭게 거처할 때 나쁜 짓을 한다. 못하는 짓이 없다. 군자를 만나본 이후 그렇지 않은 척(나쁜 짓을 행하는 것을 싫어하는 것처럼)함으로써 그 착하지 않은 것을 가린다. 그리고 자신의 선을 나타낸다. 그러나 남들은 소인의 속마음을 폐와 간을 들여다보는 것과 같이 하니, 덮어봐야 무슨 소용이 있겠는가?"

다른 하나는 항상 자신의 마음을 자세하게 살펴 깨끗한 상태를 유지하는 것이다. 마음에 조그마한 '티끌'이 생기는 것을 방치해뒀다가 인생의 최대 실수로 이어질 수 있기 때문이다.

인터넷에서 류셴팡 미국 뉴욕공대상과대학 교수의 글을 읽은 적이 있다. "나무를 보든 숲을 보든 각자 자기가 원하는 바대로 행한다."라는 내용의 글이었다. 대학자의 글에서 큰 깨우침을 얻었지만 "본론과 상관없이 딴소리를 늘여놓는다."는 느낌도 전혀 없지는 않았다. 글의 전문은 다음과 같다.

친구의 말에 따르면 『디테일의 힘』이라는 책이 요즘 중국에서 인기몰이를 하고 있다고 한다. 친구는 중국에서 디테일 경영 붐이 형성될 것 같다고도 말했다. 그래서 나는 짬을 내서 그 책을 한번 읽어봤다. 읽고 나서 '디테일 경영' 관련 논쟁이 기업들에게 매우 중요한 사안이라는 생각이 들었다. 그래서 여기에서 몇 마디 하고자 한다.
『디테일의 힘』의 저자는 디테일이 성공을 결정한다고 주장했으나 사실 현실에서는 완전히 상반되는 사례를 쉽게 찾을 수 있다. 예를 들어 샘 월턴을 꼽을 수 있다. 그는 사람들에게 잘 알려진 세계 최대의 대형 할인매장 월마트의 창업자이다. 그런데 그는 일상생활에서 데면데면하기로 너무나도 유명했다. 건망증이 심해 늘 이것저것 빠뜨리기 일쑤였다. 오죽하면 그의 비서의 일상업무 중 하나가 서류 가방을 찾는 것이라고 했겠는가. 그러나 그렇게 디테일을 중요하게 생각하지 않는 월턴이 기업가로서는 큰 성공을 거뒀다. 다른 예를 들어도 좋다. 미국의 16대 대통령 에이브러햄 링컨은 변호사 출신임에도 불구하고 디테일하고 질서정연한 삶과는 거리가 먼 사람이었다. 그는 필요한 법률 서류를 찾기 위해 허둥지둥할 때가 많았으나 훌륭한 변호사, 더 나아가 아메리카합중국의 전통 체제를 보존한 대통령으로 성공할 수 있었다.

디테일 경영을 통해 성공한 사례를 꼽으라면 가장 대표적인 것이 일본의 자동차산업이라고 할 수 있다. 도요타, 혼다 등 일본의 자동차회사는 부품 하나, 생산 공정 하나에도 빈틈을 허용하지 않는다. 또 끊임없이 품질과 기술을 향상시켰다. 이 결과 세계 일류의 자동차를 생산해낼 수 있었다. 일본인은 자동차산업을 성공으로 이끈 디테일 경영 이념을 HDTV 개발에도 도입했다. 그러나 안타깝게도 이번에는 완전히 실패했다. 물론 처음에는 성공하는 것처럼 보였다. 우선 일본인은 세계 최초로 HDTV 산업 표준을 수립하고(1984) 세계 최초로 HDTV를 출시하는 성공을 거뒀다(1990). 이어 세계 최초로 HDTV 프로그램을 방송했다(1991). 그러나 일본의 HDTV는 세계에 채 보급되기도 전에 기술이 도태되는 비극을 맞이했다. 예상 판매량은 130만 대였으나 불과 1만 여대밖에 판매되지 못했다. 사실 일본 HDTV 산업의 실패는 처음부터 예정된 것이었다. 가장 큰 원인은 그들이 아날로그 방식을 사용했기 때문이었다. 세계가 디지털 시대에 들어섰는데 말이다.

친차오쯔민(秦朝子民)이라는 아이디의 한 네티즌은 이 글에 대해 이런 평가를 내렸다.

나는 『디테일의 힘』을 읽고 '디테일만 중요하게 생각하면 무조건 성공한다.'라고 이해한 적이 한 번도 없었다. 그런데 류 교수는 너무 비비 꼬아 생각하는 것은 아닌지 모르겠다. 『디테일의 힘』의 저자가 바보가 아닌 이상, 설마 그런 의미의 글을 썼겠는가? 그는 있는 그대로를 가지고 사물을 논했을 뿐이다.

또 다른 네티즌 역시 '당신(류셴팡을 가리킴)의 학생'이라는 아이디로 다음과 같은 평가를 했다.

류 교수님, 교수님의 『디테일의 힘』에 대한 평가는 반드시 맞거나 틀리다고 판단할 수 없습니다. 마치 왕 선생님이 디테일을 중시하지 않으면 절대 성공하지 못한다고 단언하지 않은 것처럼 말입니다. 모든 일에는 어떤 가정과 전제가 존재하는 법입니다. 왕 선생님은 중국인들이 디테일을 중시하고 경솔함을 경계할 것을 정면으로 호소했습니다. 또 류 교수님은 측면에서 왕 선생님의 관점에서 부족한 부분을 보완하고자 했습니다. 왕 선생님은 매번 강연을 할 때마다 고위간부는 "객관식 문제를 많이 풀어라. 주관식 문제를 적게 풀고 논술 문제는 아예 풀지 말라."고 말씀하셨습니다. 이 밖에 왕 선생님은 체계화, 세분화된 규칙의 중요성을 거듭 강조하셨습니다. 또 경영상의 디테일과 생활 속의 '사소한 일'의 차이점에 대해서도 말씀하셨습니다. 류 교수님은 "내가 보기에 저자는 기업이 성공하려면 반드시 디테일을 중요하게 생각해야 한다는 내용에 대해서만 설명하고 디테일을 중요하게 생각하면 반드시 성공한다는 증거는 내놓지 못했다."라고 하셨습니다.

그런데 딱 봐도 이 문제는 필요조건, 충분조건과 관계된 간단한 논리적 문제가 아닙니까? 만약 왕 선생님이 책 제목을 '기업 전략이 정확하고 현금이 충분하면서 기업 경영자가 신체 건강하다는 전제 하에서-디테일이 성패를 결정한다.'라고 달았다면 아마 비평의 목소리는 지금보다 훨씬 적었을 것입니다. 대신 그 책은 팔리지 않았을 것입니다. 교수님처럼 사사건건 따지고 들면 피곤하지도 않습니까?

옛말에 "학의 다리는 길고, 닭의 다리는 짧다."고 했다. 학은 다리가 길어 자태가 우아해 보인다. 반면 닭의 다리는 짧다. 그러나 닭의 다리가 짧은 데에는 다 이유가 있다. 안정적이고 편리한 행동을 위해 그렇게 된 것이다. 만약 학의 다리를 한 치 잘라 닭의 다리에 잇는다면 어떻게 될까? 아마 학과 닭 모두에게 불편함을 가져다 줄 것이다. 같은 디테일을 서로 다른 상황에 대입하면 그 결과가 확 달라진다.

어쨌거나 나는 일을 할 때 사소한 일에 대해서도 자세히 신경을 쓰는 경우가 상당히 많다.

하루는 출장을 떠나려고 사무실을 나섰다. 그런데 비서가 황급히 뒤쫓아 나오더니 나에게 휴대폰 충전기를 건네주는 것이었다. 나는 그녀에게 고맙다고 인사했다. 그러나 차에서 내릴 때 그 충전기를 그대로 두고 내렸다. 동행했던 다른 업체의 사장이 그것을 보고 의혹의 눈길을 보냈다. 그래서 내가 그 연유를 설명했다.

"나에게는 휴대용 충전기가 있어요. 내 비서는 내가 충전기를 잊고 챙기지 않은 줄로 알고 급히 충전기를 들고 쫓아 나왔던 것입니다. 이는 비서가 자신의 임무를 충실히 수행한다는 사실을 말해주는 것이죠. 긍정적으로 평가할 만한 행동입니다. 그래서 나는 충전기가 필요 없다는 말을 하지 않았던 것입니다."

이것은 사소한 일이 틀림없다. 하지만 상사라면 비서의 이런 근무태도와 열정을 높이 치하해야 할 필요가 있다.

또 이런 일이 있었다. 몇 년 전 광둥의 한 제조업체 사장으로 새로 부임했을 때 일이다. 당시 나는 처음 재무부 사무실에 들어섰다. 그런데 재무부장의 책상 위를 보니 난장판이 따로 없었다. 아마 바빠서 치우지 못했겠지 생각하고 한 번은 그냥 넘어갔다. 두 번째 재무부 사무실에 들어갔을 때에도 상황은 별로 달라지지 않았다. 재무부장의 책상 위에는 영수증, 장부들이 어수선하게 널려 있었다. 이건 좀 아니다 싶었다. 세 번째 재무부장을 만나러 갔을 때였다. 책상 위는 여전히 난장판이었다. 나는 일부러 그녀에게 어떤 영수증을 찾아달라고 부탁해놓고 옆에서 기다렸다. 그런데 7분이 지나도록 그녀는 그 영수증을 찾아내지 못했다.

나는 더 이상 재무부장의 행동을 사소한 일로 치부해 내버려둬서는 안 되겠다고 생각했다. 치밀하고 세심한 자질을 갖추지 못한 사람에게 재무 관리를 맡기면 언젠가 큰 문제가 생길 것은 거의 기정사실이라고 해야 한다. 아니나 다를까, 뒷조사를 조금 해본 결과 충격적인 사실을 많이 알아냈다. 그녀는 당시 재무부장을 맡은 지 19개월이나 되었는데도 이사회에 제출할 대차대조표와 손익계산서를 잃어버리기 일쑤였다. 심지어 전임 사장은 현금흐름 상황도를 한 번도 구경 못했으며, 거래처와 장부를 대조할 때도 항상 오차가 생긴다고 했다.

물론 이런 실수가 생기는 데는 제품 구조가 복잡한 탓도 있었다. 재무 시스템이 낙후하고 부하들이 아직 업무에 능숙하지 못한 등의 여러 가지 이유도 있었을 것이다. 그런데 직원들의 월급도 아무 때나 지급하고 기분이 내키지 않으면 업무를 팽개치고 조기 퇴근해버리는 것은 조금 너무하지 않은가. 이런 사람을 어떻게 계속 쓸 수 있다는 말인가? 더구나 회사 자금을 주무르는 재무부장으로 말이다. 그녀를 그대로 두는 것은 정말 곤란했다. 그래서 나는 이 재무부장을 바로 해고시키고 말았다.

하늘의 운행은 강건하다. 군자는 이를 체득해서 스스로 쉬지 않고 힘쓴다. 땅의 기세는 푸근하다. 그러므로 군자는 후덕한 흉금으로 만물을 포용한다.

-『역경』

3 바쁘다고 자랑하지 마라

앞에서도 언급했지만 디테일한 경영을 제창하는 이유는 과학적인 경영 정신과 성실한 경영 자세를 강조하려는 것과 밀접한 관련이 있다. 결코 경영자에게 "일의 대소를 불문하고 모든 일을 몸소 행하라."라고 권장하려는 의미가 아니다. 사실 모든 일을 몸소 행하는 경영자는 직책의 불분명성으로 인해 경영상의 혼란을 초래하기 쉽다.

지금이나 옛날이나 적지 않은 기업의 사장들이 입버릇처럼 하는 말이 있다. 바로 "눈코 뜰 새 없이 바쁘다."라는 말이다. 사실 계획했던 일에 시간과 정력을 집중하려고 해도 항상 그렇게 되지는 않는다. 예를 들어보자. 사장의 원래 계획은 사무실에 가서 어떤 업무를 보려는 것이었다. 그러나 사무실로 가는 길에 다른 일 때문에 발이 묶여 한참 시간이 지체된다. 겨우 사무실에 도착했더니 기다리는 사람이 또 가득하다. 어디 이뿐인가. 이쪽 일도 채 처리하지 못했는데 저쪽에서 다른 일로 인해 독촉전화가 빗발친다. 손에 결재 서류가 가득한데도 밖에서는 손님이 기다리고 계신단다. 게다가 날이면 날마다 눈앞에 닥친 업무만 처리하느라 원래 계획했던 일은 시작조차 못할 때가 많다. 이처럼 기업 책임자는 일이 바쁜 것이 당연하다.

그러나 적지 않은 사장들이 매일 눈코 뜰 새 없이 바빠 보내는 것을 자랑스럽게 생각한다. 이것은 좋은 현상이 아니다. 효율적인 경영이 이루어지지 못하고 있다는 증거이니까 말이다. 이렇게 되는 원인은 책임자의 직책이 불분명하기 때문이다. 또 책임자와 부하들 간의 책임과 권한 분담이 제대로 이루어지지 못하는 것도 이유라고 볼 수 있다.

직책의 불분명성은 어떤 직무를 맡은 사람이 자신이 해야 할 일과 하지 말아야 할 일을 구분하지 못하는 것이다. 한마디로 직무에 따른 책임이 세분화되지 못한 것이라고 보면 된다. 책임자의 직책은 기업과 부하의 임무와 목표를 명확하게 정해서 맡기는 것이다. 일단 임무를 맡긴 후 부하가 그 임무를 어떻게 완수할지는 부하의 주관적인 능동성에 달려 있다. 이를 위해서는 직무, 권한과 책임을 분명하게 정해야 한다. 직무, 권한과 책임 등이 서로 부합되지 않거나 직무만 있고 권한과 책임은 없는, 그런 상황이 되어서도 절대로 안 된다.

사장들은 대체로 대권을 독점한 것도 모자라 작은 권한까지 모두 틀어쥐려고 하는 경우가 많다. 모든 일을 몸소 해야 직성이 풀리는 것이다. 그러나 결과는 매사에 수동적으로 대처해야 하다 보니 제대로 되는 일이 하나도 없다. 이에 반해 경영에 능한 사장은 부하들과의 업무 분담을 잘하기 때문에 본인도 덜 힘들고 회사경영도 더 잘 된다. 이런 사장은 밥 먹을 때나, 잠 잘 때나, 길을 갈 때나 앞을 가로막는 사람이 없어서 일이 잘 풀려나간다.

권한위임이라고 하는 것은 기업 경영자가 필요에 따라 본인의 일정한 자격, 권한, 권리 따위를 부하에게 부여하는 경영의 방법이자 예술이다. 이때 부하는 일정한 조건하에서 부여받은 권한을 행사하게 된다. 내가 강연할 때에 자주 하는 말이 있다. "기업 책임자의 권력은 어떤 것인가? 권력을 분배

할 수 있는 권력, 권력을 감독할 수 있는 권력이다."라는 말이다. 이처럼 기업 책임자라면 적절한 권한 이양이 본인과 기업에 모두 득이 된다는 사실을 알아야 한다. 우선 본인의 업무 부담을 줄일 수 있고 사소한 업무에서 해방돼 큰일을 생각하고 진행하는 데 정력을 집중할 수 있다. 조직의 응집력과 전투력 향상에도 도움이 된다. 부하의 특장점과 능력을 최대한 발휘시킬 수 있음은 더 말할 나위가 없다. 팀워크 형성에도 중요한 의미가 있다.

그러나 일부 기업 책임자들은 위임의 중요성을 모른다. 그래서 위임하려 하지 않거나 적절하게 위임할 줄 모른다. 그 원인은 대체로 몇 가지로 나눠 볼 수 있다.

1. 본인의 능력, 수준과 경험을 지나치게 과신한다. 항상 본인만 모든 일을 잘 해낼 수 있다고 생각한다.
2. 부하에게 라이벌 의식을 가지고 있다. 부하에게 권한을 주면 호랑이에게 날개를 달아준 셈이 되어 부하가 자신을 능가할까봐 걱정한다.
3. 극소수의 기업 책임자는 권력욕이 지나쳐 모든 일을 몸소 행해야 직성이 풀린다. 위임은 고사하고 부하들의 고유 업무에까지 사사건건 간섭하면서 권력을 과시하려고 한다.
4. 일부 기업 책임자는 위임을 통한 분담을 원하나 정확한 방법과 위임 후의 감독방법에 대해 잘 모른다.

기업 책임자라면 반드시 알아야 할 위임 방법 몇 가지를 소개해보자.

위임 대상을 잘 골라라

제갈공명은 북벌을 하다가 가정(街亭)의 전투에서 패했다. 표면적인 원인은 마속(馬謖)의 잘못 때문이었다. 그러나 사실은 위임자가 위임 대상을 잘못 고른 것이 근본적인 원인이다. 따라서 위임 대상을 고를 때에는 반드시 '덕과 재능을 겸비한 사람을 고른다'는 원칙을 고수해야 한다. 위임 대상의 정치관과 도덕적 자질을 따져야 할 뿐 아니라 능력도 고려해야 한다. 예컨대 덕이 있고 재능이 없는 사람은 중임을 감당하기 힘들고, 재능이 있지만 덕이 없는 사람은 큰일을 그르칠 수 있으므로 덕과 재능 이 2가지 중 하나라도 빠져서는 안 된다.

위임 대상을 정한 후에는 능력과 성격적 특징에 따라 적절한 위임 범위를 정해야 한다. 능력이 많은 사람에게는 좀 더 큰 권한을 부여해도 괜찮다. 그렇게 하면 업무를 잘 처리할 수도 있고 부하를 큰 인물로 키우는 데도 도움이 된다. 능력이 비교적 적은 사람에게는 한꺼번에 큰 권한을 부여해서는 안 된다. 능력 밖의 일을 하다가 오히려 일을 그르칠 수 있기 때문이다.

전권을 위임하라

손자병법에 "장수는 밖에 있을 때 군주의 명령을 따르지 않아도 되는 경우가 있다."라는 말이 있다. 현장에 있는 사람만이 현장의 구체적 실정을 잘 알 수 있고, 그에 따라 유연한 대책을 내놓을 수 있기 때문이다. 따라서 부하에게 권한을 줄 때에는 전권을 위임해야 한다. 피 위임자의 권한과 책임이 일치하게 해야 하는 것이다. 즉 큰 권한을 위임했으면 그만큼 큰 책임을 부담하게 해야 한다. 이렇게 권한과 책임이 일체를 이루어야만 피 위임자가 일정한 준칙에 따라 행동하고 객관적 환경과 상황에 따라 제때에 유연한 조치를 취할 수 있고, 위임자가 일정한 표준에 따라 피 위임자를 감독, 심사할 수 있다. 그래야만 위임자가 말로는 피 위임자에게 전권을 위임한다고 해놓고 행동으로는 피 위임자의 행동을 제약하는 현상이 생기지 않을 수 있다.

위임과 감독을 병행하라

『삼국지』를 보면 유비가 임종할 때 이엄(李嚴)에게 군사 지휘권을 맡기는 장면이 나온다. 제갈공명은 그러나 패군지장으로 유비에게 투항한 이엄을 믿지 않았다. 급기야는 '모든 일을 몸소 행하려고' 했다. 이 결과 이엄의 재능과 지혜가 충분히 발휘되지 못했다. 더 나아가 제갈공명과 이엄의 관계에도 알력이 생기게 되었다.

의심은 의심받는 사람의 자존심에 큰 상처를 주는 좋지 않은 행동이다. 역사상 지극히 충성스럽던 사람들이 의심을 받게 되자 반역을 꾀한 사례가 적지 않다. 기업의 경우 정말 열심히 일하는데 상사가 진심을 몰라주고 오히려 의심을 하면 힘이 빠지게 된다. 자연스럽게 일에 지장을 받고 일을 그르치는 경우가 많다. 따라서 위임과 감독을 병행하되 반드시 사전에 정한, 공개된 일관적인 감독제도에 따라 감독을 해야 한다. 절대로 맹목적인 의심을 해서는 안 된다.

위임의 증거를 남기고 끝까지 맡겨라

일반적으로 사장은 친필 지시, 위임서 등 서면의 형식으로 부하에게 어떤 일을 위임하는 것이 바람직하다. 이렇게 하면 좋은 점이 몇 가지 있다. 하나는 피 위임자의 월권행위를 효과적으로 막을 수 있다. 또 피 위임자가 자신의 직책 범위 내의 일을 스스로 처리하지 않고 상사의 지시를 기다린다는 이유로 책임을 전가하지 못하도록 막을 수 있다. 나아가 위임에 관한 서면 증거가 있기 때문에 다른 부서나 개인이 피 위임자의 지시에 복종하지 않을까 걱정하지 않아도 된다. 이 밖에 위임자가 위임 사실을 까맣게 잊고 사사건건 간섭하려고 할 때 서면 자료로 이용될 수 있다.

부하에게 위임을 할 때에는 끝까지 믿고 맡겨야 한다. 간혹 마음에 들지 않는 부분이 있다고 이미 부여했던 권한을 회수하려고 해서는 절대 안 된다. 이 경우 부작용이 생기게 된다. 우선 위임자가 피 위임자를 신뢰하지 않는다는 느낌을 줄 수 있다. 이때 피 위임자는 자연 의욕이 떨어진다. 또 같은 일이 한두 번 반복되면 위임자가 다른 사람들에게 '나는 신용을 지키지 않는 사람이다.'라고 광고하는 것과 같은 결과를 낳게 된다. 마지막으로 위임자가 피 위임자로부터 권한을 회수한 다음 스스로 그 일을 행한 결과가 더 나쁘고 그에 따른 부작용도 더 클 수 있다.

위임 '예술'을 물 흐르듯이 운용하기 위해서는 다음 3가지를 주의해야 한다. 우선 위임과 '기권'은 엄연히 다르다는 사실을 명심해야 한다. 위임은 권한의 포기를 의미하지 않는다. 본인이 좀 편하겠다고, 좀 쉽게 하겠다고 중대한 정책 결정권, 검사 감독권, 상벌에 관한 권한을 포기해서는 안 된다. 둘째, 피 위임자의 혹 있을지 모를 월권행위에 조심스럽게 대비해야 한다. 일부 피 위임자가 권한 범위를 벗어나 독단적으로 일을 처리하거나 보고하지 않는 경우가 간혹 있기 때문이다. 게다가 올가미를 만들어 상사를 꾐에 빠지게 하는 경우도 전혀 없으라는 법은 없다. 셋째, '위임 회류(回流)'에 대비해야 한다. 부하에게 어떤 일을 위임한 후 은연중에 부하의 직권 범위 내의 일을 스스로 처리하면 부하에게 휘둘릴 수 있다.

디테일을 중요하게 생각하라고 해서 하찮고 사소한 일까지 모두 본인이 직접 행하라는 뜻은 결코 아니다. 디테일은 마치 '입자'와 같다. 서로 다른 업종, 서로 다른 전공, 서로 다른 직무별로 서로 다른 크기의 입자를 적용해야 하는 것이다. 디테일은 매사에 한도 끝도 없이 세분화하는 것을 의미하지는 않는다.

4 디테일이 효율을 해친다?

디테일을 중요하게 생각하면 근무 능률이 영향을 받는다는 생각은 디테일에 관한 잘못된 인식 중 하나라고 할 수 있다. 이렇게 단정을 해도 되는 이유는 여럿이다.

우선, 디테일은 시스템 속에 있다. 시스템이 성공을 결정하고 성공은 디테일로 나타나는 것이다. 디테일 경영을 잘한다는 것은 전반적인 시스템이 제대로 작동한 자연스러운 결과일 뿐이다. 결코 시스템 밖에서 따로 시간을 내어 디테일에 신경을 쓰는 경우는 거의 없다.

둘째, 디테일은 상대적이다. 디테일 경영의 성공 여부는 일정한 표준에 따라 판단해야 한다. 보유 자원과 능력 범위 내에서 디테일을 중시하고 잘할수록 기업의 제품과 서비스 품질 표준은 상대적으로 높아지게 된다. 따라서 보다 더 정밀화, 차별화 및 인성화 경영이 이루어지게 된다. 디테일의 '도(度)'의 표준은 고객의 수요와 기업 자체의 능력에 따라 결정된다. 기업은 자체 기술표준과 조직능력 범위를 벗어난 제품과 서비스를 제공하지 못한다. 기업은 기존의 기술수준과 능력의 범위 내에서 제품과 서비스에 대한 고객의 요구를 들어줄 수 있을 뿐, 고객이 제기한 모든 요구 조건을 만족시키지는 못한다.

셋째, 앞에서도 언급했지만 디테일 경영의 성공 여부는 구체적인 데이터를 통해 반영된다. 기업의 디테일 경영 과정은 명확성, 정확성 및 정밀성의 순서로 진화한다. 기업의 디테일 경영은 우선 명확한 경영 규칙을 제정하는 것으로부터 시작한다. 그다음 실천과 연구를 통해 명확성은 있지만 정확성이 떨어지는 규칙을 끊임없이 보완해 정확성과 활용성을 높인다. 마지막으로 규칙을 한층 더 세분화해 규칙의 정밀성을 실현한다. 없던 규칙을 만들어내고 만들어낸 규칙을 정확하게 보완하면서 정확한 규칙을 더 완벽하게 통합, 정리하는 것이다.

정밀성의 단계에 가까워질수록 효율은 상승한다. 정확성 내지 정밀성이 높은 경영 규칙이 정비되면 직원들은 보다 더 쉽고 빠르고도 훌륭하게 업무를 처리할 수 있다. 그리하여 어떤 일을 틀리지 않게 단번에 해낼 수 있는 확률, 즉 1차 성공률이 높아진다. 더 나아가 경영 효율 역시 상승한다. 채 세분화되지 않은 규칙을 기준으로 일을 하면 겉보기에는 업무 속도가 빠른 것처럼 보인다. 그러나 실천 과정에 혼란이 조성돼 실수를 연발하게 되고 결국 처음부터 다시 해야 하는 경우가 많다. 일을 빨리 하려고 하면 오히려 이루지 못하는 것이다. 디테일하고 정밀한 경영 규칙이 정비돼야 교육을 통해 경영 노하우를 지속적으로 복제, 실행할 수 있다.

요컨대 디테일을 중시하는 것과 계란에서 뼈를 골라내듯 생트집을 잡는 것은 본질적으로 다르다. 디테일을 강조하면 업무에 영향을 주지 않을뿐더러 효율을 향상시킬 수 있다.

양품 생산 비율을 85%로 설정한다면 불량률 15%의 존재를 허용한다는 뜻이다.

-필립 크로스비, 품질관리의 권위자

5 디테일이 혁신을 방해한다?

"디테일에 얽매이게 되면 혁신이 방해를 받게 된다."라고 말하는 사람도 있다. 과연 그럴까? 우리는 혁신에 대해 정확하게 인식할 필요가 있다. '양적 변화가 질적 변화를 가져온다.'라는 철학적 원리도 주목할 필요가 있다. 대부분의 혁신은 눈에 띄지 않는 디테일에서부터 시작된다. 인류가 이루어낸 혁신 중 대부분은 디테일을 개량해 발전시키거나 수정 또는 향상시킨 결과에 다름 아니다. 디테일은 자체적으로 혁신 기능도 가지고 있다. 혁신은 천지개벽과 같은 거대한 변화만 뜻하는 것이 아니다. 혁신은 흔히 점진적, 점차적으로 완벽해지는 과정이다.

'혁신'은 현대 사회의 유행어이다. 기술 혁신, 마케팅 혁신, 서비스 혁신, 의료 혁신, 교육 혁신뿐만 아니라 심지어 사찰에서도 혁신을 꾀하고 있다. 무한 경쟁시대에 혁신은 조직체의 발전과 생존에 지극히 중요한 요인으로 자리 잡고 있다. 혁신을 꾀하지 않는 조직은 경쟁력이 없다. 조만간 시장과 사회에서 도태되고 만다. 일부 사람들의 잘못된 인식 중 하나는 '혁신은 반드시 웅대한 목표로부터 시작해 큰 주목을 받는 결과를 만들어낸다.'라고 생각하는 것이다. 그러나 내 생각은 다르다. 혁신의 근원은 디테일이다. 혁신을 꾀하려면 반드시 디테일의 중요성을 인식해야 한다. 디테일의 지속적인 개선이 필요한 이유도 간과해서는 안 된다.

많은 기업의 경영자들은 기술이나 관리를 막론하고 무릇 혁신이라 하면 그저 대규모로 구색을 다 갖춰야 한다고 생각한다. 때문에 사소한 부분, 자잘한 일에서 세심하고 인내심 있게 혁신을 꾀하는 기업인은 적다. 장루이민 하이얼그룹 회장은 혁신과 관련해 일찍이 자신의 주장을 확실하게 개진한 바 있다. "혁신은 첨단기술 개발에만 해당하는 것이 아니다. 혁신은 기업의 모든 디테일에 존재한다."라고. 하이얼그룹은 디테일의 혁신을 통해 무수한 개발 성과를 창출해냈다. 회사 내 직원들의 이름으로 명명된 발명품은 해마다 수십 건에 달할 정도이다. 예컨대 '윈옌 거울', '샤오링 스패너', '치밍 용접기', '슈펑 펀치 핀' 등등이 이에 해당한다. 직원들의 이 같은 혁신 성과는 갈수록 그 역할이 확대되고 있다.

일본 도요타자동차의 경험 역시 디테일의 혁신이 기업 전체의 지속적인 개선과 더불어 큰 실적을 가져다준다는 사실을 입증했다. 하나하나의 디테일은 개별적으로 보면 매우 보잘것없지만, 개별적인 디테일들의 변화가 모여 새롭고 훌륭한 제품이나 서비스를 만들어낸다. 어떤 의미에서 보면 일본 기업은 큰 발명이나 창조에는 능하지 않다. 대신 기존 발명 성과를 조금씩 점진적으로 개조, 개선, 개량해 훌륭한 제품과 서비스를 만들어내는 능력은 강하다. 혁신이 일종의 질적 변화라면 이 질적 변화는 반드시 양적 변화의 축적을 거쳐 이루어진다. 그리고 이 양적 변화의 축적 과정이 바로 평범한 디테일 속에서 평범하지 않은 변화를 만들어내는 자연스러운 과정이다.

개인의 자기혁신 과정에서도 디테일의 중요성은 무시할 수 없다.

사람은 매일 똑같은 일상을 반복하면서 사는 것처럼 보인다. 그러나 사실은 매일의 삶이 다 다르고 새롭다. 오늘의 나는 어제의 내가 아니다. 예를 들어 성인이 된 후에도 어릴 때 하던 놀이를 할 수는 있으나 어릴 때의 그 즐거웠던 기분은 다시 경험하지 못한다.

즉 사람은 단조롭고 무미건조하게 똑같은 일상을 반복하면서 매일을 보낼 수도 있고, 매일 혁신으로 가득 찬 새로운 삶을 살 수도 있다. 어떤 삶을 살든 시간의 흔적은 똑같이 남는다. 다만 그 결과가 다를 뿐이다. 사람은 누구나 다 자신의 생활을 창조할 수 있다. 항상 혁신 정신을 가지고 사는 사람은 언젠가 자신과 다른 사람을 위해 괄목할 만한 성과를 창출해낼 수 있다. 그러나 단조로운 일상만 반복하면서 세월 속에 묻혀 지내는 사람은 오랜 시간이 흐른 뒤에 여한만 남을 것이다.

중국은 유교 문화가 주류를 이루는 사회이다. 유교 사상 중에는 우리가 되살려야 할 적극적, 진취적인 정신도 있다. 『대학』의 '구일신(苟日新), 일일신(日日新), 우일신(又日新)'이 바로 그것이다. '진실로 하루가 새로워지려면 나날이 새롭게 하고, 또 날로 새롭게 하라.'는 의미이다. 이 같은 인생관을 가지고 있는 사람이라면 반복되는 단조로운 나날 속에서도 하나하나의 디테일과 하나하나의 사소한 일 속에서 혁신이 가능할 것이다.

사례를 하나 들어봐도 괜찮을 듯하다.

어머니가 딸에게 양다리 요리를 만드는 시범을 보여주고 있었다. 어머니는 먼저 마늘, 파슬리 등 요리에 필요한 조미료와 오븐을 꺼내놓은 다음 양다리를 도마 위에 놓고 칼로 자르기 시작했다. 그러나 양다리를 자르는 일이 쉽지 않았다.

딸이 물었다.

"엄마, 왜 양다리를 잘라야 하나요?"

어머니는 동작을 멈추더니 양다리를 가리키면서 딸에게 말했다.

"사실은 나도 모른다. 네 외할머니께서 이렇게 해야 한다고 가르치셨어."

딸이 말했다.

"그러면 외할머니께 전화해서 물어볼까요?"

딸이 외할머니께 전화를 해서 물었다.

"외할머니, 엄마가 지금 양다리 요리하는 방법을 가르치고 있어요. 궁금한 점이 있어 전화했어요. 무엇 때문에 양다리를 잘라야 하나요?"

외할머니가 큰 소리로 웃으면서 말했다.

"애야, 옛날에는 우리 집 오븐이 작아서 할 수 없이 양다리를 잘라서 구웠던 거란다."

이 이야기 속의 어머니는 양다리는 원래 잘라 굽는 것이라고 생각했다. 시사하는 바는 분명하다. 고정관념은 혁신의 걸림돌이 된다.

혁신은 새로운 가치를 창조하고 기존 가치를 증대시키기도 한다. 심지어는 생산성까지 향상시킨다. 혁신을 생존 조건으로 삼는 모든 이성적인 조직은 각자 나름대로의 목표를 가지고 있다. 그 목표는 반드시 현재 상황보다 높은 것이다. 조직 구성원들이 모두 이처럼 높은 목표를 향해 끊임없이 노력할 때 비로소 모든 디테일에 눈길을 돌리고 끊임없이 혁신을 꾀할 수 있다. 나아가 그 조직은 궁극적으로 생명력을 유지할 수 있다.

피터 드러커는 "효과적인 혁신도 처음에는 눈에 띄지 않을 수 있다."라고 말한 바 있다. 눈에 띄지 않는 이런 디테일은 흔히 혁신의 영감을 불러일으키고 간단한 사물의 파격적인 변신을 이끌어낸다. 피터 드러커는 혁신이란 허망하고 과장된 것이 절대 아니며, 어떤 구체적인 일을 하기 위한 목적이라고 분명하게 강조했다.

완벽한 혁신을 희망하는 기업은 반드시 '성공도, 실패도 모두 디테일에 달려 있다.' 라는 각오를 가져야 한다. 디테일을 중요하게 생각하지 않고, 디테일을 지원하는 시스템이 마련되지 않는다면 혁신이라는 것도 말장난에 불과하다. 혁신은 '꼭 큰 것만 좋은 것이 아니다.' 라는 사실을 말해준다. 서로 다르지만 또 서로 연관된 하나하나의 디테일을 소홀히 한다면 혁신은 이루어질 수 없다. 디테일은 창조의 일부분으로 기업의 모든 발전 분야에 존재한다. 기업이 해야 할 일은 하루빨리 혁신을 지원하는 메커니즘을 구축하는 것이다. 이 메커니즘을 통해 혁신을 이루고 시스템을 통해 혁신의 결과를 끊임없이 생산해내야 한다.

> 완전무결함은 결코 작은 디테일이 아니다. 그러나 디테일을 중요하게 생각하면 완전무결해질 수 있다.
>
> —미켈란젤로, 화가

> 문답록

저자와의 대화

〔질문 1〕 디테일이 성패를 결정한다고 합니다. 그렇다면 무엇이 디테일을 결정합니까?

〔답〕『유비처럼 경영하고 제갈량처럼 마케팅하라』라는 베스트셀러를 쓴 청쥔이 선생과 이 문제에 대해 진지한 대화를 나눈 적이 있습니다. 청 선생은 나에게 이렇게 물었습니다.

"디테일이 성패를 결정한다면, 무엇이 디테일을 결정할까요?"

나는 이렇게 대답했습니다.

"태도가 디테일을 결정합니다. 즉 디테일 의식을 가지고 있는지가 중요합니다."

그러자 청 선생이 다시 물었습니다.

"그러면 무엇이 태도를 결정합니까?"

내가 대답했습니다.

"교육과 훈련이 태도를 결정합니다. 일련의 규범을 제정하고 그 규범에 따라 반복적으로 훈련하면 태도를 바꿀 수 있습니다. 태도가 바뀌고 인식이 바뀌면 디테일 습관이 형성되는 것입니다. 이것은 서로 연관되는 일련의 과정입니다."

교육과 훈련을 통해 직원들의 사고방식과 근무태도를 변화시키고 궁극적으로 디테일 습관을 형성하게 할 수 있습니다. 사람의 생각을 바꾸기는 어렵습니다. 그러나 장기적인 노력을 통해 행동을 바꿈으로써 생각을 바꿀 수 있습니다. 기업 경영자들은 직원의 행동을 바꿀 충분한 능력과 의무가 있습니다. 그래서 필요한 것이 직업의식을 강화하는 훈련입니다. 직업의식을 강화하는 교육과 훈련을 통해 경영상의 문제를 해결할 수 있습니다. 디테일 의식과 디테일 태도가 부족한 문제도 포함해서 말입니다.

〔질문 2〕 선생은 책에서 국민 자질과 국가 경쟁력 향상을 위해서는 디테일의 힘이 중요하다고 했습니다. 그렇다면 디테일 습관의 방법론은 무엇입니까? 즉 어떻게 착수해야 하는 겁니까?

〔답〕 아래와 같은 몇 가지로 대답하겠습니다.

우선, 전 국민의 규칙 의식을 함양해야 합니다. 내가 예전에도 말했지만 중국인은 장점이 많습니다. 그러나 규칙을 매우 하찮게 여기는 단점도 있습니다. 규칙 의식이 부족하기 때문에 항상 규칙의 허점을 이용해 이익을 챙길 생각을 합니다. 우리가 독일인의 절반만큼만 에누리 없이 규칙을 집행해도 훨씬 더 빨리 발전할 것입니다.

다음으로, '영리한 사람' 보다는 '뛰어난 사람'이 돼야 합니다. 영리한 사람은 자신의 총명함을 서둘러 나타내 보이려고 합니다. 반면 뛰어난 사람은 자신의 총명함을 감출 줄 압니다. 부언하겠습니다. 사람은 영리해지기보다는 뛰어나야 합니다. 기업에서는 영리한 직원을 경계할 필요가 있습니다.

셋째, 규칙을 제정하고 실시해야 합니다. 후허하오터의 「베이팡신바오」라는 신문사는 이른바 '3밀리미터 규칙'(신문에 게재하는 기사와 기사 사이의 간격이 반드시 3밀리미터여야 함)을 실시하고 있습니다. 겉보기에는 간단한 규칙입니다. 그러나 이같이 간단한 규칙을 실시함으로써 직원들이 성실하게 일하고 규범과 규칙을 잘 지키도록 훈련시킬 수 있습니다. 이를 통해 좋은 근무 습관을 배양할 수 있습니다.

넷째, 기업 경영의 기준이 되는 '규칙'을 거론해야 하겠습니다. 규칙은 '절차'와 '제도' 2가지로 나누어집니다. '절차'는 어떤 일을 어떻게 해야 한다는 올바른 방법을 가르치는 것이고, '제도'는 어떤 일이 잘못 되었을 때 어떻게 해야 한다는 것을 가르치는 것입니다. 많은 문서로 직원들에게 어떻게 하면 안 된다고 가르치는 것은 좋지 않습니다. 차라리 상세한 문서로 직원들에게 정확하고 올바른 방법을 가르치는 것이 훨씬 효율적입니다. 대부분의 기업은 경영 과정에 대량의 '제도 모음집'을 갖고 있는 경우가 있습니다. 하지만 사실 이것은 바람직하지 않은 방법입니다. 마땅히 제도보다는 절차에 중점을 두고 직원들이 절차에 따르도록 훈련시켜야 합니다. 간단한 것이 꼭 쉬운 것은 아닙니다. 아무리 간단한 일도 배워야 쉽게 할 수 있습니다. 절차는 배워야 하지만 제도는 배울 필요가 없습니다. 제도는 어떻게 하면 안 된다는 '경계선'을 규정하기 때문입니다. 정해진 절차를 엄격히 따른다면 규칙을 위반할 일도 없습니다. 당연히 경계선을 넘을 일도 없습니다. 절차를 엄격하게 집행했는데도 문제가 생겼다면 그것은 개인의 문제가 아니라 절차 자체에 문제가 있음을 의미합니다.

다섯째, 마음가짐을 조절해야 합니다. 혹자는 지금 사회의 분위기가 큰 것을 중시하고 작은 것을 경시하는 쪽으로 흘러간다고 생각합니다. 나 한 사람이 디테일을 중요하게 생각하고 완벽함을 추구해서 무슨 소용이 있겠냐고 생각할 수도 있습니다. 그러나 옛말에 "내 집을 깨끗이 하지 않고 어찌 천하를 깨끗이 하리오."라는 말이 있습니다. '나부터 시작하는' 마음가짐이 중요합니다. '내'가 어느 정도까지 잘할 수 있을지는 잠시 제쳐두고, 누구나 다 자기 주변의 디테일부터 중요하게 생각한다면 사회 전체의 기풍이 변하게 될 것입니다. 모든 것이 내 뜻대로 될 수는 없습니다. 그러나 스스로 부끄럽지 않으려면 나부터 시작해야 합니다.

여섯째, 태도가 디테일을 결정한다는 사실을 명심해야 합니다. 디테일에 문제가 있다는 것은 태도에 문제가 있다는 의미입니다. 대부분의 경우 진짜로 할 수 없어서가 아니라 하려고 하지 않아서 디테일에 실패합니다. 에티켓 문제만 봐도 그렇습니다. 할 줄 몰라서가 아니라 제대로 하고자 하는 태도가 없기 때문에 문제가 생깁니다. 겉에 드러나는 문제점의 원인은 내면의 태도에 있습니다. 한마디로 태도가 디테일을 결정합니다.

마지막으로, 디테일이 사람의 소질을 드러낸다는 사실을 강조하겠습니다. 한번은 캐시미어 스웨터를 파는 상인이 나를 초청해 자신의 가게를 구경시켰습니다. 그는 가게에 걸려 있는 옷 두 벌을 가리키면서 품질도 좋고 디자인도 괜찮은 옷들인데 여태껏 팔리지 않고 있다고 하소연했습니다. 그래서 내가 자세히 살펴봤습니다. 하나는 중년 여성에게 어울리는 화사한 느낌의 붉은색 스웨터였습니다. 반면 다른 하나는 젊은 여자들에게 인기 있을 법한 짙은 녹색의 스웨터였습니다. 그런데 문제는 이 옷 두 벌을 진열한 방식이 묘하게 눈에 거슬렸습니다. 앞에 걸어놓은 붉은색 옷은 햇빛을 받아 핏빛 색으로 사람의 눈을 자극했습니다. 또 뒤에 걸어놓은 녹색 옷은 햇빛을 받지 못해 칙칙하고 어두운 느낌을 주고 있었습니다. 나는 그 상인에게 두 옷의 진열 위치를 바꿔놓을 것을 제안했습니다. 그 결과 완전히 다른 느낌이 연출되었습니다. 녹색 옷은 밝은 햇빛을 받아 다소 화사한 느낌을 줬습니다. 또 뒤에 걸어놓은 붉은색 옷은 약간 어두운 톤의 자연스러운 느낌을 줬습니다. 일주일 후 상인이 나에게 전화를 걸어와 기쁜 소식을 알렸습니다.

"참으로 이상한 일입니다. 스웨터 두 벌의 위치만 바꿔놓았을 뿐인데 사람들이 옷이 예쁘다고 칭찬하더니 둘 다 팔렸어요."

〔질문 3〕 벤치마킹에 대해 말씀하시면서 기업은 일정한 형태를 갖추고

안정적인 발전 환경이 갖춰진 상황에서 효과적인 벤치마킹이 가능하다고 하셨습니다. 그렇다면 광저우, 상하이 등 대도시에서 하룻밤 사이에 여러 개의 '우다랑(武大郞. 소설『수호지』에 등장하는 인물: 옮긴이) 사오빙(중국 전통 빵의 일종: 옮긴이)가게' 가 나타날 수도 있지 않습니까? 이에 대한 생각은 어떤가요?

〔답〕 귀하가 언급한 '우다랑 사오빙가게' 가 어떤 것인지는 모르겠습니다만 기업의 벤치마킹은 다음과 같은 4가지를 따라야 합니다.

우선 경영에 능한 기업만이 벤치마킹에도 능하다는 사실을 알아야 합니다. 또 벤치마킹에도 일정한 기준이 있어야 합니다. 세 번째로 기업의 발전 속도와 경영 능력은 정비례를 이루어야 합니다. 마지막으로 전문 분야에 소질을 가진 경영 그룹이 있어야 합니다.

〔질문 4〕 선생은 항상 디테일을 중요하게 생각하고 다른 사람을 '모질게' 대합니다. 그렇다면 자신에게도 똑같이 높은 요구 기준을 제시합니까? 심지어 '계란에서 뼈를 골라내듯' 스스로를 야박하게 대하는 건 아닙니까? 왕중추라는 분이 생활과 사업 과정에서 실제로 책에서처럼 언행이 일치하고 '디테일 요구에 완전히 부합하는' 사람인지 알고 싶습니다.

〔답〕 나는 나 자신이 보통의 지혜를 가지고 있는 사람이라고 생각합니다. 그러나 의지력과 자기 통제력은 일반 사람을 초월합니다. 나는 '개보다 늦게 자고 닭보다 일찍 일어나면서 고양이보다 적게 먹고 소보다 일을 더 많이 하는' 사람입니다.

"재주가 뛰어난 사람은 오만함으로 망하고, 평범한 사람은 게으름으로 용렬해진다."라는 말이 있습니다. 나는 평범한 사람이기 때문에 항상 '게으름을 경계하고' 스스로 다스리기 위해 노력합니다. 내가 열심히 스스로 다스리지 않았다면 아마 지금의 나도 없었을 것입니다. 이야기를 하나 하겠습니다. 어떤 기업의 CEO를 맡았던 적이 있었습니다. 당시 그 기업은 극심한 경영난에 빠진 상태였습니다. 이사회에서 사람들이 나에게 뾰족한 경영 노하우가 없느냐고 물었습니다. 나는 대답을 피했습니다. 1년 후 회사의 연 매출액은 전년 대비 23%나 상승했습니다. 회사는 번창하기 시작했습니다. 사람들이 다시 나에게 경영 노하우에 대해 물었습니다. 그러나 나는 한마디 대답도 하지 않았습니다. 일부러 잘난 척하고 무게를 잡은 것이 아니었습니다. 나에게는 정말로 이렇다 할 '노하우'가 없었습니다. 나는 단지 지각, 흡연, 회의할 때의 휴대폰 관리 등 '하찮은 일'만 틀어쥐었을 뿐입니다.

〔질문 5〕 디테일에 관한 문제는 좁은 의미에서는 기술적인 문제 또는 개인의 습관 문제입니다. 넓은 의미에서는 일종의 문화 내지는 대인관계 방식으로 볼 수 있습니다. 중국 전통 문화는 전체를 중시합니다. 디테일을 중시하지 않습니다. 퍼지(fuzzy. 애매모호하다는 의미: 옮긴이) 경영을 중요하게 생각하고 체계적인 관리를 경시하는 경향이 있습니다. 선생은 디테일 경영의 개념을 개발하고 주창한 선도자로서 사람들을 도와 섬세한 사고방식을 수립하게 합니다. 작은 일부터 잘하는 디테일한 습관을 형성하게 합니다. 그러나 거시적 측면에서 볼 때 선생의 관점은 어떤 의미에서는 중국 전통 문화와 맞서고 있다는 느낌이 듭니다. 선생의 디테일 경영 이념이 중국 국민과 기업의 습관을 바꿀 수 있다고 충분히 믿고 있습니까?

〔답〕이 질문에 대해 3가지로 나눠 답변하겠습니다.

첫째, 내가 디테일 경영의 창도자이기는 하지만 유일한 창도자는 아니라는 사실을 말씀드리겠습니다. 여러분도 디테일 경영의 창도자입니다. 나 한 사람의 힘으로는 디테일 경영 이념을 보급할 수 없습니다. 나의 저서 『디테일의 힘』은 이미 100만 권 이상 팔려나갔습니다. 내 관점에 동조하고 지지하는 사람이 많다는 의미입니다. 중국 각 지역의 정부, 학교, 심지어 감옥에서 많은 사람들이 내 책을 읽고 있습니다. 이는 전 사회적으로 디테일을 중요하게 생각하는 분위기가 형성되고 있다는 사실을 의미합니다.

둘째, 중국 전통 문화도 디테일을 비교적 중요하게 생각했다는 사실을 간과하지 마십시오. 아쉽게도 특정 역사 단계에 그 전통이 사라지기는 했지만 말입니다. 중국 역사를 일별해보면 고대의 많은 학자들이 디테일 이론에 대해 논하고 평가했다는 사실을 알 수 있습니다. 주지하다시피 중국의 농경문화는 다른 사람과의 협력이 필요 없었습니다. 따라서 관리나 분업 및 협력이 부족했습니다. 이에 반해 서구의 농업문화는 협동농장식 형태가 주류를 이루었습니다. 서구 농장에서 사용하는 농업용 쟁기는 소나 말 네 마리가 함께 끄는 것이었습니다. 쟁기를 사용할 때도 여러 사람의 협력이 필요했습니다. 협력이 있는 곳에는 관리가 따라가야 합니다. 관리를 위해서는 규칙도 필요합니다. 중국의 산업화 속도가 무엇 때문에 빠르지 못했는지 이해할 수 있는 대목이라고 하겠습니다. 강조해야 할 점은 중국이 이미 산업화 시대에 들어섰다는 사실입니다. 산업화 시대의 특징은 갈수록 가속화되는 분업의 세밀화입니다.

마지막으로, 개인은 사회 진보를 꾀할 때 말이 아닌 행동으로 추진한다는 사실을 잊지 마십시오. 나 한 사람의 힘은 아무래도 대단히 미약합니다. 그러나 나를 지지하는 수많은 사람들이 힘을 모으면 사회의 진보를 대대적으로 추진할 수 있습니다. 그래서 나는 충분한 자신감을 가지고 있습니다.

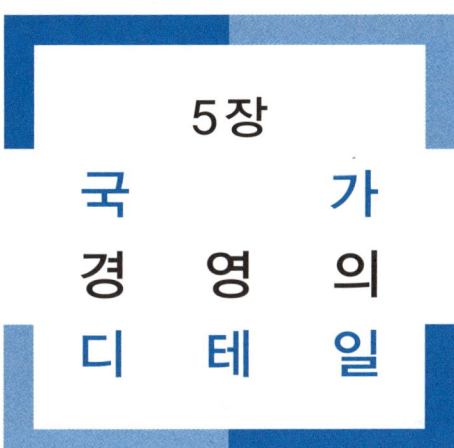

5장 국가 경영의 디테일

작은 일들이 모여 큰일을 이루어낸다.
큰일을 이루려면 반드시 작은 일부터 잘해야 한다.

1 연구는 디테일하게, 결정은 과학적으로

『디테일의 힘』은 출간 직후 사회 각계각층으로부터 대단한 찬사를 들었다. 디테일한 부분에서는 정부 각 부처로부터도 긍정적인 평가를 들었다. "큰 나라를 다스리는 것은 작은 생선을 삶는 것과 같다-공공의 일은 하찮은 것이 없다."라는 주장이 바로 이에 해당하지 않나 싶다. 이로 인해 나는 잇달아 국무원의 기관사무관리국, 선양, 청두, 구이양, 선전, 다칭, 신샹, 치치하얼 등 각급 정부 기관에 초청되어 정부 공무원들을 대상으로 강연을 하고 토론회도 갖는 영광을 누렸다. 사실 나도 공무원 생활을 한 적이 있다. 청(廳. 중앙 부처 국장급이 기관장인 기관: 옮긴이)급 간부의 비서로 2년여 동안 근무한 경력이 있는 것이다. 따라서 정부의 사업 운영 방식과 관리에 대해 다소 알고 있다. 우리 디테일 관리 연구팀 역시 정부 사업과 관련해 일련의 연구 조사를 하기도 했다. 『정부의 디테일 관리』나『결과가 중요하다』와 같은 일련의 도서를 출판한 것은 이런 노력의 결실이었다. 어쨌거나 이 책들이 정부 관리 사업에 있어서의 부족한 점을 개선하는데 미약하나마 보탬이 되기를 희망한다.

나는 중앙정부의 방침과 정책들이 지방정부에서 제대로 관철, 실시되지 못하는 가장 핵심적인 이유가 말할 것도 없이 디테일 관리가 부족하기 때문이라고 생각한다.

장바오칭 전 교육부 부부장(우리의 차관에 해당: 옮긴이)은 관영 「중궈칭녠바오」와의 인터뷰에서 "중국의 최대 문제는 중난하이(中南海. 중국 최고 지도부의 집단 거주지: 옮긴이)의 지시가 베이징을 제외한 각 지방에서는 전혀 통하지 않는다는 사실에 있다."라고 주장한 바 있다. 이른바 '중앙의 지시가 지방에서 통하지 않는' 원인은 중앙의 지시가 지방으로 전달되는 과정에서 원래의 의미가 변했기 때문이 아닐까 싶다. 이 같은 상황을 극복하기 위해서도 정부 관리의 디테일이 강조돼야 한다.

"조사 없이는 발언권도 없다."라는 말이 있다. 『마오쩌둥 선집』 제3권에 수록돼 있는 명언이다. 마오쩌둥이 후세들을 위해 남긴, 철학적 풍취가 물씬한 명언이 아닐까 싶다.

본론에 들어가기에 앞서 재미있는 이야기를 하나 해야겠다.

1941년 산베이(陝北. 산시성 북쪽 지역을 의미함: 옮긴이)에 홍수와 가뭄, 병충해가 연달아 발생했다. 이로 인해 산간닝(陝甘寧. 산시성과 간쑤성, 닝샤 회족자치구를 의미: 옮긴이) 경제는 큰 타격을 입었다. 6월 3일 난국을 타개하기 위한 현장급 연석회의가 열렸다. 이때 곡물세 징수 문제에 대한 논의가 있었다. 그런데 갑자기 비가 쏟아지고 회의장 건물의 기둥에 벼락이 들이쳤다. 안타깝게도 기둥 옆에 앉아 있던 리차이윈 옌촨현 대리 현장이 그 자리에서 즉사하고 말았다. 한 농민이 이 소식을 듣자마자 바로 "마오쩌둥이나 벼락 맞아 뒈질 것이지."라는 욕설을 퍼부었다. 때가 때인지라 당 보위부에서는 망언을 한 그 농민을 즉시 잡아들였다. 그러나 이 소식을 들은 마오쩌둥은 분노하지 않았다. 그저 측근들에게 "그 농민을 풀어주고 무엇 때문에 나를 저주했는지 연유를 물어보라."는 지시를 내렸을 뿐이었다. 농민은 이렇게 대답했다.

"공산당이 곡물세를 터무니없이 많이 징수해서 농민들은 살 수가 없습니다. 그래서 그랬습니다."

마오 주석은 즉시 조사팀을 파견해 곡물세 징수에 대해 철저하게 조사하도록 했다. 조사팀은 조사를 마친 뒤 다음과 같이 보고했다.

"1941년 변경 주민들의 곡물세 납부 할당량은 20만 석(石)입니다. 이밖에 이들은 국가에서 필요한 소금을 운반하는 임무도 지고 있습니다. 국가에서 너무 많은 곡물세를 징수하고 있는 것은 사실입니다. 농민들의 부담이 큰 것 역시 확실합니다. 그러나 곡물세를 적게 징수하면 홍군들이 배불리 먹을 수 없습니다."

'벼락 사건'이 발생한 이후 마오 주석은 조사 결과에 근거해 그해 농민들의 곡물세 납부 의무를 상당히 줄여줬다. 더불어 각 군부대에 자급자족을 위한 생산 활동을 적극적으로 펼치도록 지시했다. 이때부터 각 해방구에서는 대생산(大生産) 운동이 활발하게 전개되었다.

중국 공산당은 정권을 장악하는 과정에서 '조사 연구를 우선시하는' 아름다운 전통을 꾸준히 발양했다. 이렇게 함으로써 주민들과 '물과 물고기'와 같은 끈끈한 관계를 유지할 수 있었다.

중국 지도자들은 사회주의 시장경제 건설 시기에도 줄곧 조사 연구의 중요성을 강조했다. 1993년 7월 5일 장쩌민 주석 겸 총서기가 '전국 각 성, 자치구, 직할시 당위원회 정책 연구실 주임 회의'에서 "조사 없는 정책 결정권은 없다."라는 입장을 피력한 것은 이런 사실을 분명히 말해준다.

중국이 개혁개방 정책을 실시한 지 30여 년 세월이 흐른 현재, 사회는 갈수록 복잡한 양상을 보이고 있다. 개혁개방 과정에서 새로운 상황, 새로운 문제점과 새로운 사회 모순들도 속출하고 있다. 따라서 각급 정부 관리자들은 조사 연구의 중요성을 더욱 중요하게 생각하고 각계각층의 목소리에 더욱더 귀를 기울이고 모든 사회 문제의 디테일에 충분한 관심을 기울여야 한다. 이 분야에서는 원자바오 총리가 귀감이 되고 있다.

원 총리는 서민들을 대상으로 한 시찰을 나갈 때면 미리 정한 동선에 따라 움직이는 것을 아주 싫어했다. 일반 서민, 특히 가난한 서민들의 목소리를 들을 수 있는 곳을 돌면서 기층 사회의 주요 현안에 큰 관심을 보였다.

2001년 7월 당시 국무원 부총리로 장쑤성 쑤첸시 시찰에 나섰던 원자바오는 시 정부를 방문하지 않고 발길이 닿는 대로 걷다가 밭에서 일하는 농민들을 만나 인사했다. 당시 원 총리는 사복 차림이었던 탓에 농민들은 그를 전혀 알아보지 못했다. 그저 할 일 없이 형식적인 시찰을 나온 여느 '간부'로만 생각했다.

원 총리는 당시 상황을 이렇게 회상했다.

"한 부인이 기자들에게 큰 소리로 짜증을 부렸다. '그 양반들을 촬영해서 뭐하려고 그래요? 문제를 해결해줄 것도 아니면서.'라고. 그 말을 듣고 내가 그 부인을 불러다 할 이야기가 있으면 나에게 말씀해보시라고 했다. 그 부인은 나와 얼굴을 맞대고도 내가 누군지 알아보지 못했다. 그녀는 농민들의 과중한 부담에 대한 만만치 않은 고충을 나에게 시원스럽게 털어놓았다."

원 총리는 다소 울먹이는 목소리로 말을 이었다.

"그 부인은 내가 자리를 뜰 때까지도 화를 삭이지 못했다. 당시 나는 불쾌하기보다는 괴로운 마음이 더 컸다. 이후 장쑤성에 갈 때마다 나는 쑤첸의 상황이 어떤지, 농민들의 생활이 행복해졌는지 매우 궁금했다."

2003년 3월 총리에 취임하기에 앞서 가진 전국인민대표대회(전인대) 기자회견에서 원 총리는 다시 한 번 "농촌 현장을 살피기 위해 중국 2500개 현 가운데 1800개의 현을 직접 방문했다."라고 강조, 자신이 얼마나 조사 연구에 노력했는지를 피력했다.

그는 이어 2004년 3월 4일 전국정치협상회의(정협) 경제계 위원 및 농업계 위원 연석회의에 참가한 자리에서는 "집에 물이 새는 것을 아는 자는 지붕 아래 있다. 실정(失政)을 아는 자 역시 초야에 있다."라는 한마디를 던져 국민들의 마음을 사로잡았다.

2005년 2월 28일 그는 국무원 제3차 청렴사업 회의에서도 예의 뼈 있는 발언을 했다.

"각급 간부들은 더 많은 시간을 내서 기층 국민들, 군중들 속으로 들어가야 한다. 애로사항과 문제점이 많은 곳으로 가야 한다. 깊이 있는 조사와 연구를 거쳐 기층 정부를 도와 현지 문제를 해결하고 근로 대중의 고충을 해결해야 한다."

원 총리는 관리들을 대상으로 몸소 '국민들에게 정책을 묻는 것'과 관련한 시범을 보여주기도 했다. 그렇다면 그의 간곡한 가르침을 제대로 실천하는 관리는 과연 얼마나 될까? 항간에서는 "어려움이 있으면 직접 중앙정부를 찾아가라."거나 "애로사항은 직접 국무원에 해결을 부탁해보라."는 말이 떠돌고 있다. '지방의 문제를 중앙에서 직접 해결해야 하는' 이런 현상은 대부분 지방 공무원들이 진지한 태도로 조사 연구에 임하지 않은 채 국민들의 실제 고충을 해결해주지 않고 있음을 보여준다.

2006년 중국에서는 '정부의 게으른 정치'라는 말이 유행어로 떠올라 한동안 회자된 바 있다. 정부 관리 분야의 문제의 심각성을 잘 반영한 대목이 아닐까 싶다. 실제로 그렇다. 가장 뚜렷한 특징은 정부 관리자가 어떤 문제에 봉착할 때마다 항상 가장 합리적인 해결책을 찾는 것이 아니라 가장 수고를 덜 수 있는 간편한 방법을 찾는다는 사실에 있다. 그렇게 해서 '모든 문제를 획일적으로 처리하고', '강제 실행'하는 것이 일부 간부들의 관행이 되고 말았다. 실제로 당시 많은 부서들은 충분한 조사 연구와 과학적 분석을 거치지 않은 정책을 출범시켜 서민들의 불만을 자아내기도 했다.

국민의 실생활과 밀접한 관련이 있는 사례를 하나 살펴보자.

2006년 6월 19일 베이징 시의 한 관련 부서는 주택(아파트, 빌라, 일반 주택)과 거주용 및 상업용 구분이 애매한 건물(주상복합 등)에서 기업 경영이나 비즈니스 등을 하는 것을 금지하는 이른바 '민택금상(民宅禁商)' 통지를 하달, 주택을 이용해 사업을 하도록 해주는 상업 등기, 즉 사업등록증 허가를 금지시켰다.

주민 불편 해결, 주거환경 개선, 부동산 가격 억제 등을 목표로 출범한 이 '619통지'는 사실 취지 자체는 나무랄 데가 없으나 충분한 조사 연구를 토대로 하지 않았다. 단속 대상자들에게 전혀 유예기간을 주지 않은 탓에 정책 실시 과정에서 이런저런 문제점이 많이 불거졌다. 한동안 찬반논쟁의 대상이 되었던 이 정책을 아래처럼 해석해보기로 한다.

1. 개인 창업과 민영기업 발전을 적극 장려하는 정부 방침에 부합되지 않는다.

중국 기업의 98%는 중소기업이며, 그중 대부분이 소기업 내지는 미니기업이다. 이 많은 소기업들을 모두 사무실 빌딩에 입주시킨다는 것은 현실적으로 불가능하다.

또한 중국 정부는 최근 갈수록 가중되는 대졸 취업난 때문에 골머리를 앓고 있다. 그러면서 이에 대한 해결책으로 창업 장려 정책을 잇달아 내놓고 있다. 그러나 대학 졸업생들이 창업하는 벤처기업이 모두 고가의 오피스텔에 입주하는 것이 현실적으로 가당키나 한 일인가? 잠깐만 생각해도 답이 나오는 일이다. 자본금이 수만 위안밖에 안 되는 소기업이나 1인 기업 역시 크게 다를 바가 없다.

2006년까지 베이징의 사기업 수는 22만 4659개에 이르렀다. 그중 3분의 1은 주택을 비즈니스 장소로 사용했다. 2006년 1~3월까지 베이징 차오양구에 등록한 기업 중 60% 이상이 주택이나 주상복합 아파트를 비즈니스 장소로 사용했다. 어떻게 이렇게 많은 기업들이 전부 다 오피스텔로 비즈니스 장소를 옮긴다는 말인가?

2. 세계 신경제발전 추세에 부합되지 않는다.

마이크로소프트, 애플, 델 등 세 글로벌 컴퓨터 기업은 모두 자택의 차고에서 회사를 시작했다. 중국 전자상거래 사이트로 유명한 알리바바 역시 회장인 마윈이 항저우의 한 일반 주택에서 설립한 것이다. 롄샹그룹은 또 어떤가? 중국과학원 기숙사 건물의 경비실에서 '탄생'했다. 더구나 오늘날은 컴퓨터와 인터넷의 발전 덕에 많은 업종의 재택 근무가 가능해졌다.

2006년 12월 11일자 「중궈징잉바오」는 급기야 아래와 같은 비극적인 기사를 실을 수밖에 없었다.

"아파트단지 내에 있던 기업들이 대부분 오피스텔로 사무실을 옮겼다. 그리고 주거용 건물에 기업을 설립하려던 많은 투자자들이 결국 창업 계획을 접었다."

3. "위에 정책이 있다면 아래에는 대책이 있다."라는 명언을 생각하게 만든다.

소기업은 '탄생'할 때부터 대기업보다 열세에 처할 수밖에 없다. 대기업들 틈에서 경영을 해나가다 보면 갈수록 경영이 어려워진다. 이것은 많은 소기업들에 거의 공통적인 특성이다. 초창기에는 더욱 그렇다. 중소기업의 최대 어려움은 자금부족 문제라고 할 수 있다. 게다가 대출도 받기 어렵고 비즈니스 장소를 임대하는 데 드는 비용도 만만치 않다.

따라서 '619통지'와 같이 획일적인 정책은 기업들의 주소지 허위 등록 현상을 부추기는 폐해와 연결되는 기형적인 정책이 되고 만다. 수많은 창업자들이 부득이하게 '죄'를 지은 상태에서 기업을 경영해야 한다면 그 '죄'를 달갑게 지고 싶은 사람이 과연 몇이나 될까?

위의 예는 단지 디테일한 부분에서 정부의 획일적인 정책의 문제점을 분석한 것에 지나지 않는다. 그러나 사실 이 문제는 해결하기 그다지 어렵지 않다. 나의 해법은 다음과 같다.

1. 심층조사 실시

일반 주택, 주상복합아파트, 빌라를 비즈니스 장소로 하는 기업의 구체적인 숫자를 파악한다. 그런 다음 각 유형별 비율과 주민들에게 피해를 주는 기업의 비율을 조사하고, 이를 바탕으로 실제 상황에 근거한 대책을 세운다. 주민들에게 실제로 피해를 주는 기업에 대해서는 법적 조치를 적용할 수 있다.

2. 업종별 제한 필요

주민들에게 심각한 피해를 줄 수 있는 요식업, 엔터테인먼트, 가공, 제조 등의 기업과 학교는 반드시 상업용 건물에서 사무를 보도록 하고 과학기술 개발, 컨설팅, 시장조사, 기획, 그래픽 디자인, 만화 제작, 변호사 사무소 등 주민들에게 큰 피해를 주지 않는 중소기업은 주택에서 사무를 보는 것을 허용해도 된다.

3. 시정 경고 체제 구축

주민들에게 피해를 주는 기업에 대해서는 기한을 정해 시정 경고를 내릴 수 있다. 시정하지 않을 경우 기한부로 주소지 이전을 명령한다.

중국의 개혁개방은 지금까지 너무 빠르게만 달려왔다. 그러나 주민의 이익과 관련된 정책은 반드시 심층조사 연구, 반복적인 논증, 시행 및 실제 상황에 따른 수정 등의 과정을 거쳐야지 촉박하게 실시해서는 안 된다. '증거를 찾듯이 상세한 조사 연구'를 한 다음 '정책 결정은 침착하게, 실행은 신속하게' 해야 한다.

난제의 해결책과 관련해서는 지난 세대의 지도자들이 이미 표준 답안을 제시한 바 있다. 후진타오 주석, 원자바오 총리도 민중 속으로 내려가 백성들에게 치국 관련 정책을 묻는 과감한 행보를 보였다. 정부 관리자들에게 좋은 본보기를 보여준 것이다.

이처럼 각급 정부 관리자들이 기로에서 헤매지 않고 조사 연구와 디테일을 중시하면서 데이터에 의거해 정책을 결정한다면 각종 사회 모순을 능히 해결할 수 있다. 나아가 정부의 위신을 세우는 것도 어렵지 않다.

[국민들의 일상생활을 항상 염려해야 한다. 국민들의 일에 대해서도 어떤 상황인지 명백히 알아야 한다.

-원자바오, 중국 국무원 총리]

2 소외계층을 배려하는 도시 경영의 디테일

요임금 때였다. 황하가 크게 넘쳐 독사와 맹수들이 곳곳에서 출몰했다. 이 바람에 백성들은 도저히 살아갈 수가 없었다. 홍수가 백성들에게 큰 재난을 초래했던 것이다. 부락 연맹의 수령이었던 요임금은 회의를 열어 치수 문제를 논의했다. 사람들은 곤을 뽑아 홍수를 다스리게 하자는 데 의견일치를 이루었다. 곤은 둑을 쌓아 물을 막는 방법을 썼다. 그러나 홍수가 덮치면서 제방이 무너졌다. 피해는 더욱 막심해졌다. 곤은 9년 동안 치수에 노력했다. 하지만 뜻을 이루지는 못했다.

요임금이 죽고 난 다음 부락 연맹의 수령 자리를 물려받은 순임금은 홍수 방지에 무력했다는 죄명을 씌워 곤을 죽인 다음 그의 아들인 우에게 명령해 홍수를 물리치게 했다.

우는 아버지의 전철을 밟지 않았다. 그는 현장 답사를 통해 정확한 치수 방침을 세울 수 있었다. 생각이 정리되자 그는 사람들을 동원해 한편으로는 계속 제방을 쌓고 다른 한편으로는 막혀 있던 물꼬를 터서 큰물이 바다로 잘 빠져 나가도록 만들었다. 우는 아주 열심히 일했다. 전하는 바에 따르면 그는 외지에서 일한 13년 동안 집 앞을 세 차례 지나갔으나 한 번도 들여다보지 않았다고 한다. 그는 아홉 개 큰 강의 물꼬를 터서 홍수가 바다로 흘러들게 만들었다. 드디어 홍수로 인한 우환을 해결해낸 그의 공적을 기려 사람들은 그를 대우(大禹)라고 높여 불렀다.

나는 위의 옛이야기가 '조화로운 사회' 구축이 확실한 정책 목표로 떠오른 오늘날 중국의 정부기관 관리자들의 사고방식에 일정한 도움이 될 것이라고 생각한다.

나는 농촌에서 태어났다. 그래서인지 농민과 관련된 일이라면 각별한 관심을 기울이게 된다. 돈을 벌기 위해 고향을 등지고 도시로 진출한 농민들은 아주 불쌍하다. 이들 중 상당수가 영세 상인이 된다. 이른바 '소상인' 행렬을 이루는데, '무허가 소상인'이 될 가능성이 크다. 이 무허가 소상인 관리 문제는 중국 사회의 난제 중의 난제이다.

2006년 11월 어느 아침 나는 출장차 한 도시에 도착했다. 기차역 부근에는 군고구마 장수, 전병 장수를 비롯해 노점상이 여럿 있었다. 나는 전병 행상에게 전병 하나를 주문했다. 전병을 파는 아주머니는 잽싸게 전병을 만들기 시작했다. 노점 옆에는 아주머니의 아들로 짐작되는 어린 사내아이가 놀고 있었다. 이때 멀리서 누군가의 외침소리가 들려왔다. "단속반이다!"라는 다급한 소리와 함께 군고구마를 팔던 아저씨는 잽싸게 손수레를 끌고 도망갔다. 이때 단속반 몇 명이 들이닥치더니 다짜고짜 으름장부터 놓았다.

"또 여기서 노점을 차렸소? 우리들이 몇 번이나 경고했소?"

단속반은 말을 마치기 무섭게 전병 파는 아주머니의 손수레를 몰수해서 자신들이 타고 온 자동차에 실었다. 아주머니는 다급하고 무서운 마음에 큰소리로 울기 시작했다. 그러자 옆에 서 있던 사내아이가 큰소리로 항의했다.

"우리 엄마 수레를 가져가지 말아요. 우리 엄마 수레를 돌려줘요."

단속반은 절규하는 아주머니와 아이를 놓아두고 가버렸다. 이때 나는 남자 아이의 눈빛을 봤다. 멀리 사라지는 단속반을 향한 아이의 눈빛에는 분노가 가득했다.

이 장면을 보면서 나는 마음이 무척이나 아팠다. 우리 세대가 이 문제를 해결하지 못한다면 소상인 자녀들은 어릴 때부터 이 같은 일을 겪으면서 자랄 수밖에 없다. 사회에 대한 반항심이 자연스럽게 싹트게 된다. 그 결과는 아이들의 건전한 성장에 부정적인 영향을 미칠 가능성이 높다. '조화로운 사회' 구축에 '조화롭지 못한' 잡음이 섞이게 되는 것이다.

소상인 관련 문제가 원자바오 총리를 놀라게 한 사건도 있었다.

2006년 여름의 어느 날이었다. 뤄양시 멍진현 쑹좡진 시산터우촌의 촌민인 리젠레이는 잘 익은 복숭아를 한 차 가득 싣고 시내에서 팔기 위해 집을 나섰다. 그는 일단 현지 정부에 의해 합법적 판매장소로 지정된 시장에 이르렀다. 그러나 시장 관리 담당은 위생비 명목으로 규정보다 더 많은 돈을 요구했다. 리젠레이는 이를 거부했다. 그러자 관리 담당은 "자리가 없다."면서 리젠레이를 내쫓았다. 시장 밖에서 남몰래 복숭아를 팔다가 들키면 영락없이 200위안의 벌금을 물어야 할 터였다.

7월 15일 오전 원자바오 총리는 허난을 시찰하다 뤄양시 멍진현 쑹좡진에 이르렀다. 원자바오 총리가 묘하게도 리젠레이의 집에 들어섰다. 그러자 리젠레이는 용기를 내서 총리에게 소상인들의 고충을 사실대로 털어놓았다. 원자바오 총리는 리젠레이의 이야기를 다 듣고 나서 이렇게 대답했다.

"이 문제는 내가 당장 해결하겠소."

원 총리는 곧 수행 중이던 성과 시 지도자들에게 농민의 이익과 관련된 이 문제를 잘 해결하라는 지시를 내렸다.

원 총리의 지시를 받은 뤄양시 관리들은 밤을 새워 해결 방안을 모색했다. 7월 16일 드디어 뤄양시 당 위원회와 시 정부의 명의로 아래와 같은 내용의 통지가 하달되었다.

"기존의 허난성 농업 무역 시장 외에 62개에 이르는 과일 직판장을 증설한다. 도시 건설 담당 부서가 장소를 정하고 공상 부서가 관리를 책임진다. 직판장에서 과일을 파는 농민들에게는 매일 2위안의 위생비 외에 다른 요금은 일체 부과하지 않는다."

뤄양시 정부는 또 각 현, 시 정부에 시내에 들어와 과일을 판매하는 농민들에게 7월 18일 전까지 과일 직판 허가증을 발급하도록 지시했다. 이 허가증을 지닌 농업용 차량은 당연히 매일 밤 8시 이후부터 아침 7시 이전까지 시내 주요 도로에서 통행이 가능하게 되었다. 다른 시간대에는 뒷골목과 지선의 도로를 이용할 수 있게 되었다. 뤄양시 정부는 이외에 교통경찰이 직접 나서서 농민 소상인들을 위해 교통 정리도 담당하도록 지시했다.

이 소식을 듣고 나는 기분이 무척 좋아졌다. 과거에 단속반의 눈을 피해 남몰래 과일을 팔던 '무허가 소상인'들이 앞으로는 당당하게 과일을 팔게 되었으니 말이다.

뤄양시의 조치에서 보듯 지방정부가 밤새워 제시한 해결방안은 문제 해결의 디테일한 부분까지 고려했다. 이 점으로 미뤄볼 때 지방정부가 충분한 문제해결 능력을 갖추고 있다는 사실은 별로 어렵지 않게 알 수 있다. 관건은 그들이 민생과 관련된 문제를 중요하게 생각하고 해결하고자 하는 마음이 있는가에 달려 있다. 원자바오 총리가 "일부 고위간부들은 주민들이 제기한 문제를 언급할 가치조차 없는 '사소한 문제'로 치부해버린다. 그러나 그들에게는 '사소한 일'이 주민들에게는 생존과 관련된 '큰일'일 수도 있다."라고 한 것은 괜한 말이 아니다.

뤄양시 정부가 원 총리의 지시에 따라 신속히 해결방안을 모색하고 조치를 취한 과정을 통해 도시 단속반과 소상인의 관계에 대해 다시 생각해볼 필요가 있다. 사실 도시 단속반과 소상인 간의 모순은 고양이와 쥐처럼 '원수'가 될 정도까지는 아니다. 각급 정부 역시 뤄양시 정부처럼 적절한 해결방안을 내놓을 수 있으리라고 믿는다. 정부 관리자들이 '엄하게 금지하고 단속'하는 자세보다 '소통'의 자세를 더 중요하게 생각하면 된다. 한마디로 사고방식만 바꾸면 충분히 가능한 일이다.

2006년 10월에 광저우에서 열린 중국 도시계획 연례회의에서 처우바오싱 건설부 차관은 "포용력 있는 도시가 돼야 한다. 그들이 합리적으로 좌판을 벌여놓고 장사하는 것을 허용해야 한다. 맹목적인 단속 대신 정확한 계도가 필요하다."고 말하면서 이런 가능성에 대해 언급한 바 있다. 처우 차관은 또 세계적인 디자이너 에로 사리넨의 말을 인용해 "도시는 마치 펼쳐 놓은 책과 같다. 그 속에서 시민들의 문화 기질과 포부를 읽을 수 있다."라고 덧붙이기도 했다. 유감스러운 것은 중국 대부분의 도시는 비록 '펼쳐 놓은 책'이 틀림없기는 하나 농민 태생의, 도시 행정에 대해 배우지 못한 도시 관리자들에 의해 어지럽게 낙서돼 있는 상태라는 것이다. 게다가 책갈피가 해질 정도로 지우개로 마구 지운 흔적도 역력하다.

런민대학 행정관리학과의 마오서우룽 주임은 이렇게 주장한다.

"아름다운 도시는 다양성을 포용하는 도시이다. 대형 시장, 대형 마트와 소상인, 좌판 행상들이 공존하는 도시이다. 또 아름다운 도시는 먹고 살기 힘든 밑바닥 시민들을 용납하지 못하는 도시가 아니다. 또 어떤 사람들에게는 천당과 같고 어떤 사람들에게 지옥과 같은 도시는 절대 아니다."

그렇다. 도시 관리자들은 소상인 계층의 탈세, 교통 방해, 도시 위생에 끼치는 부정적인 영향 등 좋지 않은 면만 봐서는 안 된다. 노점은 다른 사람의 눈에는 하찮게 보일지 모른다. 그러나 도시에 진출한 농민공과 실직자들에게는 한 사람 또는 한 가족의 생존을 책임지는 유일한 수단일 수도 있다. 그렇다면 이들을 보다 더 인본적, 합리적, 합법적으로 관리할 수 있는 방안은 없을까? 자신의 노동을 통해 생계를 해결하는 사람들이 모두 행복하게 살 수 있는 방법이 없을까? 도시 관리자들이 시급히 해결해야 할 문제가 아닐 수 없다.

도시 단속반과 소상인들 사이의 모순은 중국의 '조화로운 사회' 건설과정에 나타난 수많은 사회모순 중의 극히 작은 일부분에 지나지 않는다. 이 같은 모순들을 적절하게 해결하기 위한 특단의 지름길은 없다. 그저 정부 관리자들이 사회의 조화로운 발전을 추진하기 위해 이 사회의 디테일한 부분까지 세심하게 살피는 것이 무엇보다 중요하다. 나아가 민생을 중요하게 생각하고 주민들의 '작은 일'을 진심으로 배려하는 마음가짐을 가져야 한다.

3 기업가를 포용하는 사회

"위대한 사람은 두 개의 마음을 지니고 있다. 하나는 고통으로 아파하는 마음, 다른 하나는 그것을 인내하는 마음이다."

레바논의 시인 칼릴 지브란의 명언이다. 나는 이 명구를 볼 때마다 자주 링컨을 생각하게 된다.

링컨은 미국 역사상 가장 위대한 대통령 중 한 명이라고 할 수 있다. 워싱턴의 기념관 벽에는 이런 글이 새겨져 있다.

"누구에게도 적개심을 가지지 마라. 누구에게든 박애와 관용을 베풀라. 또 신이 우리에게 정의를 이해할 수 있도록 했으므로 그대로 정의를 견지하라. 우리가 하고 있는 일을 완수하기 위해 계속 노력하고, 국가의 상처를 봉합할 수 있도록 노력하라."

링컨과 관련된 일화를 하나 소개하겠다. 독자들은 이 이야기를 통해 '관용'이 무엇인지 깨닫게 될 것이다.

링컨이 대선에 출마하기 전이었다. 한번은 그가 상원에서 연설을 하게 되었다. 바로 그때 어떤 상원의원이 그에게 모욕적인 말을 했다.

"링컨 선생, 연설을 시작하기 전에 당신이 구두장이 아들이라는 사실을 잊지 않았으면 좋겠소."

이에 링컨이 평온한 어조로 대답했다.

"나에게 아버지를 기억하게 해줘서 고맙군요. 당신 말대로 돌아가신 우리 아버지는 뛰어난 구두장이셨죠. 사실 아버지가 훌륭한 구두를 만드신 것만큼 내가 대통령직을 잘 수행해낼 수 있을지 모르겠소."

순간 침묵이 흘렀다. 링컨은 그 교만한 상원을 바라보면서 계속 말했다.

"내가 알기로는 우리 아버지가 당신 가족들에게도 구두를 만들어주지 않았소? 혹시 그 구두가 망가졌다면 제가 대신 수선해드리죠. 나는 아버지만큼 뛰어난 기술자는 아니지만 어릴 때 어깨 너머로 구두 만드는 기술을 좀 배웠거든요."

이어 링컨은 모든 상원의원들에게 이렇게 말했다.

"여기 계신 분들 모두 마찬가지입니다. 만약 제 부친이 만든 신발을 가지고 계신데 수선이 필요하다면 제가 아버지 대신 최선을 다해 수선해드리겠습니다. 물론 아버지만큼 완벽하게는 해드리지 못하겠지만요."

자리에 모인 상원들의 비웃음은 어느새 열렬한 박수로 바뀌어 있었다.

나는 앞에서 이미 소외층에 대한 전 사회적인 동정과 관용이 필요하다고 이야기한 바 있다. 그런데 이러한 미덕이 비단 소외층에만 필요한 것은 아니다. 기업인들에 대해서도 전 사회적인 '동정'과 관용이 필요하다.

2006년 중국 사회에서 단연 빅뉴스로 등장한 것은 바로 안후이화위안바이오제약회사의 '신푸(欣弗, clindamycin) 사건'이 아닐까 싶다. 신푸의 부작용으로 사망한 사람이 무려 11명에 이르렀으니까. 그런데 이 사건과 관련해 사망한 사람이 또 한 명 있다. 바로 이 회사의 회장 추쭈이이다. 추쭈이는 자신의 사무실에서 자살했다.

그가 자살하자 여론은 갑자기 180도로 변했다. 비난 일색이던 여론이 편파적이라고 해도 과언이 아닐 정도로 동정적으로 바뀐 것이다. 심지어는 애석해하는 분위기도 팽배했다. 그러나 죽은 사람이 다시 살아날 수는 없는 법이다. 이 사건의 전말과 뒷이야기에 대해 알아보자.

안후이화위안바이오제약회사는 추쭈이가 회장으로 부임하기 전까지만 해도 적자 기업이었다. 2002년 1분기에만 659만 6500위안의 적자를 기록했다. 월 평균 급여는 고작 400위안에 불과했다. 추 회장으로서는 가장 어려운 시기에 경영을 떠맡았던 것이다. 그는 기죽지 않고 검소한 생활을 하면서 개혁에 힘을 기울였다. 그 결과 괄목할 만한 성과를 거두게 되었다. '신푸 사건'이 터지기 전까지 생산직 노동자들의 월 평균 소득이 1700위안에 이르렀을 정도였다. 회사 측은 모든 직원들을 위해 한 달에 200~300위안에 달하는 보험료도 기꺼이 부담했다.

불행하게도 2006년 8월 신푸의 부작용 사례가 적발되었다. 이후 회사에 대한 대대적인 조사가 실시되었다. 10월 16일 추쭈이는 회장 자리에서 파면을 당했다. 공개 석상에 얼굴을 드러내는 것을 싫어하던 그는 졸지에 언론의 도마 위로 올라가지 않으면 안 되었다. 생산은 중단되고 2000여 명에 이르는 직원들은 하루아침에 실업자가 되었다. 그는 모든 책임을 짊어져야 했다. 심각한 자괴감에 빠진 것은 당연했다. 11월 1일 급기야 그는 동료, 아내와 손녀에게 유서를 남긴 채 세상과의 끈을 놓아버렸다. 그는 유서에 이렇게 썼다.

"은행 대출, 생산 중단, 피해자 보상, 각종 납부금, 더구나 8400만 위안에 이르는 IPO(기업공개) 자금을 어떤 수로 해결한단 말인가? 숨이 막힌다!……동료들에게 뒤처리를 부탁한다. 나는 '신푸'를 따라 가겠다."

나는 여기에서 추쭈이의 잘잘못을 따지고 싶지 않다. 그는 자살하지 않았더라도 아마 기업 책임자로서 처벌을 받았을 것이다. 그렇다면 내가 말하고자 하는 것은 무엇인가? 기업가들이 겉으로 보여주는 근사한 모습이 다가 아니라는 사실이다. 기업가들은 겉으로는 일반인보다 상당히 그럴듯해 보인다. 하지만 그들이 짊어져야 하는 스트레스, 고난과 위험 부담은 일반인의 상상을 초월한다. 가끔은 생명을 내놓는 참담한 대가를 치르는 경우도 있다.

베이징 심리위기 및 개입센터는 최근, 1980년 이후 중국에서 자살 또는 비(非)자연사로 생을 마감한 기업가가 무려 1200여 명에 이른다는 놀라운 결과를 발표했다.

일반 사람들은 기업인들이 받는 스트레스를 이해하지 못한다. 그들은 수억, 수십억 위안의 자산을 보유한 부자가 아닌가? 왜 자살을 하는가? 그렇게 많은 돈을 가지고 있는데도 왜 자신의 목숨 하나 부지하지 못했을까? 돈이 많고 유명한 사람은 무엇 때문에 홀가분하고 소탈하게 살지 못할까?

그렇다면 겉으로는 근사해 보이는 기업인, 창업자들의 실제 생활 모습은 어떨까? 천진화 중국기업가연합회 회장 겸 중국기업가협회 회장이 이에 대한 의문을 풀어줄 것 같다. 그는 2005년 중국기업가협회 사업회의에서 이렇게 말했다.

"중국기업연합회가 전국 300여 명의 기업가를 대상으로 최근 설문조사를 실시한 결과 92.3%가 건강에 이상 신호를 느낀다고 밝혔다."

국무원 발전연구센터도 비슷한 데이터를 내놓은 바 있다. 3539명의 기업가를 대상으로 조사한 결과 "사업 스트레스가 너무 크다."고 대답한 기업가가 90%에 이른다는 답을 얻어낸 것이다. 이뿐만이 아니었다. "일 때문에 항상 긴장 상태에 있다."는 비율이 무려 76%로 나타났다. 평균 4명당 1명꼴로 사업 스트레스로 인한 직업병을 앓고 있는 것으로 조사되었다. 조사에 의하면 대부분 기업가들은 항상 마음속으로 외로움을 느끼고 있었다고 한다. 심지어 일부는 염세주의적인 심리 상태에까지 이른 것으로 나타났다.

위의 데이터와 사례를 통해 알 수 있듯이 기업가라고 해서 항상 돈과 영예에 둘러싸여 있는 것은 아니다. 나는 6년 동안 전문경영인으로 일했다. 최근 3년 동안은 각지를 다니면서 강연과 컨설팅을 했다. 그때마다 적지 않은 기업가들과 비교적 심도 깊은 대화를 나누었다. 절친한 친구인 베이다중형 관리자문의 왕푸 총재 역시 그중의 한 사람이었다. 그는 나에게 이런 말을 한 적이 있다.

"내 1주일 근무 시간은 평균 100시간이 넘어. 우리 회사의 사장은 가족들로부터 '9·11테러범'으로 불려. 일주일에 6일을 아침 9시에 출근했다가 밤 11시에 퇴근하기 때문이지. 기업가들 사이에서는 '잘 먹지만 영양이 부족하고, 술은 많이 마셔도 밥은 적게 먹고, 웃는 적은 많지만 즐거움은 적고, 외박이 잦고 드물게 집에 들어간다.'라는 씁쓸한 말이 유행하고 있어."

왕 총재는 나의 친한 친구이기 때문에 다소 농담이 섞였을 수도 있다. 그러나 중국 기업가의 생존 현황과 무관하다고 하기는 어렵다.

리바오위 하이와이그룹 총재는 사업이 정점에 오른 시점에 자신이 10년 동안 힘들게 일으켜 세운 하이와이그룹을 조용히 떠났다. 은퇴하면서 회사의 돈을 한 푼도 가져가지 않았다. 그의 은퇴 소식과 관련해 한동안 의론이 분분했다. 20일 후 그는 하이와이그룹 직원들에게 다음과 같은 내용의 팩스를 보냈다.

"나는 오랫동안 재계에서 최선을 다해 분투했습니다. 그러나 심신이 너무 지쳤습니다. 더 이상 일 때문에 스트레스를 받고 싶지 않습니다. 그래서 나는 가족과의 정상적인 삶을 위해 모든 것을 포기하기로 마음먹었습니다. 지난 20여 년 동안 나는 열심히 일했습니다. 사회를 위해, 그리고 여러분을 위해 내가 해야 할 일을 다 했다고 생각합니다. 내 나이 이제 50이 넘었습니다. 이제부터는 내 아내, 내 딸 그리고 나 자신을 위한 삶을 살고 싶습니다.…… 나는 기업의 총재로서 여러분들 앞에서 항상 멋있는 모습, 밝은 일면만 보여줬습니다. 그러나 여러분들은 내가 몇 번이나 혼자 장베이다바 황야에 가서 통곡해야만 했는지 모를 겁니다. 그 힘들었던 마음을 여러분은 과연 상상할 수 있을까요? 여러분은 공개 석상에서 나의 영예로운 모습만 봐왔습니다. 내가 회사 발전을 위해 실권을 가진, 새파랗게 젊은 친구들 앞에서 굽실거리는 모습을 상상이나 해봤습니까?"

편지의 내용은 분명했다. 지나친 스트레스로 인해 몸과 마음이 극도로 지친 나머지 평범한 생활을 위해 수억 위안의 자산을 버리고 은퇴를 결행한 것이다. 이처럼 기업가들이 겪는 스트레스는 일반인들이 알기 어렵다.

정경유착의 부정적인 수단으로 부자가 된 사람은 소수에 지나지 않는다. 대부분 창업자들은 자신의 노력으로 성공한 사람들이다. 따라서 그들은 사회적으로 존중되어야 한다.

한번은 신화롄그룹의 초청을 받아 '섬세한 경영'에 관해 강연을 할 기회가 있었다. 그런데 푸쥔 이사장이 묘한 뉘앙스의 말을 했다. "개인 재산을 모으기 위해서라면 나는 벌써 이 사업을 때려치웠을 것이다."라고. 나는 그의 말을 듣고 그가 하루 10시간 이상 힘들게 일할 수 있는 원동력이 일종의 기업가 정신과 사회적 책임감이 아닐까 하고 생각할 수밖에 없었다.

푸쥔의 말은 기업가들의 공통된 심경을 대변했다고 해도 좋을 것이다. 우리 사회는 일방적으로 기업가들에게 더 많은 사회적 책임을 강조한다. 그러나 그러기에 앞서 기업가들을 포용하는 넓은 마음가짐도 필요하지 않을까. 여기에서 몇 가지 건의를 하고 싶다.

1. 정부는 기업의 발전을 위해 규제를 좀 더 완화할 필요가 있다.

정부 부처는 사회의 관리자로서 기업을 위해 보다 더 세밀한 서비스를 제공할 책임과 능력이 있다. 정부 부처는 기업을 향한 서비스 기능을 현실화, 구체화해야 할 필요가 있다. 민영기업의 발전을 가로막는 걸림돌은 적지 않다. 가장 많이 지적되는 2가지 문제는 '과중한 세수 부담'과 '정부의 지나친 간섭'이다.

2. 언론과 기업의 선순환 구조가 필요하다.

'기업은 잘해도 뉴스의 대상이고, 못해도 뉴스거리'라는 말이 있다. 물론 매체도 경제학 각도에서 보면 기업의 일종이다. 따라서 언론 매체가 자체 시청률이나 발행부수 또는 클릭수를 높이기 위해 항상 빅뉴스 거리를 찾아다니는 것도 충분히 이해할 수는 있다. 아무래도 '개가 사람을 무는 것'은 뉴스감이 못 돼도 '사람이 개를 물어버린 사건'은 뉴스거리가 되니까. 현실적으로 어려운 측면이 있기는 하다. 그러나 사회적 각도에서 볼 때 언론 매체는 심층적인 사회적 책임을 져야 하는 실체이다. 정보화 시대에는 기업의 조그마한 일도 일단 매스컴을 타면 큼직하게 부풀려진다. 전혀 엉뚱하게 보도되기 일쑤이다. 따라서 언론 매체는 기업의 제1선에 내려가 심층적인 문제에 관심을 가져야 한다. 기업을 위해 스트레스를 줄여주면서 기업의 진실한 문제를 보도해야 한다. 그저 맹목적으로 뉴스거리만 쫓아다녀서는 결코 안 된다.

3. 평등하고 합리적인 시장경쟁 환경을 조성하고 '부자를 증오하는'

사회적 분위기가 생기지 않도록 해야 한다.

평등하고 합리적인 시장경쟁 환경이 조성돼야 기업이 제대로 성장, 발전할 수 있고 지속적인 경제 성장도 가능하다. 공평한 경쟁이 이루어지지 않거나 경쟁 과정에 부정거래, 암거래만 존재한다면 대부분의 기업은 생존, 발전할 수 없다. 국가 경제가 위축되고 백성들의 생활수준이 향상되지 못한다. 더구나 일부 사람들의 '부자를 증오하는' 심리는 기업가들에게 큰 스트레스를 준다. 가장 뛰어난 창조력과 활력을 갖춘 사회계층(기업가)이 무너질 경우 사회 전반과 국민 모두가 큰 손실을 입게 된다.

> 기업은 사회 공기를 촉촉하게 유지시키고 조화로운 사회를 구축하기 위해 노력해야 한다. 공기가 너무 건조하면 쉽게 불이 붙는다. 정말로 불이 붙으면 기업은 매우 큰 타격을 입는다.
>
> −류촨즈, 롄샹 총재

4 정부 정책이 서민에게 닿으려면

내 고향 장시성 주장 후커우현은 인구가 27만 명에 불과한 (2005년 6월 통계), 아름답지만 부유하지는 않은 작은 도시이다.

나는 18세까지 시골에서 살았다. 얼마나 가난하고 고생스럽게 살았는지 요즘의 아이들, 특히 도시에서 자란 아이들은 상상하기 어려울 것이다. 이 생각을 하니 내가 강연이나 기자들의 질문에 답변하는 과정에서 자주 했던 말이 갑자기 떠오른다.

"나는 아무리 많은 돈을 준다고 해도 내가 18세까지 살았던 시골에 가서 생활할 생각이 전혀 없어요. 너무 힘들었어요. 그러나 내가 18년 동안 시골 생활을 하면서 얻었던 경험은 아무리 많은 돈과 바꾸라고 해도 바꾸지 않을 것입니다. 이 경험은 나로 하여금 농민들의 어려움을 피부로 실감하게 했습니다. 내가 농민의 아들이라는 사실을 영원히 잊지 않게 했습니다."

나는 18세에 대학에 입학하면서 후커우를 떠났다. 대학에서 중국어를 전공하고 졸업한 다음에는 6년 동안 학생들을 가르쳤다. 이어 2년 동안 지방 정부 중견 간부의 비서로 근무했다. 인생 항로를 바꾼 것은 29세 때였다. 덩샤오핑의 '남순강화(南巡講話. 덩샤오핑이 1991년 남부 지방을 시찰할 당시 행한 중요 담화. 개혁개방의 지속적인 추진을 천명, 이후 중국의 시장경제가 더욱 본격적으로 추진되었음: 옮긴이)'에 감동해 선전으로 달려가 사업에 뛰어든 것이다. 처음에는 말단 회사원으로 일했으나 점차 승진을 거듭, 전문경영인이 되었다. 15년에 걸친 사업을 통해 일정한 성과를 거뒀지만 여전히 농민의 아들임을 잊지 않고 있다.

나를 키운 것은 근면하고 정직하면서도 소박한 고향의 농민들이었다. 그들은 나에게 그 무엇과도 바꿀 수 없는 귀중한 정신적 부를 안겨주었다. 지금 나는 옛날보다 훨씬 윤택한 삶을 살고 있다. 그래서 나는 고향 사람들도 나와 같이 행복하게 살 수 있기를 항상 기원하고 있다.

개혁개방을 실시한 지난 30여 년 동안 중국의 도시는 말할 것도 없고 농촌에도 큰 변화가 생겼다. 그러나 농민들의 소득은 그들의 노동에 비해 매우 적다. 환경도 시대의 변화에 따라 개선되지 못하고 있다. 특히 일본, 독일, 미국 등과 비교하면 가슴이 아플 정도의 수준이다. 나는 농촌지역들을 돌아보고 난 다음 정말 큰 충격을 받았다. 말로 형언할 수 없을 정도였다. 사실 중국의 대도시는 지금 선진국과 별로 차이가 느껴지지 않을 정도로 크게 발전했다. 반면 절대 다수의 농촌 지역은 선진국 농촌과 비교할 때 적어도 50년의 격차를 보이고 있다.

따라서 중국의 현대화를 향한 노력이 결실을 맺을 것인가 하는 문제에 대한 해답은 농촌의 현대화에 달려 있다고 해도 틀리지 않는다. 농촌의 현대화가 실현되지 않으면 중국의 현대화는 유명무실해지는 것이다.

농업대국 중국에서 현대화 건설의 가장 근본적인 문제는 농업, 농촌, 농민, 이른바 삼농(三農) 문제이다. 아마 이 때문에 후진타오 주석을 위시한 당 중앙 지도부는 당 제 16차 전국대표대회를 계기로 이 문제를 역점 사업으로 추진하지 않았을까 싶다.

나는 농민의 아들로서 농촌에 대해 깊은 애정을 가지고 항상 그 발전 상황을 주시하고 있다. 물론 내가 더 관심을 가지는 부분은 중앙정부가 출범시킨 대량의 훌륭한 복지 정책이 제대로 실시되고 만족할 만한 성과를 내고 있는가 하는 것이다. 나라는 사람이 디테일 관리를 실천하고 이론을 연구하는 사람이니까.

2007년 1월초 나는 베이징에서 열린 교육 세미나에 참석한 적이 있었다. 이때 함께 참석한 동료 우훙뱌오는 자신이 농촌 빈곤 타파 사업을 하면서 직접 겪었던 경험담을 들려줬다.

1999년 나는 구이저우성의 당 기관 빈곤 타파 사업팀에 합류했다. 나는 빈곤 지역인 비제의 한 마을에 빈곤 타파 주재원으로 파견되었다. 마을의 가난한 공산당원이나 가정에 빈곤 타파를 위한 지원금을 기부하는 것이 우리의 임무 중 하나였다. 우리는 한 사람이 가난한 가정 다섯 세대에 각각 500위안씩 기부하기로 결정했다. 촌의 당 지부 서기는 이곳에 처음 와서 마을 상황을 잘 모르는 우리를 데리고 첫 번째 빈곤 가정을 방문했다. 그런데 집이 으리으리했다. 기와집인 것도 놀라웠으나 주방 쪽은 아예 입을 다물지 못하게 했다. 주방 벽에 라러우(臘肉, 절여서 말린 돼지고기: 옮긴이)가 수십 덩어리나 걸려 있는 것이 아니겠는가. 그 정도면 현지에서는 부자로 불려도 손색없을 터였다.

나는 아무리 생각해도 이 집이 가난한 가정 같지는 않았다. 그래서 적극적으로 캐물었다. 나중에 그 집이 지부 서기의 친척집이라는 사실이 밝혀졌다. 나는 지부 서기에게 이 집에는 기부할 수 없으니 진짜 가난한 가정을 안내해달라고 요청했다. 지부 서기는 별수 없이 나를 데리고 마을 입구에 있는 한 집을 찾았다. 벽 한쪽이 다 무너져서 옥수숫대로 대충 바람을 막은 집안에는 한겨울에 홑옷만 입고 맨발 바람인 어린 남자 아이가 추위에 벌벌 떨고 있었다. 그 모습을 보고 나는 마음이 아파 500위안의 지원금을 얼른 여주인의 손에 쥐어줬다.

이 이야기를 듣고 나는 중국 정부가 빈곤 타파 정책을 시기적절하게 출범시킨 것이 정말 다행이라는 생각이 들었다. 또 다른 한편으로는 도움의 손길을 간절히 바라는 빈곤한 가정들이 정책의 혜택을 받을 수 있을지 여부가 기층 간부들의 행동에 달렸다는 사실을 깨달았다.

후진타오 주석은 이미 1997년 10월 향진(鄕鎭) 당 위원회 건설과 관련한 '6가지 좋은' 목표를 다음과 같이 제안했다.

1. 당의 노선, 방침과 정책을 결연하게 관철하고 공평, 청렴하면서 단결, 협력을 잘하는 외에 전투력이 강한 지도층과 훌륭한 능력을 갖춘 '좋은' 향진 당위 서기를 선발한다.

2. 유능하고 노련하면서 뛰어난 자질을 갖추고, 대중의 추대를 받는 '좋은' 향진간부진을 구축한다.

3. 현지 실정에 부합되는 '좋은' 경제발전 노선 및 공동 치부 노선을 정확하게 선택한다.

4. 타당성 있고 효과적인 '좋은' 사업제도, 관리제도, 감독제도를 구축한다.

5. 민중과 가깝게 연결되고, 고군분투하면서 실사구시하는 '좋은' 기풍을 유지한다.

6. 두 손으로 물질문명과 정신문명의 조화로운 발전을 함께 틀어쥐는

'좋은' 사업 구도를 형성한다.

전국의 모든 당간부와 당위원회에서 모두 후 주석의 요구에 따라 국가 정책을 와전하거나 변형하지 않고 제대로 실시한다면 내 고향 후커우현을 비롯한 전국 농촌과 농민들은 정책의 혜택을 톡톡히 보게 될 것이다.

2007년 자춘왕 최고인민검찰원 검찰장이 발표한 사업보고서에는 일부 부정적인 신 농촌 건설 관련 내용도 언급돼 있다.

"2006년에 3873명의 농촌 기층 간부가 국가의 농촌 지원 자금, 토지 보상금, 빈곤 타파 물자, 재해 구제 물자 등 공급을 횡령, 유용했다. 이들은 일률적으로 기소돼 검찰기관의 수사를 받았다."

실제로 이런 상황은 아직도 고쳐지지 않고 있다. 국가의 중임을 떠맡은 간부가 빈곤 구제금을 꿀꺽하는 것은 어제오늘의 이야기가 아니다. 또 일부 국가급 빈곤 현의 말단 관리직인 향장(鄕長)이 외제 크라운 세단을 관용차량으로 사용하는 경우도 적지 않았다. 심지어 일부 간부는 '빈곤 타파'를 슬로건으로 조달한 자금을 기업 설립, 공사 착공 등의 방식으로 감쪽같이 제 주머니에 넣는 경우도 있었다. 이처럼 중앙정부의 정책이 지방에서 실시되는 과정에 적지 않은 오차가 생겼다. 궁극적으로 정책이 제대로 실현되는 경우가 드물었다. 이 바람에 지금 기층 간부와 농민들 사이의 모순도 갈수록 치열해지고 있다.

이 모순을 해결하려면 지금부터라도 중앙정부의 신농촌 정책을 착실하게 관철할 필요가 있다. 농민들이 국가 정책의 혜택을 직접 받을 때 기층 간부와 농민 사이의 관계도 호전될 수 있다.

중국 정부가 거액의 재정을 지출해 다양한 복지 정책을 추진하는 것은 말할 것도 없이 칭찬할 만한 일이다. 개인적으로 국가의 도움을 가장 필요로 하는 계층은 농민들이 아닐까 싶다. 복지 정책이 기층에까지 원활하게 실시되게 하려면 민주적인 정책 결정 메커니즘 보완, 기층 간부들의 권력 축소, 효과적인 감독제도 구축 등의 조치가 필요하다. 상부의 정책을 기층에서 제대로 실시해야 제대로 된 결과가 나오는 것이다.

| 문답록 | 저자와의 대화 |

〔질문 1〕 정부에서도 디테일한 관리를 실천할 수 있는 방법은 있습니까?

〔답〕 내가 지방정부 관리들을 대상으로 강연할 때 항상 하는 말이 있습니다. "기업의 경영 이념을 정부 관리에 도입하라."는 것입니다. 시장은 도시의 CEO입니다. 그가 도시의 인력, 재력, 물력 등 자원을 최적화, 업그레이드해야 합니다. 이 점에서 정부 관리와 기업 경영은 비슷한 점이 많습니다. 나는 또 정부에서 보고서 제도를 실시해 구체적인 데이터로 실적을 평가 심사할 것을 제안했습니다. 아울러 공무원에게도 분명한 직업의식에 대한 교육을 진행하는 것이 필요하다고 역설했습니다.

이밖에 정부 관리 과정에서 시간의 기회비용도 따져야 합니다. 정부 지도자는 연설할 때 가급적 '맞는 말이지만 쓸데없는 말과 빈말'을 늘어놓지 말아야 합니다. 아까운 시간만 낭비하기 때문입니다. 원자바오 총리는 "회의는 짧게, 발언은 간략하게 하라. 회의에서는 문제 해결에 치중하고 실속 있는 발언을 하라. 실무적인 사업을 수행하고 실속 있게 일처리를 하면서 디테일한 부분을 잘 처리해 국민의 '작은' 일부터 해결하라."라는 말을 늘 입에 달고 다니지 않습니까.

〔질문 2〕 중국 경제의 고속성장과 관련해 국제사회에서는 찬양과 비판의 목소리가 엇갈리고 있습니다. 이에 대한 생각은 어떤가요?

〔답〕 그것은 경제학과 관련된 질문입니다. 또 정치성을 띤 질문이라고 해

도 되겠습니다. 나는 보통 정치적인 문제에 대해서는 대답을 회피하는 편입니다. 그러나 이 질문에 대해서는 경제학적인 각도에서 내가 알고 있는 대로 답변하겠습니다.

우선 중국 경제의 고속성장을 누구나 다 반가워하는 것은 아니라는 사실을 언급하고 싶습니다. 일부 국가는 중국 경제의 고속성장을 매우 두려워하고 있습니다. 서구권에서는 '황화론(黃禍論. 황인종이 백인을 위협하는 시대가 올 것이라는 주장: 옮긴이)'이라는 이론이 유행할 정도입니다. 그들은 중국이 고속성장을 거쳐 일본 정도의 경제력을 갖춘 다음 세계를 호령하지 않을까 우려하고 있습니다. 더구나 선진국과 일부 고속발전 중인 자본주의 국가는 중국 경제의 고속성장에 대해 일종의 선입견을 가지고 있습니다. 내 표현대로 하면 그들은 중국을 '질투' 하고 있습니다.

다음은 중국 경제의 고속성장이 심각한 '파괴'와 '낭비'라는 후유증을 낳았다는 사실을 말씀드리고 싶습니다. 구체적으로 말하면 첫 번째는 환경 파괴, 두 번째는 에너지 낭비, 세 번째는 인성 파괴입니다.

2006년 충칭에 큰 가뭄이 들었습니다. 그런데 그 가뭄이 부적절한 수리(水利) 건설 때문에 초래된 것이라는 많은 과학자들의 연구결과가 나왔습니다. 물론 상세한 분석 결과는 나도 모릅니다. 그러나 어렴풋하지만 느낄 수 있는 것은 자연계는 유기적인 통합체라는 사실입니다. 인류가 고속성장과 기반시설 건설을 위해 자연과 환경을 무자비하게 파괴할 때 자연은 인류에게 가차 없는 벌을 내립니다. 각종 자연재해의 대다수가 인류의 환경 파괴로 인해 초래된 것입니다. 중국은 2005년에 세계 전체의 12%에 이르는 에너지를 소모해 세계 전체의 4.2%에 해당하는 GDP를 창출했습니다. 한마디로 에너지 자원의 불균형한 사용으로 인해 대량의 에너지를 낭비했습니다. 중국은 미국 다음으로 세계 두 번째의 석유 소비국입니다. 중국은 2004년에 세계

석유 소비량 증가분의 3분의 1을 소비했습니다. 현재 중국의 GDP 1달러당 에너지 소모량은 프랑스와 독일의 7.7배, 일본의 11.5배 수준입니다. 따라서 많은 국가들이 중국의 경제 발전에 따른 심각한 파괴 현상에 대해 반대하거나 비판의 목소리를 내고 있습니다. 다 그럴 만한 이유가 있습니다.

이들의 비판이 모두 틀렸다고 볼 수도 없습니다. 또 이들 국가들이 모두 정치적 목적에서 중국을 비난하는 것도 아닙니다. 이들의 비판은 전 세계의 공통된 목소리를 대변합니다. 중국은 이들의 비판을 겸손하게 받아들이고 실사구시적으로 반성할 필요가 있습니다. 지구는 하나뿐이지 않습니까.

나에게는 최근 준비 중인 원고가 하나 있습니다. 원고의 주제는 '지구가 대체 몇 개일까' 하는 것입니다. 나는 이 문제가 궁극적으로 경영학과 정치 및 국가를 초월해 인류의 가장 중요한 문제가 될 것이라고 믿습니다.

중국이 환경 파괴와 에너지 과소비를 대가로 급성장을 추진하는 방식을 계속 고집할 경우 이는 우리 후대들에게 무책임한 태도라고 볼 수 있습니다. 전 세계의 비난을 받게 될 것입니다. 주지하다시피 중국은 에너지 부족 국가이기도 합니다. 중국의 석유 1인당 보유량은 세계 평균 수준의 2분의 1, 담수는 세계 평균의 6분의 1, 석탄은 세계 평균의 4분의 1에 불과합니다. 그런데 중국의 에너지 부족 상황은 갈수록 심각해지는 추세에 있습니다. 이에 중국 정부는 2006년에 중국의 경제 정책 방향을 '유콰이유하오(빠르고 좋게)'에서 '유하오유콰이(좋고 빠르게)'로 전환했습니다. 중국은 머지않은 장래에 '삼고일저'의 경제성장 방식에서 벗어날 것입니다. 이때 국제사회는 하나같이 호평을 할 것입니다. 나는 이 전망을 믿어 의심치 않습니다.

민생에 관심을 갖고, 민생을 중요하게 생각하고, 민생을 보장하고, 민생을 개선하는 것이 당과 정부가 가장 우선시해야 할 책임이다.

−원자바오, 중국 국무원 총리

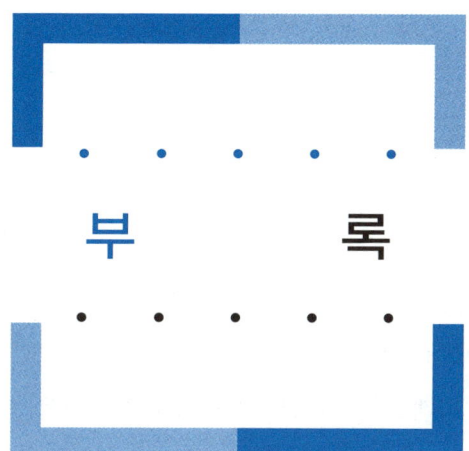

부록

디테일에서 그 사람의 교양을 엿볼 수 있다.
디테일을 중요하게 생각하고 장점을 축적해야 완벽함을 이룰 수 있다.

1 비서에게 주는 20가지 충고

나는 6년 동안 사장으로 근무했다. 이 시기를 전후해 네 명의 비서를 두었다. 첫 번째 비서는 후난성 태생의 여자였다. 회사의 회장이 비서로 추천한 사람이었다. 두 번째 비서는 후베이성 태생으로 일처리가 노련하고 유능했다. 그녀는 내 비서로 일하다가 다른 기업으로 스카우트되었다. 안타까운 일이었으나 나는 그녀를 진심으로 축복하면서 보내줬다. 세 번째 비서는 남자였다. 언행이 품격이 있고 성격은 대범했다. 내 마음에 쏙 들었다. 그러나 회장의 친구 한 명의 눈에도 들었다. 나중에는 그의 비서실장으로 스카우트되었다. 높은 곳으로 가는 것은 좋은 일이었으므로 나는 그를 기꺼이 보내줬다. 네 번째 비서는 쓰촨성 태생으로 공부를 더 하겠다고 해서 흔쾌히 놓아주는 용단을 내렸다. 지금은 공부를 많이 해서 큰 인물이 되었을 것으로 생각한다.

비서는 대단히 중요한 직책인 만큼 아무나 할 수 있는 일이 아니다. 이미 언급한 바 있지만 나도 2년 동안 비서로 일한 적이 있었다. 당시 내 상사는 상당히 권한이 있는 사람이었다. 덕분에 일개 중학교 교사였던 나도 더불어 권한을 잡을 수 있었다. 직급은 높지 않았으나(과장급) 권력은 만만치 않은, 이른바 실권자가 되었다. 나는 글로 쓰는 작업은 별로 어려워하지 않는다. 그래서 당시 내가 쓴 원고, 내가 기초한 서류, 내가 작성한 회의 기록 등은 상사의 감수를 별로 거치지 않고 그대로 사용되곤 했다. 그러나 비서라는 자리는 내 적성에는 맞지 않았다. 복잡한 사회생활에 빠르게 적응하지 못해 많은 '잘못'을 범했던 것이다. 이 생각 때문에 덩샤오핑의 '남순 강화'가 발표된 이후 나는 비서직을 그만두고 홍콩의 한 회사로 자리를 옮겼다. 기꺼이 '자본가의 착취'를 받으면서 말이다.

기업마다 비서에 대한 요구 기준은 서로 다르다. 내가 원하는 비서는 부지런하고 언행이 신분에 걸맞은 사람이어야 했다. 질서와 규칙을 잘 지키고 세심하면서도 일을 잘해야 했다. 물론 비서라면 약간의 희생정신도 있어야 한다. 더구나 제때에 출퇴근하지 못하는 경우도 있다는 사실을 이해할 수 있어야 한다. 퇴근 시간이 되기가 무섭게 칼처럼 퇴근하거나 잔업만 하면 잔업수당부터 챙기는 비서는 해고당해도 할 말이 없다. 근로자 보호법을 아무리 잘 꿰뚫고 있어도 소용없다. 회사가 원하는 바를 잘 모르면 자격이 없다고 해도 무방하다.

지금부터 바로 이 귀중한 직책인 비서에게 필요한 20가지 충고를 해야겠다. 아마도 현재 비서 수업 중이거나 비서로 근무 중인 젊은 친구들에게 도움이 되지 않을까 생각한다. 내가 2년 동안 비서 일을 한 다음 다년간 여러 명의 비서를 옆에 둔 경험을 바탕으로 했으니 나름대로 의미가 있을 것으로 생각한다.

1. 받는 것보다 주는 것이 더 많아야 한다는 마음가짐으로 일하라. 시간과 보수를 지나치게 따지지 마라.
2. 파일 정리를 할 줄 모르는 비서는 비서 자격이 없다.
3. 자주 쓰는 전화번호, 주요 고객과 제휴 파트너의 연락처는 가급적 외워둬라.
4. 기록하는 습관을 들여라. 기록할 수 있는 것은 가급적 빠트리지 말고 모두 기록하라. 어느 때 쓸모가 있을지 모른다.

5. 상사와 함께 참석한 회의에서는 발언을 적게 하라. 본인이 옵저버로 참석했음을 잊지 마라.

6. 조사 연구할 권한은 있으나 명령을 내릴 권리는 없다는 사실을 명심하라.

7. 어떤 안을 작성하기에 앞서 표준양식을 많이 준비하라.

8. 다른 동료들을 교만하고 사치스럽게 대하지 마라.

9. 윗사람이나 아랫사람에게 어떤 부탁을 할 때 '……하십시오.'와 '감사합니다.'라는 말을 자주 사용하면 일처리가 쉽다.

10. 인터넷을 이용해 업무와 무관한 일을 하지 마라. 다른 동료들이 인터넷으로 어떤 일을 하든 상관없다.

11. 휴대폰은 항상 진동 상태로 둔다. QQ(중국판 메신저: 옮긴이)도 무음으로 하라.

12. 세심해야 한다. 작은 일에서도 상사의 부족한 점을 채워줄 수 있는 방법을 배워라.

13. 일상적인 업무는 다른 사람이 걱정하지 않도록 능숙하게 처리해야 한다.

14. 상사에게 필요한 것을 적시에 귀띔하되 태도는 온화하게 하라.

15. 상사가 묻지 않는 한 동료의 단점을 까발리지 마라.

16. 내가 할 일이 없다는 느낌이 일주일 이상 지속되면 그때는 부서를 바꾸거나 사직을 고민하라.

17. 술을 적게 마시고 절대 취하지 마라. 상사가 비서의 잦은 음주를 허용하고 가끔 비서에게 취하도록 술을 권한다면 이미 비서를 비서로 생각하지 않는다는 의미이다.

18. 가급적 유니폼을 착용하라. 본인의 기분을 위해 혹은 다른 사람의

눈을 즐겁게 해주기 위해 섹시한 옷차림을 하는 것은 금물이다.

19. 이성의 비서는 상사의 사생활에 지나치게 관심을 가져서는 안 된다. 상사의 가족을 만났을 때 예의바르게 대하는 정도면 된다.

20. 사내 연애를 하지 마라. 사무실 동료와 사랑의 감정이 싹텄다면 즉시 부서나 직장을 옮겨라.

단, 여기서 정리한 20가지 충고는 중소기업의 사장 비서를 타깃으로 한 것이므로 모든 비서에게 공통으로 적용된다고 단언할 수 없음을 밝혀둔다.

> 언제나 작은 일들이 쌓여 재난과 근심은 일어나게 된다. 사람의 지혜와 용기는 종종 그 자신이 탐닉하는 것에 의해 곤란을 겪게 된다.
> – 구양수의 '영관전서(伶官傳序)' 중에서

2 딸에게 주는 36가지 처세의 디테일

딸아, 아빠를 따라 많은 선배님과 학자들을 방문하면서 네가 크게 발전한 것 같아 대단히 기쁘구나. 그러나 벌써 대학 3학년생인데 아직도 많은 디테일에서 부족한 점이 눈에 보이는구나. 그래서 아빠가 너에게 처세와 관련해 몇 가지 충고를 하려고 한다. 다른 사람은 너의 스펙을 알기 전에 먼저 너의 교양을 보고 사람 됨됨이를 평가한단다. 그리고 교양은 항상 디테일을 통해 나타나는 법이야. 지금은 개성시대라 사람마다 각자 개성이 있어. 또 '숙녀'라는 단어가 꼭 칭찬의 의미로만 통하는 것은 아니나, 행동거지가 풍격에 맞고 상냥하고 겸손하면서도 점잖고 고상한 사람은 항상 다른 사람에게 좋은 인상을 남기기 마련이지. 그런 사람은 더구나 스스로가 잘못을 범할 확률이 적어. 요즘 학교에서는 이 분야의 교육이 적은 것 같아. 그래서 이 글을 내 블로그에 올려놓으니 너의 동년배들에게도 조금이나마 도움이 되었으면 좋겠구나.

1. 아빠의 동료나 친구를 만났을 때: 호칭을 어떻게 할지 잘 모를 경우에는 '선생님'이라고 불러라.
2. 윗사람이나 스승을 만났을 때: 연장자가 먼저 악수를 청하는 것이 예의범절에 부합된다. 상대방이 이성일 경우에는 네가 대범하게 먼저 악수를 청해도 된다.
3. 엘리베이터를 탈 때: 안내원이 없는 경우에는 부하나 후배가 먼저 들

어가서 열림 단추를 누르고 기다리는 것이 예의이다. 엘리베이터에서 나올 때에는 부하나 후배가 다른 사람들이 먼저 내리도록 열림 단추를 누르고 있어야 한다. 그러나 사람이 많은 엘리베이터 안에서 문가에 서 있을 경우에는 먼저 내려도 된다.

4. 차를 탈 때의 예절: 윗사람을 운전자 뒷자리의 오른쪽에 모셔라. 윗사람과 각별히 친한 사람이 운전자인 경우에는 보통 그 옆자리를 상석으로 친다. 물론 어떤 지역에서는 이때에도 운전자 뒷자리 오른쪽을 상석으로 치는 경우가 있다. 너는 승차할 때 윗사람을 위해 문을 닫아 드리고 맨 마지막에 차에 올라 빈자리에 앉으면 된다.

5. 윗사람과 동행할 때: 윗사람의 옆으로 몇 걸음 뒤쪽에 서서 걸어라.

6. 큰길에서 윗사람과 동행할 때: 안전한 쪽을 윗사람에게 양보하라.

7. 계단, 미끄러운 곳, 머리를 부딪칠 수 있는 곳을 지날 때에는 제때에 윗사람에게 귀띔하라.

8. 윗사람과 동행할 때 가급적 윗사람의 짐을 들어드려라. 윗사람이 너의 짐을 들어주겠다고 하면 그에게 짐의 일부를 맡겨도 된다. 단, 네가 빈손이 되도록 짐을 전부 다 맡기지는 마라.

9. 화장을 하고 손님을 맞는 것은 손님에 대한 존중을 표시하는 행위이다. 그러나 지적인 여성에게는 짙은 화장이 어울리지 않는다. 그리고 다른 사람이 보는 곳에서 화장을 고치지 마라.

10. 연회에 참석할 때에는 먼저 자리에 앉지 마라. 윗사람이 상석에 앉은 뒤 말석에 앉으면 된다. 물론 너무 구속받을 필요는 없다. 윗사람이 하자는 대로 따르면 된다.

11. 격이 없는 자리에서는 조명이 강렬한 자리를 피해서 앉아라.

12. 손님을 만날 때 새 옷을 입지 말고 머리도 새로 다듬지 마라. 그러

나 단추가 떨어진 옷을 입거나 구멍 난 양말을 신는 것도 꼴불견이다. 만일의 경우 그런 상황이 생겼다면 상대방이 눈치챘을 때 얼른 미소 지으면서 사과해라. 구멍 난 부분을 계속 가리느라 애쓸 필요는 없다.

13. 사회에 갓 진출한 후배로서 차와 술을 따르는 등 잡일을 많이 해도 무방하다.

14. 공식 석상(연회나 회의)에서는 휴대폰을 만지지 마라(문자 메시지도 보내지 마라). 꼭 휴대폰을 사용해야 할 상황이라면 사회자 혹은 옆자리 사람에게 양해를 구하고 다른 곳에 가서 휴대폰을 사용하라.

15. 기침이나 재채기를 하거나, 콧물을 닦거나, 옷에 묻은 오물을 털 때에는 가급적 다른 사람이 보지 못하게 몸을 돌리고 하라. 동작이 크거나 시간이 충분할 때에는 자리를 떠 다른 곳에 가서 처리하라. 그리고 사회자나 옆자리 사람에게 말로 혹은 미소로 가볍게 양해를 구하라.

16. 윗사람이 흡연할 때: 면전에서 불쾌한 기색을 드러내지 마라. 그러나 흡연이 건강에 안 좋다는 이유로 담배를 줄이도록 가볍게 충고할 수는 있다. 흡연이 금지된 장소에서 흡연하려고 하면 예의바르게 흡연실로 안내하라.

17. 윗사람과 대화할 때에는 말의 속도가 너무 빠르지 않게 적당하게 하라.

18. 다른 사람과 대화할 때 가급적 '그런 후에', '그다음에', '그걸 알아요?', '그런 거군요.' 등과 같은, 학생 티가 나는 말투를 삼가라. 대학 졸업 전에 훈련을 통해 말투를 고치면 된다.

19. 말할 때 적당한 손동작을 곁들여도 된다. 그러나 너무 자주, 너무 큰 동작을 하는 것은 좋지 않다. 예를 들어 손을 머리 위까지 올려서 흔든다거나 어깨 너비를 넘어서 흔드는 것은 보기 좋지 않다.

20. 어떤 분야에 대해 잘 모르는 것은 당연한 일이다. 사람이 배우는 목적은 자신이 모르는 지식을 보충하기 위함이다. 따라서 다른 사람과 대화할 때 전공이 아니거나 잘 모르는 분야의 화제가 나오면 말을 적게 하는 것은 괜찮지만 관심 없다는 표정을 짓지는 마라. 가끔 고개를 끄덕이거나 미소를 짓는 것으로 경청하고 있다는 사실을 보여줘라.

21. 일반적인 대화 중에(외국인과 대화할 때를 제외하고) 가급적 영어 단어를 쓰지 마라. 반드시 써야 할 경우에는 중국어 해석도 곁들여라.

22. 윗사람이 뭔가 지시할 때에는 즉시 펜과 종이를 꺼내서 지시사항을 기록하라.

23. 네가 접대받는 환경이 좋지 않다고 해서 상대방이 따라준 차를 마시지 않는 것은 실례이다. 다 마시지 않아도 좋으니 마시는 시늉이라도 하라.

24. 어떤 상황에서도 술은 마시지 않아도 된다. 대신 다른 것을 마시겠다고 상사의 양해를 구하라.

25. 춤을 춰야 하는 장소에서는 대범하게 춤을 춰라. 그러나 과분하게 춤 솜씨를 뽐내거나 무대를 독점하지는 마라.

26. 윗사람의 접대를 잘 받고 떠났을 때에는 비행기에서 내린 후, 혹은 기차에서 내린 후 윗사람에게 무사히 도착했다고 전하라.

27. 윗사람의 너에 대한 충고, 건의 혹은 비평에 대해서는 일단 받아들이고 사후에 전화, 문자 메시지 혹은 이메일로 너의 관점을 이야기하라.

28. 윗사람으로부터 받은 문자 메시지에는 반드시 답장을 보내라. '알겠습니다.', '좋습니다.' 등 한마디만 보내도 괜찮다.

29. 문자 메시지를 보낼 때에는 본인의 이름을 밝혀라. 상대방이 너의 이름을 기억하지 못하는 경우에는 근무하는 회사명이나 전에 만났던 장

소를 밝혀라(너를 잘 아는 사람이 너의 전화번호를 저장한 경우는 예외이다).

30. 편지 또는 이메일로 답장을 보낼 때는 그때마다 편지의 맨 마지막 페이지 왼쪽 밑에 너의 연락처를 기재하라(매우 중요한 상황이 아니면 가급적 집 전화는 남기지 마라).

31. 윗사람이 보낸 선물을 전해 받았을 때: 즉시 선물을 잘 받았다고 인사하고 '선물이 마음에 든다.'라는 말이나 선물에 대한 소감을 표현하라.

32. 자리에서 일어날 때: 앉았던 의자를 제자리에 밀어 넣어라.

33. 나갈 때에는 문을 가볍게 열고 닫아라.

34. 차문을 닫을 때: 가급적 한 번에 제대로 닫아라. 쾅 소리가 날 정도로 크게 닫지 마라. 상대방은 네가 기분이 불쾌한 줄로 오해할 수 있다.

35. 배웅하러 나온 사람과 헤어질 때: 차창을 열고 손을 흔들어 작별인사를 하라.

36. 손님을 배웅할 때: 건물 아래나 엘리베이터 입구까지 배웅하라. 차가 있는 곳까지 배웅할 경우에는 손님이 차를 타고 시야에서 사라질 때까지 눈으로 전송하라.

아빠가

> 큰일을 하려면 작은 일부터 시작해야 한다.
> —블라디미르 레닌, 소련 정치가

3 위기관리의 7가지 핵심 디테일

사람의 일생이 항상 순탄할 수는 없다. 기업도 마찬가지이다. 세심한 사람들은 벌써 발견했겠지만 『성공하는 기업들의 8가지 습관』에 수록된 기업들 중 일부분은 벌써 도산했다. 요컨대 모든 기업은 언제든지 '죽기' 마련이다. 다만 어떤 기업은 먼저 죽고 어떤 기업은 나중에 죽을 뿐이다. 그래서 지금 내가 말하려는 '위기관리의 7가지 핵심 디테일'은 죽음을 예고하는 비상사태나 위기상황을 어떻게 예방하고 적절하게 대처할지에 관해 설명하는 매뉴얼이라고 보면 된다.

1. 위기의식을 가져라

이 세상에 재난을 좋아할 사람은 없다. 화를 피할 수 있으면 피하는 것이 최상이다. 인지상정이다. 그러나 위기상황이 언제든지 연출될 수 있는 것이 사람의 인생이다. 사고 한 번 없이, 무탈하게 일생을 사는 사람은 극히 적다. 따라서 사람은 위기의식을 가질 필요가 있다.

기업은 경영과정에서 많은 위험에 노출돼 있을 수밖에 없다. 내부적인 위험요인으로는 제품 하자, 직원 자질 부족, 관리 결함, 준법 의식 박약 등을 꼽을 수 있다. 외부적인 위험요인은 경쟁상대의 부당 경쟁, 여론의 압력 등이 있다.

내가 광둥의 한 기업 사장을 맡았던 2003년에 사스(SARS. 중증급성호흡기증후군)가 발생했다. 중국의 절대 다수 기업들은 예기치 못한 이 악재에 속수

무책으로 당할 수밖에 없었다. 당시 광둥 사람들은 식초가 사스 균을 박멸한다는 근거 없는 말을 듣고 앞을 다퉈 식초를 사다 집 안팎을 소독했던 것으로 기억된다. 이 상황에서 HP베이징은 시기적절하게 일련의 응급조치를 취해 업계의 주목을 받았다. 사실 HP베이징은 몇 년 전에 벌써 위기상황 대처 매뉴얼을 제정해놓고 있었다. '기업 업무 위기상황 대처 계획'으로 불리는 이 매뉴얼은 일단 위기상황이 닥치면 즉시 가동돼 효력을 발생한다. HP베이징은 경영진을 필두로 위기관리팀을 결성하고 재빠르게 일련의 효과적인 조치를 출범시켰다. 우선 직원들에게 마스크를 지급하고 직원들이 택시를 타고 출퇴근하도록 했다. 사스 전염 위험이 적은 건물에 'B오피스'라는 이름의 새로운 사무실도 냈다. 그리고 직원들이 가급적 자택에서 인터넷을 이용해 근무하도록 지시했다. 필요한 직원에게는 회사에서 인터넷을 설치해 줬다. 심지어 컴퓨터를 제공하기도 했다.

오늘 내가 말하려는 것은 위기상황이 닥쳤을 때 어떻게 대처할 것인가 하는 것이다. 촹웨이를 예로 들어 보자. 위기대처 방법이 가히 성공적이었다고 할 수 있다. 2004년 11월말 황훙성 촹웨이디지털 회장이 중국 공안의 '후산싱(虎山行. 공금 횡령 혐의가 있었던 황훙성 체포를 두고 붙여진 공안의 작전명: 옮긴이)' 작전에 의해 체포되었다. 그런데 놀랍게도 촹웨이의 경영진은 수장을 잃은 후에도 전혀 혼란에 빠지지 않았다. 침착하게 위기를 타개했다. 아니 오히려 사건이 터진 후 촹웨이는 매출이 늘었다. 뿐만 아니라 기업 관리 구조도 가족기업에서 탈피할 수 있었다. 황훙성 사건은 '나무가 넘어지면 원숭이도 사방으로 흩어지던' 중국기업 고유의 시스템을 타파하는 계기가 되었다. 물론 다른 요인의 영향도 무시할 수는 없다. 이 부분을 디테일하게 살펴볼 필요가 있을 듯하다. 사건이 터진 후 촹웨이그룹은 장쉐빈의 지휘하에 신속히 긴급회의를 소집, 대처 방안을 마련했다. 그들은 100만 홍콩달러로 황훙성에 대한 보석을 신청한 다음 기자회견을 열어 자신들이 사건 조사에 적극 협조할 것이라는 입장을 밝혔다. 기업이 정상적으로 운영되고 있다는 사실을 보여준 것이다. 아울러 촹웨이 고위간부가 직접 베이징에서 판촉활동을 벌임으로써 경영 상태에 아무런 문제도 없음을 과시했다. 이후 정부의 허가를 받아 새로 시작한 사업 역시 일정한 성과를 거뒀다. 촹웨이가 정부의 신임을 얻었다는 증거라고 단언해도 좋다.

2005년 3월 황훙성 사건은 재심에 들어갔다. 당시 황훙성은 전국 정협 위원이었다. 그는 곧이어 개최되는 정협 회의에 참가하고 나서 다시 재조사에 응하게 해줄 것을 요청했다. 그의 요구는 받아들여졌다. 촹웨이는 이 일 역시 즉시 여론에 공개했다. 이렇게 해서 촹웨이는 소비자들의 신임을 얻어 형세를 호전시킬 수 있었다.

이에 반해 광둥의 진정그룹은 위기상황을 극복하지 못하고 파산했다. 2004년 7월 완핑 회장이 독직 혐의로 체포되자 바로 곤경에 빠졌다. 임원진들이 위기관리는커녕 속수무책으로 손을 놓았기 때문이다. 곧이어 주주들 사이에 내분까지 생겼다. 진정그룹은 기업문화에 중대한 결함이 있었다. 위기대처 방식 역시 미숙했던 것으로 판단된다. 급기야 회사는 불신과 두려움에 휩싸였다. 상황은 갈수록 악화되었다. 무엇보다 고위직들이 앞을 다퉈 회사를 떠나버렸다. 중개상들 역시 회사의 반대 입장에 섰다. 은행에서는 회사의 자산을 차압했다. 결국 얼마 안 돼 진정그룹은 도산했다.

촹웨이와 진정그룹은 똑같이 업계에서 상당한 인지도를 자랑하던 기업이었다. 그러나 위기상황에 대한 대처방식은 서로 달랐다. 이로 인해 완전히 다른 결과를 얻었다. 가장 큰 원인은 이 두 기업 경영진의 위기의식, 더 정확하게 말하면 기본 자질에 차이가 있었기 때문이 아닐까.

2. 신속하고 적극적으로 대처하라

일처리를 화끈하게 하는 것은 좋은 신호이다. 일단 위기상황이 닥치면 진짜 이렇게 해야 한다. 질질 끌지 말고 신속하고 적극적으로 대처하는 것이 중요하다.

중메이스커(中美史克. 톈진의 글락소 스미스 클라인)는 2000년에 한동안 화제가 되었던 'PPA 사건'으로 인해 큰 타격을 입은 제약회사 중 하나였다. 그 전까지 이 회사는 중국 감기약 시장에서 80% 이상의 점유율, 연간 6억 위안의 매출액을 자랑하면서 탄탄대로를 달려왔다. 그러나 중국 정부에 의해 PPA 감기약이 시장에서 퇴출되면서 이 기업은 치명적인 곤경에 빠졌다. 그러나 경영진은 침착하고 신속하게 위기에 대처, 곤경에 빠진 회사를 기사회생시켰다.

그들의 위기대처는 그야말로 신속했다. 2000년 11월 16일 중메이스커는 톈진시 위생국으로부터 PPA성분 함유 약품 판매를 즉각 중단하라는 팩스를 받았다. 16일 오전 회사는 즉시 위기관리팀을 구성하고 위기에 대처하는 기본 입장과 방침을 수립했다. 이 방침에 따라 의사소통팀은 정보 발표와 기업 내·외부와의 정보 교류를 책임졌다. 또 시장팀은 신제품 개발에 박차를 가했다. 생산팀은 생산품목 조정과 생산라인에 있는 중간제품 처분을 책임졌다.

16일 오전 중메이스커 위기관리팀은 '정부의 명령에 따를 것'이라는 내용의 위기대처 원칙을 발표했다. 정부의 지시가 옳든 그르든, 도리가 있든 없든 일단 따르고 본다는 태도는 정부, 사회와 고객의 이익을 존중하고 책임진다는 의지의 표현이었다. PPA 사건 발생 후 그들은 즉시 유통업체에 PPA 약품에 대한 판매, 광고와 판촉활동을 중단할 것을 통보했다. 주지하다시피 하루라도 판매를 중단하면 기업 입장에서는 거액의 손실을 부담해야 한다.

그러나 이런 위기상황에서는 기업이 경제적 손실을 부담하고 빠른 기간 내에 이미지를 만회, 복구하는 것이 당연한 도리이다. 경제적 이익을 쟁취하기 위해 정부, 언론, 대중과 맞서는 것은 바람직하지 않다.

중메이스커는 위기상황에 매우 신속하고 디테일하게 대처했다. 이 점은 중국의 많은 기업들에게 귀감이 된다.

3. 감정을 조절하라

위기상황에서는 긍정적인 태도를 보여야 한다. 불평하지도, 남을 욕하지도, 자신을 위해 변명하기에 급급하지도 말아야 한다. 여론이 물론 항상 옳은 것은 아니다. 가끔은 여론이 실제 상황과 다르게 흘러가거나 전혀 근거 없는 풍문이 떠돌 수도 있다. 이 경우 당사자는 입이 열 개라도 할 말이 없다. 대중들이 진실을 모르고 하는 말이니까. 그런데 이때 억울한 마음에 분노를 주체하지 못하고 있는 그대로 표출해버린다면 돌이킬 수 없는 후폭풍을 초래할 수 있다. 많은 경영자들이 이 문제를 냉정하게 처리하지 못해 골탕을 먹었다. 감정 조절이 서툰 경영자들은 기업 내부에서도 그 '본색'을 고스란히 드러낸다. 기분이 흡족하면 회의를 열어 직원들을 한껏 칭찬하고, 기분이 나쁘면 회의 중에도 직원들을 마구 욕한다. 이 같은 악습이 기업 밖으로까지 연장된다면 멸망을 부추기는 꼴이다. 마치 심장혈관계 질병을 앓는 사람이 의사에게 욕지거리로 화풀이하다가 죽음을 앞당기는 것과 같다고 할까.

2001년 9월 3일 CCTV '뉴스 30분'은 난징관성위안에서 묵은 월병소로 월병을 만든 사실을 폭로했다. 9월 5일 신문에도 관련 기사가 실렸다. 이에 난징관성위안 측에서는 '월병소 재활용은 보편적인 현상'이라고 감정적으로 대응했다. 참으로 어리석은 대응 방법이 아닐 수 없다. 9월 7일 신문은 난징관성위안에서 유통기한이 4년이나 지난 첨가제를 월병 생산에 사용한다는 쇼킹한 뉴스를 다시 터뜨렸다. 이어 9월 17일자 「창춘르바오」에 '1000만 위안의 주문계약 취소, 관성위안 월병 반품 쇄도'라는 제목의 기사가 실렸다. 월병을 주요 품목으로 생산하던 난징관성위안은 이 사건 때문에 신용도가 급격히 추락, 얼마 못 가 중국 월병 시장에서 퇴출되고 말았다.

9월 20일 광둥의 한 언론은 난징관성위안 월병이 다시 시중에 출시되었으나 관심을 갖는 사람이 없다고 보도했다. 객관적으로 보면 관성위안이 잘못한 부분은 분명히 있었다. 그러나 처음부터 끝까지 다 잘못한 것은 아니었다. 그들의 최대 잘못은 월병소 재활용이 분명히 식품위생 표준에 위배되는 행위임에도 불구하고 언론에 '보편적인 현상'이라고 말한 것이다. 관성위안 측은 다년간 구축한 소비자 신뢰도를 믿고 그렇게 말했을 것이다. 그러나 어떤 상황에서든 대중과 언론을 상대로 대립각을 세우면 집중포화를 받는 것이 기본이다. 결국 소비자를 잃고 기업의 발전 기회도 잃고 만다. 따라서 경영자는 위기상황일수록 언행을 신중히 하고 감정을 조절해야 한다.

4. 미리 입을 맞춰라

위기상황에서는 여러 사람이 미리 입을 맞춰두는 것이 매우 중요하다. 그래야 본론과 무관한 불필요한 논의가 생기지 않는다. 한마디로 경영진들이 대외적으로 하는 말은 일치해야 한다. 그것이 어렵다면 한 사람이 대표로 말하고 다른 사람들은 침묵을 지키거나 "드릴 말씀이 없다."라고 말하면 된다.

다시 중메이스커의 예를 들어보자. 사건 발생 후 중메이스커 경영진들은 입을 맞춰두기로 미리 약속을 했다. 사건과 관련해서는 처음부터 끝까지 회사의 대변인 한 사람만 말을 하고 다른 사람들은 '모른다'는 말만 하기로 한 것이다. 사건 직후 중메이스커는 또 '병원에 보내는 편지'와 '소비자들에게 보내는 편지'를 발표하는 기민함을 보였다. 더불어 전문 교육을 받은 상담원이 고객과의 전화통화를 담당, 정확하고 전문적인 답변으로 소비자들의 걱정을 덜어줬다. 또 기자 간담회를 열어 이번 사건이 대중국 투자에 영향을 주는 일은 없을 것이라고 밝혔다.

회사의 대변인 양웨이창은 수없이 많은 언론매체와 인터뷰를 가졌다. 그리고 인터뷰를 요청한 언론매체의 편의를 위해 톈진에서 베이징으로 이동해 인터뷰를 하고 당일 다시 톈진으로 돌아오는 일상을 반복했다. 기자가 힘들지 않느냐고 묻자 그는 쓴웃음을 지으면서 "회사의 일이니 나도 다른 선택이 없다."라고 대답했다. 요컨대 기업의 위기상황에서 관계자들의 입을 통일시키는 것이 매우 중요하다는 사실은 더 이상의 사족을 필요로 하지 않는다.

5. 용감하게 책임지는 기업정신

사람은 일반적으로 약자를 동정하게 마련이다. 기업은 소비자들의 돈을 받아 이익을 얻는다. 따라서 기업은 문제가 생긴 경우 책임을 져야 한다.

1999년 6월 초 벨기에에서 코카콜라 식중독 사건이 발생했다. 사건 발생 일주일 후 벨기에 정부는 코카콜라사의 모든 제품을 판금시켰다. 코카콜라 113년 역사상 최악의 시련에 부딪친 것이다. 더글러스 아이베스터 코카콜라 CEO는 보고를 받은 즉시 벨기에로 달려갔다. 이튿날 벨기에 각 신문은 아이베스터의 사과문을 실었다. 코카콜라는 또 벨기에의 코카콜라 제품을 전부 회수하고 소비자들에게 보상금을 지불하겠다고 약속했다.

사실 코카콜라를 마시고 중독될 가능성은 매우 적다. 그럼에도 불구하고 코카콜라는 책임을 회피하려는 한마디 변명도 하지 않고 주도적, 적극적으로 소비자들에게 사과함으로써 소비자들에 대해 책임을 지는 기업정신을 보여줬다. 코카콜라는 이런 적극적인 위기대처를 통해 소비자들의 동정을 얻었고, 기업 이미지도 점차 회복할 수 있었다.

6. 권위자가 나서서 해명하라

권위자의 말은 설득력이 크다. 권위 있는 정보는 대중의 신뢰를 쉽게 얻는다. 기업은 위기상황에 처했을 때 권위자의 도움을 받는 것이 고군분투하는 것보다 훨씬 더 낫다.

듀폰사의 불소수지 '테프론 사건'을 예로 들 필요가 있을 듯하다. 2004년 7월 9일 미국 환경부는 듀폰사에서 코팅 팬 생산에 사용하는 코팅제 '테프론'이 암과 불임을 유발할 수 있는 물질이라고 발표했다. 사람의 건강과 관계되는 중요한 사안이라 전 세계의 주목을 끈 것은 당연했다. 7월 15일 듀폰차이나의 런야펀 상임 부회장과 왕원리 기술부장은 신랑(新浪)과의 인터뷰에서 언론이 소비자를 오도하고 있다고 지적했다. 이때 중국의 코팅 팬 시장은 벌써 발칵 뒤집힌 상태였다. 7월 20일 듀폰차이나는 베이징에서 기자회견을 열고 찰스 브라운 듀폰 중국 총재를 직접 기자들 앞에 내세웠다. 그는 우선 테프론 코팅 팬에 발암물질이 함유되지 않았다고 밝히고 나서 위생부의 표준을 제시했다. 또 본부에서 중국으로 가져온 기술 자료에 근거해 중국 기자들의 질문에 기술 전문가가 대답하도록 했다. 그들은 누누이 변명을 늘어놓지 않았다. 단지 기자들에게 테프론의 무해성을 증명할 수 있는 기술 자료들을 공개하고 과학적인 근거를 들어 그 이유를 설명했을 뿐이다. 따라서 기술 데이터를 읽을 줄 모르는 대중에게도 큰 신뢰감을 줄 수 있었다. 이어 찰스 홀리데이 미국 듀폰 회장이 직접 「런민르바오」와 인터뷰를 가지고 "듀폰사의 이름을 걸고 맹세하건대 듀폰 코팅 팬은 절대적으로 인체에 무해하다."라는 메시지를 전했다. 자사 제품에 그만큼 자신감이 있었기에 가능한 일이었다. 2004년 10월 13일 중국 국가품질검사검역총국은 테프론에 대한 검사 결과를 공개했다. 과연 듀폰사의 주장대로 테프론 코팅 팬은 인체에 무해하다는 사실이 입증되었다.

듀폰사는 진실을 밝히기 위해 미국 본부로부터 기술자를 초청하고 권위자를 내세워 해명함으로써 위기를 성공적으로 극복할 수 있었다.

7. 상하 간 의사소통

기업의 위기관리에서 빠뜨릴 수 없는 것이 기업 내외부와 상하 간 의사소통이다. 구체적으로 어떻게 해야 하는가?

2004년 12월 2일, 궈메이, 쑤닝, 융러, 다중 등 중국의 4대 가전 판매업체는 앞을 다퉈 창웨이를 지지하고 창웨이의 제품을 판매하겠다고 밝혔다. 같은 날 중국의 8대 컬러 브라운관 생산업체는 창웨이에 우선적으로 원자재를 납품할 것이라는 성명을 발표했다. 12월 3일에는 선전의 7개 은행 지점장이 창웨이를 전폭 지원할 것이라는 입장을 밝혔다. 12월 중순 선전시 부시장이 직접 창웨이 본사를 방문해 "창웨이는 현재 안정적으로 발전 중에 있다. 선전시 정부는 전폭적인 지원을 아끼지 않겠다."라는 격려의 말을 전했다. 이쯤 되면 창웨이는 큰 위기에서 벗어날 수 있게 된 것이다. 위기상황에서 판매, 공급, 은행, 정부 등 중점 분야의 지원을 얻었으니 이렇게 말해도 과언은 아닐 것이다.

끝으로 독자들에게 두 마디만 더 해야겠다. 얼마 전 일본에서 40세 이상 주민들의 건강상태를 조사했다고 한다. 그런데 놀랍게도 그들의 체내에서 정도가 각각 다르기는 하나 모두 암세포가 발견되었다. 차이점이라면 어떤 사람의 체내에서는 암세포가 분열, 전이, 확산돼 있는 반면 어떤 사람은 그렇지 않다는 것이었다. 체내에 암세포가 있어도 그 암세포가 분열, 전이, 확산되지 않는다면 암 환자가 아니다. 그러나 암세포는 특성상 기본적으로 분열, 전이, 확산 기회가 매우 많다고 한다. 다시 말해 누구나 다 암 환자가 될 가능성이 있다는 것이다. 그렇다면 어떻게 암세포의 분열, 전이와 확산을 방지해야 하는가? 꾸준한 신체 단련, 좋은 생활습관 유지, 정기적인 건강검진 등의 조치가 필요하다. 기업에도 '암세포'가 있다. 바로 언젠가 발생 가능성이 있는 '위기'이다. 기업위기를 극복하기 위해서 꼭 필요한 것이 바로 위기관리 방법과 조치이다.

두 번째로 해주고 싶은 말은 사람들이 가장 간단하다고 생각하는 것이 왕왕 가장 복잡한 것인 경우가 많다는 사실이다. 기업의 위기관리도 마찬가지다. 쉽게 해결할 수 있다고 생각할 때 항상 가장 어렵고 힘든 상황이 닥친다. 따라서 모든 위기를 가볍게 보지 말고 효과적인 방법을 적극 강구해야 한다.

> 같은 소리는 서로 응하고 같은 기운은 서로 구한다. 물은 습한 곳으로 흐르고 불은 건조한 곳으로 나아간다.
> —『주역』

후기

디테일의 업그레이드를 꿈꾸며

나는 이 책에서 제안한 방법에 따라 중국의 디테일 경영 추진을 위해 미약하나마 적지 않은 노력을 기울였다. 또 다른 한편으로는 류싱왕(劉興旺), 우훙뱌오(吳宏彪), 린후이춘(林惠春), 원더청(溫德誠), 쉬웨이(徐偉), 멍셴화(孟憲華), 두즈강(杜志剛), 타오융진(陶永進), 류펑(劉鋒), 장산(江珊), 왕원야오(王文瑤) 등의 팀원들과 함께 태스크포스팀을 만들었다. 디테일 경영을 위한 트레이닝과 자문을 적극적으로 실천에 옮길 요량에서였다. 2004년 이후 우리들은 적지 않은 기관과 대학, 기업에 서비스를 제공했다. 거저우바그룹을 비롯해 중국식량비축총공사, 타이강그룹, 시난알루미늄, 다훙잉그룹, 마야부동산, 황다오발전소, 중국공상은행, 화타이증권, 베이징세관, 베이징철도국, 우한공항, 국무원 기관사무관리국, 선양 시정부, 다중르바오, 칭화대학, 베이징대학, 궈팡대학 등 무려 600여 개에 이른다. 우리는 이를 통해 디테일 경영 분야에서 소중하고도 풍부한 경험을 쌓을 수 있었다. 개인적으로는 2004년 '중국 10대 우수 경영 및 트레이닝 강사' 칭호를 받을 수 있었다. 2005년에는 중국경영과학학회로부터 '걸출한 경영 전문가'라는 칭호를 받았다. 2006년에는 국제직업트레이닝 강사협회가 뽑는 '아시아 10대 트레이닝 강사'에 선정되기도 했다.

위에 열거한 분들 외에 청쥔이(成君憶), 루레이화(盧瑞華), 후위천(胡宇辰), 쑨훙강(孫虹鋼), 리훙페이(李宏飛), 장즈후이(張智慧), 주신웨(朱新躍), 장밍쇠이(張明帥) 등의 전문가, 학자, 기업 경영자들도 우리의 태스크포스팀의 일원이 되었다. 그들은 우리가 진행한 디테일 경영 트레이닝과 자문 및 출판사업을 위해 탁월한 의견을 제시해주었다. 그 밖에 묵묵하게 많은 도움을 준 많은 분들에게도 이 지면을 빌어 고마움을 표하고 싶다. 동시에 더 많은 뜻있는 분들이 우리의 사업에 동참했으면 하는 바람도 있다.

우리는 각종 교육을 실시하면서 관련 분야의 책도 적지 않게 출판했다.『디테일 경영』을 비롯해『디테일 경영 2: 실행력 업그레이드 계획』,『디테일 경영 3: 운용방법과 전략』,『디테일 경영 4: 중소기업을 강하게 하라』,『디테일 경영 5: 브랜드에서 승리하기』,『정부의 디테일 경영』등의 책이다. 모두가 우리의 단계적인 연구 성과를 반영한 책들이다.

『디테일의 힘 2』는 디테일에 대한 더욱 심층적인 연구를 시도했다는 점에서 의미가 깊다. 디테일 경영의 실행을 위한 튼튼한 이론적 기초를 제공할 것으로 믿어 의심치 않는다. 물론 이 책이 아주 농익은 책이라고 하기는 어렵다. 특히 운용 부분에서는 더욱 그렇다. 그러나 경영은 하나의 지속적인 과정이다. 지속을 통해 발전을 도모하는 과정이므로, 가장 좋은 것이 있다기보다는 더욱 좋은 것이 있을 뿐이다.

현재 기업들의 경영 수준으로 볼 때 단번에 디테일에 강하게 되는 것은 현실적이지 못하다. 이것 역시 과정을 필요로 한다. 때문에 나는 그저 이 단계적인 연구 성과가 몇 단계 더 높은 수준으로의 업그레이드를 위한 초석이 되고, 이 성과를 통해 여러분이 앞으로 전진하게 되기를 희망한다.

왕중추

책을 펴내며

『디테일의 힘』은 2004년 1월 중국에서 발간된 이후 경영서로는 보기 드물게 초대형 베스트셀러가 되었습니다. 한국에서도 크게 환영받았습니다. 2005년 11월 한국판이 발간된 후 '교보문고·네이버 올해의 책', 삼성경제연구소 'CEO가 휴가 때 읽을 책'으로 선정되었습니다.

이 책에 먼저 주목한 분들은 눈 밝은 경영인들이었습니다. 많은 경제계 리더들이 이 책을 직원들과 나누어 읽고 경영에 활용했습니다. 최근에는 윤증현 재정기획부장관과 장태평 전 농림식품부장관도 '디테일의 힘'을 강조하고 있습니다.

'디테일'은 언론의 주목을 받으며 이제 우리 사회의 화두가 되었습니다. 아직 우리에게 디테일이 부족하다는 의미일 것입니다. 독자 여러분들이 부족한 1%를 찾는 데 이 책이 도움이 되기를 바랍니다.

이 책에 주목해주신 여러분께 감사드립니다

동국제강 장세주 회장, 이웅열 코오롱 회장, 김낙회 제일기획 사장, 권영수 LG디스플레이 사장, 박상진 삼성SDI 사장, 김중겸 현대건설 사장, 김상래 성도GL 대표, 차석용 LG생활건강 사장, 정일재 LG생명과학 사장, 우림건설 심영섭 회장, 이수찬 힘찬병원 대표원장, 김정문알로에 최연매 사장

교보문고 국순당 기업은행 동덕여대 미래에셋 바텍 아시아나 아스공항 조인스닷컴 중소기업청 코오롱 팬택 포스코 한국생명공학연구원 KTB네트워크 LG전자 LIG손해보험 현대자동차 LG텔레콤

(저희가 미처 파악하지 못한 분들께도 감사드립니다.)

올림 편집부